UTB 3461

Eine Arbeitsgemeinschaft der Verlage

Böhlau Verlag · Köln · Weimar · Wien
Verlag Barbara Budrich · Opladen · Farmington Hills
facultas.wuv · Wien
Wilhelm Fink · München
A. Francke Verlag · Tübingen und Basel
Haupt Verlag · Bern · Stuttgart · Wien
Julius Klinkhardt Verlagsbuchhandlung · Bad Heilbrunn
Lucius & Lucius Verlagsgesellschaft · Stuttgart
Mohr Siebeck · Tübingen
Orell Füssli Verlag · Zürich
Ernst Reinhardt Verlag · München · Basel
Ferdinand Schöningh · Paderborn · München · Wien · Zürich
Eugen Ulmer Verlag · Stuttgart
UVK Verlagsgesellschaft · Konstanz
Vandenhoeck & Ruprecht · Göttingen
vdf Hochschulverlag AG an der ETH Zürich

Inhaltsverzeichnis

Vorwort

Menschliches Leben durchläuft viele Entwicklungen mit Höhepunkten und Krisen. Theorien als Vorstellungen über die Welt bestimmen unser Denken und die Art und Weise, wie wir unser Leben gestalten und erfahren. Theorien bilden die Basis für Veränderungen und sind deshalb essenziell im Leben jedes Menschen. Theorien müssen neu und innovativ sein und sollten überprüfbar sein. Sie sind sprachliche Gebilde, die unterschiedlich exakt formuliert sind. Theorien werden angenommen oder verworfen und unterliegen einem permanenten Veränderungsprozess. Die folgenden Aussagen betreffen Facetten von Theorien, um die es in diesem Buch gehen soll:

Alles verändert sich, so auch unsere Theorien über die Welt: „Evolution geht meist nicht kontinuierlich vonstatten, sondern in einem Wechsel langdauernd stabiler Ebenen und kürzerdauernder, manchmal katastrophaler Krisen." (vgl. von Weizsäcker, 1977, S. 86)

Theorien haben in ihrer Anwendung positive und negative Auswirkungen: „Wie der Mensch sich innerhalb kurzer Zeit von einer Säugetierart unter vielen zu einem Eroberer der Welt aufschwang; und wie wir die Fähigkeit erwarben, all jenen Fortschritt über Nacht auszulöschen." (vgl. Diamond, 2003, S. 6)

Theorien beeinflussen unser Denken und Handeln: „Die Menschen leiden, so heißt es in einer griechischen Sentenz, unter den Vorstellungen, die sie von den Dingen haben, nicht unter den Dingen selbst." (vgl. Montaigne, 2005, S. 129)

Theorien müssen innovativ sein: „Wir stimmen alle darin überein, daß Ihre Theorie verrückt ist. Aber ist sie auch verrückt genug?" (von Nils Bohr; vgl. Nisker, 1992, S. 243)

Theorien basieren auf Sprache und sind unterschiedlich klar formuliert: „Irr-ich bin eingangs entgangen den Da-Bildern, dort-doch die bemänteln sich, überlagern, und die Details, in einem Schauraum von Augenblicken …" (vgl. Egger, 1999, S. 19)

Theorien sind spekulative Problemlösehilfen mit unsicherem Ausgang: „Probleme du zuerst, konstruiere ein gleichseihdickes Treuäck Probe Lehm!" (vgl. Joyce, 1993, S. 286)

Theorien sind das Ergebnis langer Forschungsprozesse oder spontaner Einfälle: „Descartes glaubte, daß der Strom rationaler Gedanken unabhängig von allem anderen fließen könne – losgelöst vom Körper und seinen Bedürfnissen, von früheren Lernerfahrungen, kulturellen Wertvorstellungen und sogar vom Eigeninteresse. Um seine These zu belegen, verbrachte er viele Jahre in einer zugigen Bauernkate an einem trostlosen holländischen Strand und stellte in dieser Zeit eine beeindruckende Zahl von eleganten Theorien auf, die von der Optik über die Mathematik bis hin zu ersten systematischen Vorstößen in die Epistemologie reichten." (vgl. Csikszentmihalyi, 1995, S. 63)

Theorien sind der Versuch, möglichst alle Teile unserer Welt zu erklären: „Sieh, das eine vergeht, um anderem Platz zu machen, auf daß sich die Welt hier aus all ihren Teilen zusammensetzen kann." (vgl. Augustinus, 2005, S. 104).

Es ist allen zu danken, die zu dieser Arbeit angeregt und mich unterstützt haben. Ein erster Dank gilt den vielen Studierenden, die immer wieder dazu gedrängt haben, eigene Theorieentwicklungen kritisch zu sehen und genau auf den Prozess ihrer Entstehung zu achten. Dank gilt auch vielen Kolleginnen und Kollegen, die inspirierend gezeigt haben, wie wichtig eine theoretische Arbeit für die Weiterentwicklung von Ideen und Wissenschaft ist.

Ganz besonderen Dank verdienen Hans-Jörg Herber und Jean-Luc Patry (Fachbereich Erziehungswissenschaft der Universität Salzburg) für umfangreiche, stimulierende, kritisch-konstruktive und wertvolle Rückmeldungen zu einer ersten Manuskriptversion. Mein Dank gilt auch dem Böhlau-Verlag für die sehr gute Unterstützung bei der Drucklegung.

Als Modell für dieses Vorhaben diente ein Buch von Oswald Huber (2005), das verständlich, humorvoll und motivierend in experimentelle Methoden der Psychologie einführt. Auch wenn dieses Modell, allein schon mangels genügender Kompetenzen in der Gestaltung von Cartoons, nicht erreicht wird, sei Herrn Huber trotzdem für seine Inspiration gedankt!

Ein Werkzeugkasten für die Entwicklung von Theorien

Es muss betont werden, dass in diesem Buch nicht eine bestimmte Art der Entwicklung von Theorien dargestellt oder vorgezogen wird. Vielmehr ist es Absicht, eine Art „Werkzeugkasten" zu liefern, aus dem unterschiedliche Verfahren – möglichst kreativ – genutzt und kombiniert werden können, um zu Anregungen für neue Theorien oder um zu neuen Theorieentwürfen zu kommen.

Die Komplexität der Sache macht es auch notwendig, darauf hinzuweisen, dass die Entwicklung von Theorien viele Freiheitsgrade hat. Selbst wenn man sehr ähnliche Verfahren und Kriterien beachtet, ist nicht gewährleistet, dass unterschiedliche Entwickler zu gleichen Ergebnissen kommen. Auch die im Buch vorkommenden Beispiele und Aufgaben stellen nicht „richtige" Lösungen von theoretischen Problemen dar. Vielmehr stellen sie mögliche und vorläufige Lösungen dar. Es ist dann Aufgabe der Leserin bzw. des Lesers, sich von diesen Lösungsversuchen anregen zu lassen, selber aber andere und mitunter bessere Lösungen zu finden.

Salzburg, im Herbst 2010   *Hermann Astleitner*

1 Einleitung

Ausgangspunkt: Theorien als gesellschaftliches Innovationspotenzial

Das Schreiben dieses Buches wurde begonnen als Reaktion auf die Ende 2008 eingetretene globale Wirtschaftskrise und die damit verbundenen Folgekrisen in Politik, Wirtschaft, Kultur oder Bildung. Es werden viele Gründe angeführt, warum es zu dieser Krise gekommen ist: Habgier, mangelnde Kontrolle, Konsumwahn, Realitätsverlust usw. Es ist nur schwer zu beurteilen, welche dieser Gründe in welchem Ausmaß zutreffen bzw. wer zur Verantwortung zu ziehen ist, wenn das in unserer dynamischen und komplexen Welt überhaupt noch möglich ist. Hier wird eine andere Ansicht vertreten, die zum Schreiben dieses Buches besonders motiviert hat. Möglicherweise ist ein Teil dieser Entwicklung darauf zurückzuführen, dass zu lange ganz bestimmte Ziele und Problemlösestrategien verfolgt wurden, ohne bedeutsame Alternativen und Innovationen zu entwickeln. Alternativen und Innovationen beginnen mit neuen Sichtweisen auf die Welt, die helfen, gesellschaftlich zu findende Probleme auf neue Art und Weise zu lösen. Solche neuen Sichtweisen oder Annahmen sind nichts anderes als Theorien.

Im Rahmen dieser gesellschaftlichen Entwicklungen fällt auch auf, dass Bildung und Erziehung unter neuen theoretischen Perspektiven gesehen und gestaltet werden, ohne dass die betroffenen Menschen die wirksamen Mechanismen wirklich identifizieren und damit nachhaltig gestalten könnten. In die Erziehung hält die „Humankapitaltheorie" Einzug (vgl. Forster, 2009, S. 8), auch deshalb, weil es verabsäumt wurde, Alternativen zu einer Ökonomisierung der Gesellschaft und Bildung zu formulieren. Solche Alternativen müssen allerdings theoretisch entwickelt werden.

Es ist mit diesem Buch die Absicht verbunden, dass Menschen eine „Kompetenz zur Theorieentwicklung" ausbilden sollen, um mit Alternativen auf sich ständig verändernde Lebensbedingungen reagieren zu können. Eine solche Kompetenz, die sowohl im Alltag als auch in wissenschaftlichen Kontexten Anwendung findet, könnte z. B. bestehen aus:

– der Fähigkeit, vorgestellte Modelle zu Phänomenen (Erlebnissen etc.) des Lebens zu bilden, die bei der Problembewältigung helfen; solche Modelle bilden die Basis für Probehandeln, für das Experimentieren, für das Prüfen von Hypothesen usw. („Kompetenz zur Modellbildung");

– die Fertigkeit, aus einfachen (oft in den Medien transportierten) Erklärungen zu Phänomenen komplexe (der Sache angemessene) Erklärungen zu entwickeln; diese Kompetenz soll dazu beitragen, mit diffusen, vielschichtigen, verzerrten oder manipulierten Informationen kritisch-konstruktiv umgehen zu können („Kritisch-emanzipatorische Kompetenz"); oder

– neue und kreative Wege der Betrachtung von Phänomenen und der Lösung damit verbundener Probleme zu finden; diese Methoden bilden die Basis für die Entwicklung von neuen Produkten, neuen Konzepten usw. („Kreativ-innovative Kompetenz").

Die Betonung der Notwendigkeit der Entwicklung neuer Ansätze des Lebens und Erlebens ist nicht neu (vgl. z. B. Fromm, 1981, oder Bude & Willisch, 2008); neu ist vielleicht die Überlegung, Alternativen durch eine Kompetenz zur Theorieentwicklung voranzutreiben. Wenn dem so ist, dass Theorien ein wichtiges Innovationspotenzial in unserer Gesellschaft darstellen und Theorieentwicklung möglicherweise eine menschliche Kompetenz darstellt, dann sollten möglichst viele Menschen lernen, mit Theorien umzugehen. Dabei spielt wohl die größte Rolle, neue Theorien entwickeln zu können.

Das Entwickeln von Theorien als Lernprozess

In diesem Buch geht es um die Entwicklung von Theorien oder, einfacher ausgedrückt, um Werkzeuge, die uns dabei helfen, neue möglichst gut wissenschaftlich fundierte Annahmen über unsere soziale Welt zu gewinnen.

In diesem Buch wird versucht, die Leserinnen und Leser mit den Grundlagen der Theorieentwicklung in einer möglichst verständlichen Sprache vertraut zu machen. Das Buch ist für Studierende der Human- und Sozialwissenschaften, die sich in unterschiedlichen Studiumsphasen befinden, geschrieben. Es setzt keine speziellen Vorkenntnisse voraus.

In der empirisch-quantitativen Sozialforschung liegt eine Vielzahl von Lehrbüchern vor, die Fragen der Methodologie und Forschungsmethoden im engeren Sinne behandeln (vgl. z.B. Bortz & Döring, 2006). Diese Lehrbücher sind meistens einführende Werke für Studierende der Sozial- bzw. Humanwissenschaften. Dabei finden Verfahren der Datenerhebung, der Untersuchungsplanung und der statistischen Auswertung besondere und ausführliche Beachtung. Eher stiefmütterlich wird in diesen Büchern der Prozess der Bildung bzw. der Weiterentwicklung von wissenschaftlichen Theorien behandelt. Zwar gibt es Lehrbücher aus der qualitativen Sozialforschung, die sich prinzipiell dieses Themas annehmen, allerdings ist deren Integration in die quantitativ-orientierte Forschung noch immer suboptimal (vgl. z.B. Strauss, 1998). Dieser Umstand hat eine Reihe negativer Auswirkungen: a) Forschungsprojekte sind mitunter theoretisch nur schwach fundiert und leiden an Erklärungsdefiziten; b) der Innovationsgrad von Forschung ist mangelhaft und reduziert Wettbewerbschancen oder c) der wissenschaftliche Nachwuchs hat es schwer, eigenständige und theoretisch neue Profile zu entwickeln.

Im vorliegenden Buch werden klassische und moderne Formen der Theorieentwicklung leicht verständlich behandelt und an praktischen Beispielen illustriert. Außerdem findet sich in diesem Buch eine Reihe von Aufgaben, an denen das Gelernte selbstständig angewandt und vertieft werden kann.

Mit diesem Buch soll ein erster Einstieg in Fragen der Theorieentwicklung geboten werden. Explizites Ziel ist es, das möglichst einfach und klar darzustellen, ohne den Anspruch auf Vollständigkeit zu erheben. Eigenen persönlichen Erfahrungen nach können Studierende mit einfach gehaltenen und selektiven Einführungen meist mehr anfangen als mit komplexen Handbüchern.

Dieses Buch wurde von einem Erziehungswissenschaftler verfasst, d.h. von jemandem, der selber nur Grundlagen anwendet, die in anderen Fächern, vor allem der Philosophie, Logik bzw. Wissenschaftstheorie, erarbeitet und fundiert dargestellt wurden. Das vorliegende Buch ersetzt elaborierte

Darstellungen von Spezialistinnen und Spezialisten in diesen Bereichen in keiner Weise, es soll vielmehr dazu motivieren, sich mit solchen Arbeiten auseinanderzusetzen, und einen ersten Einstieg in diese Thematiken bieten. Hervorragende Weiterführungen, Ergänzungen und Vertiefungen der in diesem Buch dargestellten Inhalte bieten z. B. Alisch (1996), Jahraus & Ort (2003), Kelle (1994), Meidl (2009), Reynolds (2006), Schurz (2008) oder Stegmüller (1985).

Dieses Buch befasst sich mit fünf Hauptfragen:

1. Was sind überhaupt Theorien? (Kapitel 2)
2. Welche Aufgaben haben Theorien im Forschungsprozess? (Kapitel 3)
3. Welche Arten von Theorien können unterschieden werden? (Kapitel 4)
4. Wie werden Theorien entwickelt und welche Kriterien gelten dabei? (Kapitel 5)
5. Was kann an dem gewählten Vorgehen kritisiert oder ergänzt werden? (Kapitel 6)

Kernstück dieses Buches bildet Kapitel 5, alle anderen Kapitel dienen als Ergänzung dieses Kapitels bzw. als Vorbereitung auf dieses Kapitel. Am Ende des Buches finden sich Aufgaben, die eine Anwendung des Gelernten fördern sollen (Kapitel 7).

Zielgruppe des Buches sind Studierende und Lehrende von Studienrichtungen der Human- und Sozialwissenschaften, die quantitativ-empirische Forschung betreiben, so z. B. der Psychologie, Soziologie, Politikwissenschaft oder Erziehungswissenschaft. Dieses Buch kann in Lehrveranstaltungen eingesetzt werden, die Einführungen in wissenschaftliches Arbeiten, theoretische Grundlagen eines Faches oder stark theorieorientierte Auseinandersetzungen mit Fachinhalten bieten. Das Buch ist so aufgebaut, dass es sich auch zum Selbststudium eignet.

Hauptziel des Buches ist es, Studierende zu einem früh beginnenden, kreativ-innovativen und kritischen Umgang mit wissenschaftlichen Theorien zu führen. Es geht um die Anwendung von Verfahren der Theorieentwicklung und nicht um umfassende historische, philosophische oder wissenschaftstheoretische Abhandlungen zur Funktion, Struktur und Gestaltung von Theorien. Möge die Übung gelingen!

2 Theorien in den empirischen Sozialwissenschaften

2.1 Alltagstheorien: Theorien, die wir alle haben

Im menschlichen Leben stellen sich viele Fragen, auf die wir oft keine gut begründeten Antworten haben, so zum Beispiel: (1) Welche Auswirkungen wird eine Wirtschaftskrise auf mein zukünftiges Leben haben? (2) Was muss ich an meinem Verhalten ändern, um positiv Klimaveränderungen beeinflussen zu können? oder (3) Was wird sein, wenn ich tot bin?

Antworten auf diese Fragen könnten z. B. lauten: (1) Wahrscheinlich werde ich mindestens zwei Jobs benötigen, um mich und meine Familie über Wasser halten zu können. (2) Wenn ich mein Autofahren einschränke, meinen Energieverbrauch senke und möglichst viele meiner Freunde davon überzeuge, sodass sie das auch tun, dann dürfte sich ein kleiner positiver Effekt auf das Klima ergeben. (3) Möglicherweise trifft das zu, was Forscherinnen und Forscher berichten, die „Nahtodeserlebnisse" von Menschen untersucht haben. Demnach könnte es sein, dass es ein schönes und erfülltes Existieren nach dem Tod gibt.

Unsere Vermutungen im Alltag können Vorstufen von Theorien sein.
Antworten auf solche und ähnliche Fragen sind oft spekulativ, sie stellen nur Annahmen oder Vermutungen über Phänomene dar, die nicht wissenschaftlich begründet oder geprüft sind. Annahmen dieser Art werden als „Alltagstheorien" oder mit ähnlichen Begriffen wie „subjektive Theorien", „naive Theorien" oder „implizite Theorien" bezeichnet (vgl. z. B. Helmke, 2004, S. 52). Theorien in diesem Sinne sind zunächst einmal nur Aussagen über Sachverhalte. Ziel von „Alltagstheorien" ist es, dass sie zwar auch ein Phänomen beschreiben, erklären oder vorhersagen, dass sie dabei aber kaum Kriterien beachten und einhalten, die für „wissenschaftliche" Theorien gelten. Diese sollten hingegen z. B. gut definierte Begriffe verwenden; die darin vorkommenden Aussagen sollten keine logischen Wider-

sprüche enthalten; die in den Aussagen beschriebenen Phänomene sollten empirisch (d. h. an der Realität) überprüfbar sein, und schließlich sollten solche Theorien wahr sein. Alltagstheorien enthalten hingegen subjektive, persönliche Annahmen, die vor allem über Verallgemeinerungen von typischen Erfahrungen im Alltag, durch Analogiebildungen (Übertragung von Gegebenheiten einer Sache auf eine andere Sache) oder durch spontane Einfälle gewonnen wurden. Alltagstheorien können Vorstufen von Theorien darstellen, die unter Anwendung von wissenschaftlichen Methoden in wissenschaftliche Theorien übergeführt werden können.

Alltagstheorie mit schlecht definierten Begriffen. Häufig sind die Begriffe, die in Alltagstheorien verwendet werden, nicht genau geklärt, ihre Bedeutung ist unklar. In obiger Antwort (2) ist unklar, was genau mit „Autofahren einschränken" oder „Energieverbrauch senken" gemeint ist. Es ist z. B. möglich, weniger Kilometer mit dem Auto zurückzulegen, wenn man dafür aber schneller und aggressiver oder mehr Kurzstrecken fährt, ergibt sich keine Reduktion von Schadstoffen, die in Abgasen enthalten sind. Auch der Begriff „Energieverbrauch" kann viele unterschiedliche Bedeutungen haben und z. B. auf Strom, Wasser, Treibstoffe oder Nahrungsmittel bezogen sein und damit ganz verschiedene Auswirkungen auf das Klima haben.

Alltagstheorie mit umstrittenem Wahrheitsgehalt. In der Antwort auf Frage (3) wird eine Alltagstheorie geäußert, wobei auf Forschungsergebnisse Bezug genommen wird: Zum Beispiel berichtet Moody (2009) in seinen Forschungen von Ergebnissen von Interviews, die mit Menschen geführt wurden, die tot oder in der Nähe des Todes waren und wieder ins Leben zurückgekommen sind. Die dabei bei vielen Menschen entdeckten „Nahtoderfahrungen" zeigten Phänomene wie das Verlassen des Körpers, Tunnelerlebnisse, Lichterscheinungen, Gefühle von Frieden und Schmerzfreiheit, Lebensrückblicke und Begegnungen mit anderen Wesen und Welten. Diese Forschungsergebnisse würden eher den Schluss bzw. die Theorie nahelegen, dass wir ein angenehmes Leben nach dem Tod zu erwarten hätten. Allerdings waren die betreffenden Menschen nicht vollkommen tot, sondern nur in der Nähe des Todes. Interessant ist, dass solche Forschungen mitunter hohe Übereinstimmungen mit Aussagen von Menschen zeigen, die sich selber als Medium verstehen und angeben, zwischen dem Diesseits und dem Jenseits vermitteln zu können (vgl. z. B. van Praagh, 2002). Allerdings sind solche Forschungen und Phänomene nicht unumstritten, weil es schwerfällt, sie mit besonders fortschrittlichen naturwissenschaftlichen Methoden erfassbar und prüfbar zu machen und damit ihren Wahrheitsgehalt zu überprüfen bzw. bestimmen zu können. In obigem Beispiel zu Antwort (3) wurde zwar versucht, eine Alltagstheorie mit wissenschaftlichen Ergebnissen zu verknüpfen, allerdings wurden dabei Ergebnisse gewählt, die wissenschaftlich umstritten sind. In diesem Falle wäre der Versuch, aus einer Alltagstheorie eine stärker wissenschaftlich orientierte Theorie zu machen, wohl nur bedingt gelungen.

Zur Bildung bzw. Entwicklung von Alltagstheorien. Six und Six-Materna (2006, S. 323 ff) beschreiben den Prozess, wie Menschen zu Alltagstheorien kommen. Menschen verschaffen sich einen Eindruck über Sachverhalte, indem Merkmale zu einer ganzheitlichen Struktur verarbeitet werden. Liegt so ein Eindruck vor, dann werden daraus weitere Schlussfolgerungen gezogen, die mit dem Eindruck verträglich sind. Auch nutzen Menschen Einschätzungsmuster bei der Beurteilung von Sachverhalten, wobei bei einer solchen Urteilsbildung Beurteilungsfehler auftreten, die sich in Vorurteilen, in Bevorzugungen von bestimmten Gruppen von Menschen, in unveränderlich angenommenen Merkmalen oder in sich nicht verändernden Sichtweisen äußern.

Natürlich ist es auch so, dass wissenschaftliche Theorien wie Alltagstheorien schlecht definierte Begriffe enthalten oder nur einen unbestimmten Wahrheitsgehalt aufweisen können. Allerdings würde eine solche wissenschaftliche Theorie nicht lange von Wissenschaftlerinnen und Wissenschaftler genutzt werden. Sie würde verworfen und durch andere Theorien ersetzt werden.

2.2 Wissenschaftliche Theorien: Eingrenzungsversuche

Was wissenschaftliche Theorien genau sind, ist nicht eindeutig zu beantworten. Es gibt viele unterschiedliche wissenschaftliche Schulen, die jeweils unterschiedliche Definitionen oder Begriffe von Theorien nutzen. Solche wissenschaftstheoretischen Schulen bzw. philosophischen Richtungen sind z. B. „Empirismus und Rationalismus", „logischer Empirismus", „kritischer Rationalismus", „historische Wissenschaftstheorie und Relativismus", „pragmatische Wissenschaftstheorie", „strukturalistische Wissenschaftstheorie", „Naturalismus und kognitive Wende", „radikaler Konstruktivismus" oder „Hermeneutik und kritische Theorie" (vgl. Schurz, 2008, S. 12 ff).

Kritisch-rationale Sozialwissenschaften

In einer derzeit besonders beachteten wissenschaftlichen Schule bzw. Richtung spielt ein „kritisch-rationales" Bild von Wissenschaft eine zentrale Rolle. Dieses Bild, das eng mit dem „kritischen Rationalismus" verbunden ist, geht vor allem auf Popper zurück, der 1935 seine „Logik der Forschung" veröffentlicht hat (vgl. die 10. Auflage in: Popper, 2005).

Der Kern der Annahmen von Popper bezieht sich auf die Annahme, dass menschliche Problemlösungen immer fehlerhaft sind. Keine Annahme oder keine Erkenntnis ist jemals ganz sicher. Außerdem sollen wir unser hypothetisches Wissen strengen Prüfungen aussetzen, damit es sich bewähren kann. Theorien werden als Aussagen aufgefasst, die bestimmten Kriterien genügen müssen. Theorien sollen an der Wirklichkeit geprüft werden. Ergebnisse von Prüfungen von Theorien sind nie ganz sicher, sie können nur mit bestimmten Wahrscheinlichkeiten Behauptungen als wahr oder falsch einschätzen (vgl. ausführliche Darstellungen in: Prim & Tilmann, 1997).

2.2.1 Zum Theorie-Begriff

Zieht man jetzt Annahmen einer „kritisch-rationalen Sozialwissenschaft" heran, um Theorien zu definieren, dann kann man Theorien zunächst als „Systeme von Aussagen" ansehen. „Systeme" können als mehr oder minder geordnete Mengen von in Beziehung stehenden Elementen aufgefasst werden. „Aussagen" enthalten Beziehungen zwischen Informationseinheiten (z. B. Objekten oder Prädikaten).

2.2.1.1 Definition: Theorien als Aussagensysteme

Eine gängige Definition (Begriffsklärung) von Theorien, die in Fächern der empirischen Sozialforschung (Psychologie, Soziologie, Erziehungswissenschaft etc.) bzw. der naturwissenschaftlichen Forschung (Biologie, Physik, Chemie etc.) vielfach verwendet wird, sieht eine Theorie als „deduktives System von gesetzesartigen Aussagen, die sich auf einen bestimmten Gegenstandsbereich beziehen" (Gadenne, 1994a, S. 302). Wenn man diese vorläufige Festlegung, die Theorien als Aussagenkonzeptionen (statement view) betrachtet, berücksichtigt, dann ergeben sich drei Fragen und entsprechende Antworten:

(1) Was ist ein „deduktives System"? Nach Gadenne (1994a, S. 302) enthalten „deduktive Systeme" „Grundannahmen (Axiome, Postulate)", die nicht ableitbar sind und sich auf abstrakte (nicht direkt beobachtbare) Variablen (veränderliche Größen) beziehen. Außerdem enthalten solche Systeme „Theoreme", die aus den Grundannahmen logisch korrekt folgen. Diese (nach Regeln der Logik) gefolgerten Aussagen beziehen sich dann auf Sachverhalte, die man empirisch überprüfen kann. Allerdings ist oft nicht klar, was jetzt bei einer Theorie die Grundannahmen und was die Theoreme sind bzw. welche Beziehung beide haben, weshalb Theorien oft nur annäherungsweise als deduktive Systeme bezeichnet werden können. Zum Beispiel könnte es eine Grundannahme einer Theorie sein, dass Menschen gleichzeitig in mehreren eigenständigen Parallelwelten (Familie, Medienwelt, Freundeskreis etc.) leben. Aus dieser Grundannahme könnte (auch unter Berücksichtigung von anderen Annahmen) jetzt als Theorem abgeleitet werden, dass Menschen mehrere Rollen einnehmen und erfüllen müssen, um in unterschiedlichen Welten erfolgreich sein zu können, und dass sich daraus Rollenkonflikte ergeben, die zu persönlichen Problemen (z. B. Überforderung) führen.

(2) Was sind „gesetzesartige Aussagen"? Auch was „gesetzesartige Aussagen" darstellen, wird unterschiedlich ausgelegt. Gadenne (1994a, S. 304f) spricht dann von „Gesetzen", wenn diese bereits eine gewisse empirische Bestätigung besitzen und/oder wenn sie sich „universell" auf viele Fälle anwenden lassen. Gesetzesartige Aussagen beschreiben (strikte, wahrscheinliche

etc.) Beziehungen zwischen Variablen, meist in Wenn-dann- und/oder Je-desto-Aussagen. Empirische Bestätigungen können Ergebnisse zu Annahmen sein, die man im Rahmen einer wissenschaftlichen Studie gefunden hat (z. B. könnte man entdeckt haben, dass Menschen häufig in mehreren Lebenswelten gleichzeitig ihre Bedürfnisse und Wünsche ausleben).

(3) Was sind „Gegenstandsbereiche"? Gegenstandsbereiche betreffen unterschiedliche Phänomene menschlicher Erfahrungen, die mithilfe von wissenschaftlichen Theorien betrachtet werden können. Phänomene menschlicher Erfahrungen sind z. B. Denken, Lernen, Fühlen oder Handeln und beziehen sich auf viele mögliche Lebenskontexte und -situationen.

Zwei zentrale Merkmale von Theorien: Idealisierung und Unvollständigkeit

Nach Gadenne (1994a, S. 321f) weisen Theorien zwei Merkmale auf, die einerseits ihre Qualität ausmachen und auf der anderen Seite Theorien kritisierbar machen.

Theorien als „ideale" Modelle der Welt. Zunächst „idealisieren" Theorien bestimmte Phänomene. Bei der Entwicklung einer Theorie tut man so, als hätte man es mit „idealen" Personen, Phänomenen oder Situationen zu tun. Erst später wird man diese Annahme schrittweise infrage stellen und neue, nicht „ideale" Aspekte in die Theorie aufnehmen. „Ideal" meint in der Vorstellung vorhanden, einer Idee entsprechend oder vollkommen (vgl. z. B. Duden, 1990, S. 330). Zum Beispiel nehmen viele Theorien der Leistungsmotivation an, dass wir Menschen uns in Leistungssituationen auch leistungsorientiert verhalten (vgl. z. B. Rheinberg, 1995, S. 58 ff). Folge dieses leistungsorientierten Verhaltens wäre es dann, dass wir sehr rational abwägen, welche Erfolgschancen wir haben („Erwartungen") und wie wichtig uns bestimmte Folgen unserer Verhaltensweisen („Werte") wären. Diese ideale Grundannahme muss allerdings nicht in allen Situationen auch wirklich gelten. Manche Menschen verhalten sich nicht rational in Situationen, in denen von ihnen Leistungen gefordert werden, weil sie z. B. Angst davor haben zu versagen.

Theorien als unvollständige Modelle der Welt. Theorien stellen nur Ausschnitte der Welt dar, d. h. in der Regel beschreiben oder erklären sie nur einen Teil und ein Element eines bestimmten Phänomens. Zum Beispiel kann man sehr viele Gründe nennen, warum Menschen eine Handlung ausdauernd ausüben. Motive könnten Freude an der Tätigkeit, Anerkennung, Geld, Machtgewinn, Suche nach sozialen Verbindungen usw. sein. Für jeden dieser Gründe können Theorien genannt werden, die sich mit spezifischen Teilen auseinandersetzen. Zum Beispiel gibt es gut ausgearbeitete Theorien zur Machtmotivation (vgl. Rheinberg, 1995, S. 93 ff). Diese Theorien beachten nur den Machtaspekt eines Phänomens und liefern so ein nur unvollständiges Modell der Erklärung, warum jemand ausdauernd eine Handlung durchführt.

2.2.1.2 Kriterien zur Beurteilung von Theorien

Wissenschaftliche Theorien erfüllen zudem eine Reihe von Kriterien oder sollen diese erfüllen. In der Literatur zur empirischen Sozialforschung werden meist folgende Kriterien behandelt (vgl. z. B. Bortz, 1993, S. 4 ff, oder Bortz & Döring, 2006, S. 15):

- *Präzision*: Eine Theorie sollte Begriffe enthalten, die eindeutig definiert sind und deren Bedeutung klar ist. Etwas ist auf diese Art bestimmt, wenn Menschen, die eine dafür relevante wissenschaftliche Fachsprache beherrschen, mit dem Begriff gut kommunizieren können. Damit Begriffe diese Qualität erreichen, werden sie üblicherweise über wissenschaftliche Verfahren („Definieren", „Explizieren") genauer festgelegt.
- *Informationsgehalt*: Eine Theorie hat einen umso höheren Informationsgehalt, je mehr potenzielle Ereignisse denkbar sind, die mit der Theorie in Widerspruch geraten können (das sind sog. „Falsifikatoren"). Wenn man eine Theorie in „Wenn-dann"- oder „Je-desto"-Sätzen formuliert, dann ist der Informationsgehalt umso höher, je mehr Ereignisse denkbar sind, die mit dem Dann-Teil eines Satzes in Widerspruch stehen.
- *Logische Konsistenz*: Das Kriterium der logischen Konsistenz bedeutet, dass eine Theorie in sich nicht logisch widersprüchlich sein soll. Eine Theorie soll demnach auch keine Sätze enthalten, die immer wahr (z. B. „Kann-Sätze": Wer viel raucht, kann an Lungenkrebs erkranken. Dieser

Satz ist nicht widerlegbar.) oder immer falsch sind. Außerdem genügt eine Theorie diesem Kriterium nicht, wenn sie aus anderen Sätzen logisch falsch abgeleitet wurde.

- *Empirische Überprüfbarkeit*: Empirisch überprüfbar meint, dass das Zutreffen von Aussagen einer Theorie an der Wirklichkeit getestet werden kann. Das setzt voraus, dass Phänomene und wissenschaftliche Verfahrensweisen vorhanden sind, die eine solche Prüfung möglich machen.
- *Bewährung*: Das Bewährungs-Kriterium betrifft die Frage, wie häufig und wie streng die Aussagen einer Theorie geprüft sind. Wurden möglichst viele Aussagen einer Theorie möglichst häufig und möglichst streng (unter kontrollierten Bedingungen) bestätigt, dann wurde ein hohes Maß an Bewährung erreicht. Da Theorien den Anspruch haben, möglichst allgemeingültig zu sein, kann ihr Bewährungsgrad aber nie wirklich umfassend bestimmt werden. Ob eine Theorie „wahr" ist oder nicht, kann mit empirischen Prüfungen nie endgültig oder eindeutig nachgewiesen, sondern nur annäherungsweise erreicht werden.
- *Sparsamkeit*: Eine Theorie ist einer anderen Theorie vorzuziehen, wenn die eine Theorie vorhandene Phänomene mit weniger Annahmen erklären kann als eine andere Theorie.
- *Anregungsgehalt*: Dieses Kriterium betrifft die Frage, ob es einer Theorie gelungen ist, weitere Forschungsaktivitäten zu stimulieren. Eine Theorie, die viele empirische Studien und/oder theoretische Weiterentwicklungen zur Folge gehabt hat, hätte demnach einen hohen Anregungsgehalt.

Schurz (2008, S. 188) sieht außerdem „methodische Merkmale (guter) wissenschaftlicher Theorien" folgender Art:

- *Systemcharakter*: Einzelne Teile (Gesetzeshypothesen) einer Theorie sind nur zu verstehen, wenn man ihr Zusammenwirken mit anderen Teilen berücksichtigt;
- *Empirische Kreativität*: betrifft den Umstand, dass dieses Zusammenwirken der Teile neuen empirischen Gehalt erzeugt (in Vergleich zum empirischen Gehalt der einzelnen Teile); und
- *Globalität und Vereinheitlichung*: meint, dass eine Theorie qualitativ unterschiedliche empirische Phänomene erklären kann, und zwar in einer

möglichst einheitlichen Art, sodass viele empirische Phänomene auf wenige theoretische Prinzipien zurückgeführt werden können.

Zur Relevanz und Einhaltung der Kriterien, die an eine Theorie gestellt werden

Keine einheitliche Relevanz in unterschiedlichen wissenschaftstheoretischen Richtungen. Grundsätzlich ist hier einmal festzuhalten, dass die Kriterien, die in der empirischen Sozialwissenschaft an Theorien angelegt werden, in der Wissenschaft weitgehend akzeptiert sind. Die hier dargestellten Kriterien beziehen sich vor allem auf die Wissenschaftstheorie des „kritischen Rationalismus" und daran anschließende Entwicklungen (vgl. z. B. Albert, 1992). Allerdings werden in unterschiedlichen wissenschaftstheoretischen Richtungen diese Kriterien mit variierender Wichtigkeit gesehen. In anderen wissenschaftstheoretischen Richtungen (z. B. der „Kritischen Theorie") spielen diese Kriterien keine oder eine nur untergeordnete Rolle oder werden mehr oder minder streng angewandt.

Die Einhaltung und Prüfung der Kriterien ändert sich in der wissenschaftlichen Auseinandersetzung. Es ist auch davon auszugehen, dass diese Kriterien unterschiedlich stark beachtet werden, speziell dann, wenn es gilt, Theorien zu entwickeln. Wird eine neue Theorie entwickelt, spielt es oft nur eine geringe Rolle, wie sie zustande gekommen ist bzw. welchen Kriterien sie genügt. Erst im Laufe der Entwicklung und vor allem Prüfung einer Theorie kommen die jeweiligen Kriterien stärker ins Spiel. Zum Beispiel scheint es klar zu sein, dass eine wissenschaftliche Theorie nicht in einer wissenschaftlichen Fachzeitschrift veröffentlicht werden kann, wenn sie z. B. logische Fehler enthält. Das würde bedeuten, dass z. B. das Kriterium der logischen Konsistenz schon zu Beginn der Entwicklung einer Theorie zu beachten ist. Auf der anderen Seite kann es durchaus vorkommen, dass eine wissenschaftliche Theorie schon viele Jahre in publizierten empirischen Studien geprüft wird und erst spät vorgenommene detaillierte logische Analysen Inkonsistenzen bzw. logische Widersprüche offenbaren.

Schließlich muss auch beachtet werden, dass die Prüfungen, ob die jeweiligen Kriterien eingehalten werden oder nicht unterschiedlich streng ausfallen können. Ein Inhaber eines Lehrstuhls für Logik oder für Wissenschaftstheorie wird die logische Widersprüchlichkeit einer Theorie genauer und umfassender prüfen können, als das in der Regel Fachwissenschaftler tun, die in ihrem Spezialgebiet (z. B. Sozialpsychologie) eine Theorie aufgestellt haben (vgl. z. B. die strukturalistischen Rekonstruktionen von Theorien zur Literatur, zur Tauschwirtschaft, zur Entscheidungsfindung etc. von Stegmüller, 1986, S. 360 ff). Oder: Ein experimentell arbeitender Erziehungswissenschaftler wird die Wirksamkeit einer Unterrichtstheorie im Schulalltag kontrollierter prüfen können als ein Kollege, der aus einer geisteswissenschaftlichen Forschungstradition kommt und über keine ausgeprägten Kompetenzen in der Planung, Durchführung und Auswertung von (quasiexperimentellen) Interventionsstudien verfügt bzw. die dabei einzuhaltenden Kriterien und Verfahren nicht anwendet (vgl. z. B. die vielfältigen Kriterien, die an die Wirksamkeit von Interventionsmaßnahmen angelegt werden können, von Hager, Patry und Brezing, 2000).

Die Qualität einer Theorie muss unter den genannten Bedingungen als etwas angesehen werden, das sich im Prozess der wissenschaftlichen Auseinandersetzung stark wandeln kann. Es kann durchaus auch sein, dass Theorien, die viele der genannten Kriterien gut erfüllen, dennoch durch andere Theorien abgelöst werden. Das passiert vor allem dann, wenn neue und einschneidende Entwicklungen in Wissenschaft, Technik, Gesellschaft etc. dies nahelegen.

2.2.1.3 Ein Beispiel für eine Theorie und eine Theoriekritik

Menschen verbringen ihre Freizeit auf verschiedene Art und Weise. Manche lesen, sehen fern oder hören Musik. Andere wiederum betreiben riskante Sportarten, wie z. B. Klettern, Motorrad fahren oder Drachen fliegen. Es könnte sich die Frage stellen, welche Persönlichkeitsmerkmale die eine Gruppe von Personen von der anderen unterscheidet. In der wissenschaftlichen Literatur kann man dazu z. B. das theoretische Konstrukt des „Sensation Seeking" (Sensationssuche) von Zuckerman (1983) entdecken. Ein theoretisches Konstrukt enthält Annahmen über bestimmte begrifflich festgemachte und nicht direkt beobachtbare Phänomene, wie z. B.

dem Konstrukt der „Intelligenz", das über (auf Beobachtungen bzw. Tests basierende) Intelligenztests erschlossen wird. Im beispielhaft ausgewählten Konstrukt des Sensation Seeking wird angenommen, dass jemand dann außergewöhnliche Aktivitäten durchführt, wenn a) eine Tendenz zu risikoreichen Aktivitäten in Sport und Freizeit mit hohem Erlebniswert, b) eine Tendenz zu neuen Erfahrungen durch Reisen etc., c) eine Tendenz zur Enthemmung in sozialen Situationen, z. B. auf Partys etc., und d) eine Tendenz, monotonen Ereignissen, Tätigkeiten und langweiligen Personen aus dem Weg zu gehen, vorhanden sind (vgl. Rheinberg, 1995, S. 153).

Die Aussagen von a) bis d) stellen (mehr oder minder) gesetzesmäßige Aussagen dar, die Merkmale einer Sensationen suchenden Persönlichkeit betreffen. Die Grundannahme hinsichtlich dieser Theorie wäre wohl die Annahme, dass Menschen nach Sensationen in ihrem Leben suchen. Die Theoreme entsprechen den vier Tendenzen. Der Gegenstandsbereich dieser Theorie betrifft Persönlichkeitsmerkmale von Menschen und Fragen der Aktivierung von Handlungen bzw. deren Motivation.

Dieses Konstrukt bietet eine persönlichkeitsbezogene Erklärung von Verhaltensweisen. Das Verhalten wird auf hohe oder niedrige Ausprägungen dieses Konstruktes zurückgeführt. Jugendliche, die z. B. mit hohem Risiko Auto fahren, müssten höhere Werte im Sensation Seeking aufweisen als Jugendliche, die sich den Verkehrsregeln entsprechend verhalten. Messinstrumente zum Sensation Seeking könnte man z. B. einsetzen, wenn es darum geht, Risikogruppen von Jugendlichen zu identifizieren, die besonders anfällig für Verkehrsunfälle sind. Weiß man z. B., welche Jugendlichen besonders zu risikoreichem Verkehrsverhalten neigen, könnten diese besonders geschult werden.

Ein Beispiel einer Theoriekritik

Rheinberg (1995, S. 155) kritisiert an dieser Theorie, dass das theoretische Konstrukt des Sensation Seeking vor allem Persönlichkeitsmerkmale beschreibt, ohne genau zu klären, welche kognitiven, motivationalen oder anderen Prozesse ablaufen, wenn es um das Verhalten geht, das mit Sensation Seeking verbunden ist. Zum Beispiel ist in Bezug zu den oben ausgeführten „Tendenzen" unklar, welche Entscheidungsprozesse oder Verhalten verstärkende Informationsverarbeitungsprozesse bei den betreffenden Personen ablaufen, wenn sie sich mit hohen Geschwindigkeiten und damit mit hohem Risiko im Straßenverkehr bewegen.

Auch wird kritisch angemerkt, dass der Umstand, dass sich Personen in unterschiedlichen Situationen nicht gleich verhalten, nicht berücksichtigt wird. Das würde z. B. bedeuten, dass das Konstrukt bzw. die gesetzesmäßigen Aussagen keine Auskunft darüber geben, ob sich Personen mit einer hohen Tendenz zum Sensation Seeking in allen möglichen Situationen immer gleich verhalten. Zum Beispiel könnte es durchaus sein, dass sich Personen mit hoher Tendenz zum Sensation Seeking dann weniger risikofreudig verhalten, wenn Situationen gegeben sind, in denen andere Personen involviert bzw. gefährdet sind (z. B. bei Gegenverkehr auf der Straße oder bei mitfahrenden Personen). Solche Personen würden sich dann austoben, wenn sie alleine auf einem See Sport betreiben, sie würden sich aber rücksichtsvoll im Straßenverkehr verhalten, wenn andere Menschen beteiligt sind bzw. wenn mit relevanten Konsequenzen zu rechnen ist.

2.2.2 Zur Veränderung von Theorien: Laufende Theoriekritik

Theorien sind nicht etwas, das für lange Zeit gleichbleibt, vielmehr sind Theorien einer ständigen Veränderung unterworfen. Im Prozess dieser Veränderung werden Theorien völlig verworfen, ergänzt, erweitert, mit anderen Theorien kombiniert, verfeinert usw.

Schurz (2008, S. 196 ff) beschreibt einen Prozess der Veränderung von Theorien, der an Lakatos orientiert ist. Demnach gestaltet sich dieser Prozess (verkürzt und vereinfacht dargestellt) folgendermaßen:

1. Gerät der Kern einer Theorie in Konflikt mit der Erfahrung, kann eine Theorie dadurch gerettet werden, dass Anpassungen in der Peripherie der Theorie vorgenommen werden.
2. Jede Theorie benötigt spezielle Hilfshypothesen, um zu empirischen Prognosen zu gelangen. Im Falle eines Konfliktes mit der Erfahrung können diese Hilfshypothesen fallen gelassen oder ersetzt werden.

3. Eine Theorie ist erst dann als gescheitert anzusehen, wenn eine bessere Theorieversion entwickelt wurde.
4. Die Entwicklung eines Theoriekerns ist nur so lange als akzeptabel zu beurteilen, solange die Anpassungen neuen empirischen Gehalt erzeugen.

Auf der Basis dieser Grundannahmen von Lakatos formuliert Schurz (2008, S. 199ff) Schritte einer Theoriedynamik, die von Theoriebewertungen, Theorievergleichen und Theoriefortschritten abhängen. Demnach enthält eine Theorieversion alle Teile, die nötig sind, um aus der Theorie empirische Konsequenzen zu gewinnen. Solange nur die Peripherie einer Theorie geändert wird, bleibt die Theorieversion bestehen. Erst die Änderung des Theoriekerns führt zu einer neuen Theorie.

Werden Phänomene, die deduktiv von der Theorie abgeleitet werden können, durch aktuelle Beobachtungssätze widerlegt, führt das normalerweise zur Entwicklung einer neuen Theorieversion. Eine Theorieversion kann aber akzeptiert werden, solange sie bewährt ist und keine empirisch erfolgreicheren alternativen Theorieversionen existieren. Eine Theorieversion ist zurückzuweisen, wenn sie stark geschwächt ist und eine empirisch erfolgreichere alternative Theorieversion gegeben ist. Liegen zwei Theorieversionen vor, die gleich erfolgreich sind, dann ist die Theorieversion vorzuziehen, die mehr ungeprüften empirischen Gehalt besitzt.

Eine Theorieversion hat einen Erfolg, wenn ein empirisches Phänomen korrekt von der Theorie vorausgesagt oder erklärt wird. Ein Misserfolg ist dann gegeben, wenn ein gut bestätigtes empirisches Phänomen im Widerspruch mit einer Theorieversion steht: Das betreffende Phänomen kann in logischem Widerspruch stehen, die Theorieversion unwahrscheinlich machen oder zu Vorgängerversionen bzw. Ad-hoc-Anpassungen (durch Hilfshypothesen) im Widerspruch stehen.

In der Praxis der Forschung zeigt sich dieser Veränderungsprozess darin, dass Theorien zu einem bestimmten Sachverhalt formuliert werden. Dann werden meist Messinstrumente (z. B. Fragebögen) und Untersuchungsszenarien (z. B. Laborexperimente) entwickelt, die es möglich machen, Aussagen einer Theorie mit der Realität zu konfrontieren. Findet man dann z. B. zum Teil die Theorie bestätigende und widerlegende Ergebnisse, dann wird man Veränderungen vornehmen. Zunächst könnten dabei die Datenerhebungsinstrumente verändert oder verbessert werden. Denkbar ist auch, Situationen und Personengruppen zu berücksichtigten, an denen das Zutreffen der Theorie noch nicht untersucht wurde. Solche Forschungen könnten dann dazu führen, dass der Geltungsbereich einer Theorie eingeschränkt wird, was bedeutet, dass Aussagen einer Theorie nur für ganz bestimmte Situationen oder Personen gültig sind. Hat man dann für eine längere Zeit (z. B. einige Jahre) eine Theorie untersucht, wird man zusammenfassende Berichte (Reviews) erstellen und die Theorie bewerten. Solche Theoriebewertungen liefern dann die Basis dafür, die betreffende Theorie weiterzuentwickeln oder überhaupt eine neue Theorie zu entwerfen.

Ein Beispiel für Veränderungen von Theorien

Laireiter (2006, S. 170 ff) befasst sich mit Fragen, bezogen auf das theoretische Konstrukt „sozialer Unterstützung". Hinsichtlich der Wirksamkeit von sozialer Unterstützung lassen sich zwei Effekte unterscheiden:

(a) Soziale Unterstützung schützt vor negativen Effekten (z. B. Krankheit) von Lebensumständen („Puffereffekt") und

(b) soziale Unterstützung hält Wohlbefinden und psychische Gesundheit aufrecht („Haupteffekt").

Für das Zustandekommen dieser Effekte werden (hier verkürzt dargestellt) folgende gut in der Forschung bestätigte Mechanismen verantwortlich gemacht:

(c) die Befriedigung grundlegender menschlicher Bedürfnisse (nach Sicherheit etc.);

(d) das seltenere Auftreten von Belastungssituationen in positiven sozialen Kontexten und

(e) die Bewahrung vor negativen Effekten von sozialem Problemverhalten.

Als Formen der sozialen Unterstützung können (auch verkürzt dargestellt) (f) emotionale Unterstützung (in Form von Zuwendungen) oder (g) instrumentelle Unterstützung (in Form von tatkräftiger Hilfe) angesehen werden.

Auch könnte sich in weiteren, durchaus auch der Theorie nicht zugehörigen Studien gezeigt haben, dass (h) Männer und Frauen unterschiedliche Unterstützungsformen anwenden und vorziehen; (i) auch, dass es einen Unterschied macht, ob die unterstützende Person nahestehend oder eine fremde Person ist; oder (j) dass die Effekte unterschiedlich ausfallen, je nachdem, ob es sich um alltägliche Belastungen (z. B. Stress im Beruf) oder besondere Belastungen (z. B. Tod eines wichtigen Menschen) handelt.

Man könnte jetzt – Überlegungen von Schurz (2008, S. 208 ff) beachtend – die beiden Effekte (a) und (b) als Kernannahmen oder Theoriekern einer „Theorie über die Effekte sozialer Unterstützung" bezeichnen. Auch könnte man (c) bis (e) als Spezialgesetze einer Theorie über die Effekte sozialer Unterstützung ansehen. Schließlich können (f) und (g) als Indikatorgesetze angesehen werden, die im Bereich der Peripherie der Theorie angesiedelt sind. (a)+(b)+(c)+(d)+(e)+(f)+(g) bilden die Theorieversion und liefern auch die Basis für eine Prognose, die aus der Theorie folgt und empirisch überprüft werden kann. Eine solche Prognose könnte z. B. lauten:

Eine emotionale Unterstützung führt dazu, dass Menschen vor negativen Effekten von Problemverhalten bewahrt werden, was sich positiv auf ihr Wohlbefinden auswirkt.

Eine Weiterentwicklung der Peripherie der Theorie könnte jetzt z. B. darin bestehen, dass die Erkenntnisse (h) bis (j) dazu verwendet werden, um die Indikatorgesetze (f) und (g) zu modifizieren. Zum Beispiel könnte man in Erwägung ziehen, dass bei der Form der sozialen Unterstützung zwischen den Geschlechtern unterschieden wird: Bei Frauen könnte eine stärker ausgeprägte emotionale Zuwendung bessere Effekte erzielen als bei Männern, die eher von einer instrumentellen Unterstützung profitieren.

2.2.3 Forschungsprogramme und -paradigmen

Theorien und deren Veränderungen sind häufig Bestandteil von „Forschungsprogrammen" (vgl. Schurz, 2008, S. 196 ff). Für Herrmann (1999, S. 25 ff) sind „Forschungsprogramme" „institutionalisierte Problemlöseprozesse", die sich über einen längeren Zeitraum mit einem zentralen Problem beschäftigen. Zu diesem Problem liegen „Kernannahmen" vor, die das Problem konstituieren, d. h. schaffen und definieren.

In „grundwissenschaftlichen Forschungsprogrammen" geht es darum, das in den Kernannahmen beschriebene Problemfeld besser zu „explizieren" (d. h. Antworten auf „Was-Fragen" zu finden) und zu „erklären" (d. h. Antworten auf „Warum-Fragen" zu finden). Schmalt und Heckhausen (2006, S. 211 ff) sehen z. B. motivationspsychologische, sozialwissenschaftliche und soziobiologische Forschungsprogramme zur Analyse des Phänomens „Macht". In solchen Forschungsprogrammen geht es um Definitionen von Macht, um Formen und Ziele eines Machthandelns, Theorien der Macht und Dominanz in der menschlichen Evolution oder Fragen der Messung des Machtmotivs.

Bei „technologischen Forschungsprogrammen" geht es vor allem darum, operatives Hintergrundwissen und standardisierte Techniken bereitzustellen, um Probleme in der Praxis gut lösen zu können. Krug und Kuhl (2005, S. 168 ff) beschreiben Forschungsprogramme, die sich z. B. mit der Förderung der Motivation von Menschen befassen. Bei solchen Programmen geht es um die Entwicklung und Wirksamkeitsprüfung von Trainings, Coaching-Aktivitäten, Unterrichtsmaßnahmen oder Lernmaterialien.

Phasen in Forschungsprogrammen

Forschungsprogramme bestehen in der Forschungspraxis in der Regel aus einer Reihe von Forschungsprojekten, die über einen längeren Zeitraum durchgeführt werden (vgl. z. B. Herber, 2000). Dabei können unterschiedliche Phasen durchlaufen werden, die z. B. folgendermaßen gestaltet sind:

a) Erkundungsphase: In dieser Phase wird das im Forschungsprogramm zentrale Problem näher bestimmt. Es werden erste Begriffsdefinitionen, empirisch-qualitative Untersuchungen, Literaturrecherchen, Experteninterviews, Meta-Analysen (Bewertung von bereits zu einem Thema durchgeführten Studien) usw. erstellt. Ziel ist es, zu einer Liste von Faktoren zu kommen, die problemrelevant sind. Zum Beispiel könnte in einem Forschungsprogramm zur Verbesserung prosozialen Verhaltens von Kindern Wissen darüber gesammelt werden, ab wann und in welchem Ausmaß Kinder prosoziales Verhalten zeigen oder nicht zeigen. Es könnten Daten über person- und situationsbezogene Bedingungen (z. B. Kindergartenbesuch) gesammelt werden, die sich förderlich oder hinderlich auf die Entwicklung prosozialen Verhaltens auswirken.

b) Theorieentwicklungsphase: Ist bekannt, welche Faktoren mit einem zu lösenden Problem in Zusammenhang stehen, kann begonnen werden, eine Theorie zu entwerfen. Diese Theorie sollte wissenschaftlich fundierte Begriffe und Beziehungen dieser Begriffe zu dem gewählten Problem enthalten. Würde man z. B. eine Theorie zur Entwicklung und Förderung prosozialen Verhaltens bei Kindern aufstellen, dann müsste man den Begriff des „prosozialen Verhaltens" genau definieren und ihn von anderen ähnlichen Begriffen, wie z. B. den Begriffen des „Hilfeverhaltens" oder des „altruistischen Verhaltens", abgrenzen. Sind die Begriffe geklärt, könnte man sich die Aufgabe stellen zu beschreiben, ob Kinder unterschiedliche Phasen des Erwerbs von prosozialem Verhalten durchlaufen. Hier könnte man ein Stufenmodell erstellen und auch klären, wie der Übergang von einer Stufe auf eine nächste (höhere) erfolgen kann. Das würde die Frage betreffen, welche pädagogischen Maßnahmen (Interventionen, Förderprogramme, Trainings, Erziehungshilfen etc.) geeignet sind, um die Entwicklung prosozialen Verhaltens bei Kindern zu fördern.

c) Prüfungsphase: Liegt eine Theorie vor, die auch anhand diverser Kriterien (Widerspruchsfreiheit etc.) geprüft wurde, kann damit begonnen werden, die Annahmen der Theorie schrittweise empirisch zu testen. Dabei müssten Messinstrumente entworfen werden, die es möglich machen, dass das betreffende Phänomen genau und gültig gemessen werden kann. Es könnten dann Zusammenhangsanalysen erstellt werden, die Auskunft darüber geben, ob und wie Person- und Situationsvariablen mit dem Phänomen in Verbindung stehen. Auf der Basis gefundener Zusammenhänge könnten dann Interventionsprogramme erstellt und (quasi-)experimentell auf ihre Wirksamkeit geprüft werden. Dabei könnten zunächst eher kontrollierte laborähnliche Szenarien und dann Studien im Feld (z. B. in der Schule oder in der Familie) durchgeführt werden. In Bezug zum gewählten Beispiel des prosozialen Verhaltens müsste man dann Fragebögen und/oder Beobachtungsinstrumente entwerfen, die dieses Verhalten gut (genau und gültig) messen. Dieses Instrument könnte bei Befragungen in Familien,

Kindergärten und/oder Grundschulen eingesetzt werden, um zu klären, ob es unterschiedliche Entwicklungsstufen gibt und welche Einflussfaktoren diese bedingen. Sind Einflussfaktoren bekannt, könnten diese gezielt gestaltet und in Experimenten auf ihre Wirksamkeit geprüft werden. Mehrere Einflussfaktoren könnten dann zu Interventionsprogrammen zur Förderung prosozialen Verhaltens kombiniert und geprüft werden.

d) Verwertungsphase: Hat man festgestellt, dass solche Interventionsprogramme wirksam sind, könnte man beginnen, diese Programme in praktischen Fördermaßnahmen zugänglich zu machen. In Bezug zum obigen Beispiel des prosozialen Verhaltens könnte man damit beginnen, die Interventionsprogramme in die Weiterbildung von Lehrerinnen und Lehrern oder in Erziehungskurse für Eltern zu integrieren. Dabei gemachte Erfahrungen können – gekoppelt mit Evaluationsmaßnahmen – zur langfristigen Qualitätsverbesserung der entwickelten Interventionsprogramme verwendet werden.

Forschungsparadigmen

Forschungsparadigmen sind Forschungsprogrammen übergeordnet. Sie betreffen neue Weltbilder, eigene Denkstile, das Fach übergreifende methodische Orientierungen bzw. Rahmentheorien. Paradigmen sind etwas, das eine Gruppe von Wissenschaftlerinnen und Wissenschaftlern teilt und das allgemeine theoretische Prinzipien, Musterbeispiele von Anwendungen und methodologisch-normative Annahmen enthält (vgl. Schurz, 2008, S. 16). Neue Forschungsparadigmen entwickeln sich in „revolutionären Situationen", die nach Perioden „normaler Wissenschaft" und in wissenschaftlichen „Krisen", in denen ungelöste Probleme oder Anomalien das Vertrauen schwächen, auftreten (vgl. Kuhn, 1962, zit. nach Callebaut, 1995, S. 17).

Forschungsparadigmen lassen sich in unterschiedlichen Fachbereichen identifizieren: So hat z. B. die „kognitive Wende" in der Psychologie das Forschungsparadigma des „Behaviorismus" durch die stärkere Beachtung von Prozessen der Informationsverarbeitung bei der Erklärung von menschlichem Verhalten abgelöst. Mit diesem Paradigmenwechsel gingen die Entwicklung neuer Datenerhebungsmethoden (z. B. zur Erfassung von

Abbildung 1: Ein Beispiel
für die Organisation
von zielgerichteten
Forschungsaktivitäten

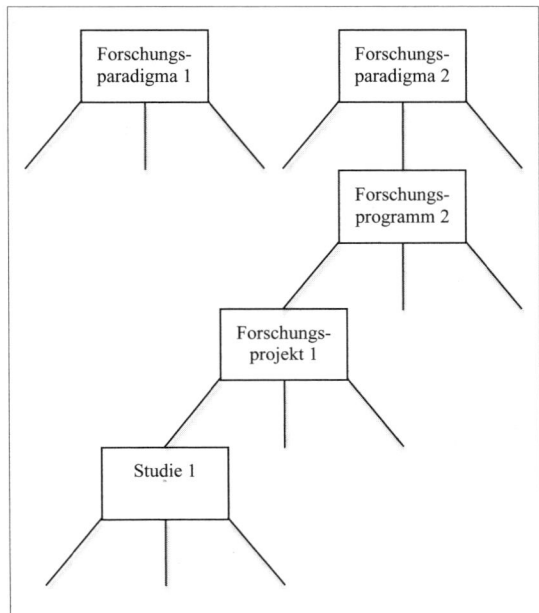

Denkprozessen) und neuer Theorien (z. B. von Gedächtnismodellen und darauf basierenden Theorien des Wissenserwerbs) einher. Änderungen von Forschungsparadigmen finden sich z. B. auch in der sozialwissenschaftlich relevanten Evaluationsforschung, bei der in einem ersten Paradigma fertige Programme im Nachhinein bewertet wurden und in einem zweiten Paradigma nun die systematische Erprobung von Interventionen und Innovationen im Vordergrund steht (vgl. z. B. Daumenlang, Altstötter & Sourisseaux, 1999, S. 706 ff).

Abbildung 1 zeigt den Zusammenhang zwischen wissenschaftlichen Studien, Forschungsprojekten, Forschungsprogrammen und Forschungsparadigmen. Demnach können in einem wissenschaftlichen Fachbereich (z. B. der Soziologie) ein oder mehrere Forschungsparadigmen vorherrschen. Innerhalb dieser Forschungsparadigmen können mehrere Forschungsprogramme angesiedelt sein. In Forschungsprogrammen werden diverse Forschungsprojekte durchgeführt. Forschungsprojekte setzen sich wiederum aus einzelnen Studien zusammen. Studien sind wissenschaftliche Untersuchungen, die zur Bearbeitung einer bestimmten Fragestellung unternommen werden.

Theorien sind auf allen Ebenen von zielgerichteten Forschungsaktivitäten, wie sie in Abbildung 1 dargestellt sind, zu finden. Theorien begründen Forschungsparadigmen. Sie bilden die übergeordnete Basis für Forschungsprogramme. In Forschungsprojekten werden Spezialfragestellungen, die sich auf Rahmentheorien oder größere Theorien beziehen, untersucht. In Studien finden Spezialfragestellungen im Hinblick auf ausgewählte theoretische Fragestellungen Berücksichtigung.

2.2.4 Weitere Theoriekonzepte

Theoriekonzepte sind mehr oder minder allgemeine Ideen darüber, was Theorien sind, wie sie aufgebaut und bewertet werden sollten. Neben Theoriekonzepten, die auf Annahmen des kritischen Rationalismus zurückgehen, gibt es auch andere Annahmen darüber, was Theorien sind und wie sie formuliert sein sollen. Ein Naheverhältnis zur aussagenbezogenen Konzeption von Theorien weisen „strukturalistische" und „pragmatische" Theoriekonzepte auf.

Strukturalistische Theoriekonzepte
Strukturalistische Theoriekonzepte gehen auf Sneed (1971), auch Stegmüller (1985, 1986) zurück und nutzen die Mengenlehre für die Formulierung von Theorien. Dabei werden nicht grundsätzlich andere Typen oder Strukturen von Theorien formuliert. Vielmehr werden Theorien nicht logisch, sondern mengentheoretisch formuliert und rekonstruiert. Strukturalistisch formulierte Theorien können demnach in aussagenlogisch formulierte Theorien übergeführt werden und umgekehrt (vgl. Schurz, 2008, S. 18).

Beispiel. Als Beispiel für Elemente einer strukturalistischen Theorie kann – neben vielen anderen – die Rekonstruktion der „Neurosentheorie von Freud" durch Stegmüller (1986) angesehen werden, die auf folgende Grundbegriffe aufbaut (vgl. ebd., S. 419 ff):

- T ... Zeitspanne (als Menge von Zeitpunkten), in welche Lebensabschnitte einer betrachteten Person fallen;
- E ... Menge von möglichen Erlebnissen einer Person;
- B ... Bewusstsein als Funktion: $B: T \rightarrow Pot(E)$ [Pot = Potenzmenge];
- Ass ... Assoziationsrelation (beschreibt die Beziehung von möglichen Erlebnissen): $Ass \subseteq E \times E$;
- A ... Menge der möglichen unbewussten psychischen Akte;
- U ... Unbewusstes als Funktion: $U: T \rightarrow Pot(A)$;
- P ... Psychisches als Vereinigung von $E \cup A$; $E \cap A = 0$;
- L ... Erlebnisse, die bei ihrer Verwirklichung von der Person als leidvoll empfunden werden; L ist eine echte Teilmenge von E: L;
- N ... negatives Erlebnis als Funktion: $N: T \rightarrow Pot(L)$; und
- Real ... Realisierung (von unbewussten Akten durch ein späteres Erlebnis in der Zeit): $Real \subseteq T \times A \times E$; $\langle t, a, e \rangle \in Real$.

Diese Grundbegriffe werden dann genutzt, um Modelle der Theorie von Freud zu beschreiben (vgl. Stegmüller, 1986, S. 422).

Pragmatische Theoriekonzepte und das Theorie-Praxis-Problem

Der sogenannte „Pragmatismus" ist eine philosophische bzw. wissenschaftstheoretische Richtung, die das menschliche Handeln in den Vordergrund der Betrachtungen stellt (vgl. Hochkeppel, 1992, S. 271 ff). In dieser philosophischen Richtung wird gefordert, dass Wahrheiten in die Realität umgesetzt werden sollen, die nützlich sind. Damit ist auch die praktische Bedeutung von Begriffen und Aussagen von besonderer Wichtigkeit.

Theorien im Pragmatismus haben die Funktion, die Praxis theoriegeleitet zu steuern und die Basis dafür zu bilden, die Realität mit Handlungen zu verändern. Aktuelle Anknüpfungspunkte der Grundsätze des Pragmatismus finden sich in Forschungsbereichen, die auf eine gezielte Veränderung von in der Praxis gegebenen Problemen abzielen, so z. B. in der Pädagogik oder allgemein in Verhaltenswissenschaften. Dabei spielt das „Theorie-Praxis-Problem" eine entscheidende Rolle.

Patry und Perrez (2000, S. 22 ff) befassen sich ausführlich mit dem „Theorie-Praxis-Problem", das vor allem dadurch entsteht, dass Theorien theoretische Begriffe enthalten und in der Praxis konkrete Handlungsanweisungen gefordert werden. Außerdem erlauben Theorien zwar die Erklärung von Phänomenen, nicht aber deren Herstellung in der Realität (vgl. dazu auch Abschnitt 4.5). Auch wird angenommen, dass für praktische Handlungsanweisungen überhaupt andere Theorien benötigt werden, nämlich „technologische Theorien". Alisch (1995, S. 422 ff) beschreibt differenziert und weiterführend, welche Bestandteile diese Art von Theorien enthalten. Demnach finden sich in „technologischen Theorien" a) Strukturen einer zugrunde liegenden Sprache, b) Kerntheorien als kohärentes Theoriennetz, c) empirische Modelle und Modellrelationen, d) wissenschaftliche Theorien, Hypothesen und Ergebnisse von Studien, die helfen, störungsfreie Situationen herzustellen, in denen eine Anwendung von theoriegestützten Informationen möglich ist und andere Bestandteile.

Obwohl Grundlagenarbeiten zu technologischen Theorien vorhanden sind, werden diese eher stiefmütterlich in praktischen Anwendungsfeldern wissenschaftlicher Theorien behandelt. So finden sich z. B. selbst in anwendungsorientierten Feldern, wie Psychotherapie oder pädagogisch-psychologischen Einzelfallstudien, wichtige grundlegende Arbeiten, die die Frage nach technologischen Theorien nicht oder nicht explizit behandeln (vgl. z. B. Julius, Schlosser & Goetze, 2000, oder Reimer, Eckert, Hautzinger & Wilke, 2007). Auch in aktuellen pragmatisch orientierten Forschungsmethodologien, wie dem „Design Research", spielt die Unterscheidung zwischen wissenschaftlichen und technologischen Theorien keine wirklich bedeutsame Rolle, obwohl pragmatisch orientierte Forschungsbemühungen ein starkes Naheverhältnis zu technologischen Theorien hätten (vgl. z. B. Kelly, Lesh & Baek, 2008).

In diesem Abschnitt wurden erste Grundbegriffe behandelt, die zeigen sollten, was Theorien sind und wie diese in Forschungsaktivitäten integriert sind. Im nächsten Abschnitt sollen diese Themen weiter vertieft werden. Besonders soll dabei die Frage behandelt werden, warum Theorien wichtig sind bzw. welche Aufgaben sie im Erforschen von Sachverhalten übernehmen können.

3 Zur Funktion von Theorien im Forschungsprozess

Theorien werden nicht zum Selbstzweck in der Wissenschaft eingesetzt. Sie leisten ganz bestimmte Aufgaben, ohne die es keine wissenschaftliche Entwicklung geben würde. Das Betreiben von Wissenschaft ist ein langwieriger Prozess, der sich in viele Phasen teilt. In allen diesen Phasen spielen Theorien eine tragende Rolle.

3.1 Aufgaben von Theorien in der empirischen Sozialforschung

Bortz (1993, S. 3) zeigt einen Überblick über die typischen Phasen eines Forschungsprozesses, der an Prinzipien der empirischen Sozialforschung ausgerichtet ist und das Durchführen einer empirischen Studie betrifft. Diese Phasen können mit Funktionen von Theorien in Beziehung gesetzt werden (vgl. Tabelle 1).

In einer Erkundungsphase geht es darum, die Fragestellung bzw. das Thema für eine empirische Untersuchung zu finden. Bei dieser Suche können verschiedene Informationsquellen (andere Studien, eigene Beobachtungen etc.) genutzt werden. Theorien kommt dabei eine explorative (erkundende) Funktion zu, weil sie helfen können, interessante neue Fragestellungen zu entdecken bzw. diese, was ihre Wichtigkeit betrifft, zu begründen.

In einer theoretischen Phase stehen Theorien natürlich im Zentrum, weil sie die Basis dafür bilden, Variablen für eine Untersuchung auszuwählen und diese Variablen in ein Modell zu integrieren. Die in einem solchen Variablenmodell angenommenen Beziehungen stellen dann die Grundlage für die Formulierung von Hypothesen (Annahmen, die wissenschaftlich geprüft werden sollen) dar. Hypothesen stellen Teile von Theorien dar und bilden das Verbindungsglied zwischen dem theoretischen Teil und dem methodischen Teil einer Untersuchung.

Für die ausgewählten Variablen werden in der Planungsphase Messoperationen (Fragebögen, Beobachtungssysteme etc.) entwickelt (Operationalisierung), die auf ihre Qualität hin geprüft werden müssen. Diese Prüfung auf Einhaltung der Gütekriterien der empirischen Sozialforschung (Objektivität, Reliabilität und Validität) wird üblicherweise vor der Untersuchungsphase oder während der Auswertungsphase durchgeführt. In beiden Fällen sind theoretische Überlegungen anzustellen, wie vor allem die Validität der Messungen bewertet werden kann. Validität betrifft die Frage, ob auch wirklich das gemessen wurde, was man beabsichtigt hat zu messen, bzw. ob Untersuchungsergebnisse auch theoriekonform interpretiert werden können. Um diese Frage zu beantworten, können z. B. Messergebnisse mit anderen ähnlichen Messergebnissen verglichen werden („Kriteriumsvalidität"), oder es können komplexe Zusammenhänge im Sinne von Hypothesen über die gemessenen Variablen und ihre theoretischen Hintergründe geprüft werden („Konstruktvalidität"). Bei der Festlegung von relevanten anderen Variablen bzw. von Zusammenhängen von Konstrukten und Messungen spielen Theorien eine zentrale Rolle.

In der Planungsphase wird auch festgelegt, welche Störvariablen (Variablen, die die Ergebnisse der Untersuchung beeinflussen, obwohl das nicht gewünscht ist) bei der Untersuchungsdurchführung wirken könnten und wie diese ausgeschaltet werden können. Zum Beispiel könnte es sein, dass gleichzeitig zu einer pädagogischen Maßnahme noch andere Interventionen bewusst oder unbewusst gesetzt werden, die dann einen nicht gewünschten Einfluss auf ein zu behandelndes Problemverhalten haben. Denkbar wäre auch, dass während einer Intervention Nebeneffekte auftreten könnten, die die Wirksamkeit einer pädagogischen Maßnahme stark beeinflussen können. Um einen Effekt wirklich messen zu können, ist z. B. auch der Messzeitpunkt von entscheidender Wichtigkeit. Dessen Bestimmung muss theoriegesteuert erfolgen. Um solche nicht gewünschten Störvariablen im Vorfeld einer Untersuchung identifizieren zu können, sind auch theoretische Überlegungen notwendig. Sie helfen, Variablen zu bestimmen und in der Folge zu kontrollieren, die einen störenden Einfluss ausüben könnten (vgl. z. B. Lipsey, 1990, S. 146 ff).

In einer Untersuchungsphase kommen diese Überlegungen zu Störvariablen dann im Sinne einer präventiven (vorbeugenden) Maßnahme zum Tragen. Während dieser Phase wird die Durchführung der Untersuchung so gestaltet, dass die theoretisch angenommenen Störvariablen möglichst nicht wirksam werden und die Ergebnisse beeinflussen. Darüber hinaus sollen natürlich auch alle anderen Untersuchungsbedingungen (mögliche Interventionen, Messungen etc.) gemäß den theoretischen Vorannahmen gestaltet sein bzw. ablaufen.

Wurde eine Untersuchung durchgeführt und liegen dann Daten vor, beginnt die Auswertungsphase, in der statistische Verfahren eingesetzt werden. Gerade dann, wenn komplexere Analyseverfahren (z. B. Strukturgleichungsmodelle oder Varianzzerlegungsverfahren) eingesetzt werden, sind theoretische Überlegungen – zusätzlich zu den theoretisch festgelegten Hypothesen und den daraus resultierenden Tests – notwendig. Solche Überlegungen helfen bei der Bildung von Messmodellen (zur Operationalisierung) und von Strukturmodellen (zu Beziehungen zwischen Variablen), speziell dann, wenn die Auswertung auch erkundende Teile enthält. Darüber hinaus helfen theoretische Überlegungen auch, wenn es darum geht, den Einfluss von Störvariablen und die damit verbundenen Messfehler statistisch zu kontrollieren (z. B. über Verfahren der Varianz- oder Kovarianzanalyse).

In der Entscheidungsphase einer Untersuchung stehen Theorien wieder im Zentrum. Aufgrund der Ergebnisse einer Untersuchung wird entschieden, ob die theorie-basiert formulierten Hypothesen angenommen oder verworfen werden. Es werden Faktoren (z. B. Störvariablen) diskutiert, die ebenfalls die Ergebnisse der Studie beeinflusst haben könnten. Diese Diskussion hat Konsequenzen für Empfehlungen, was die Gültigkeit der Theorie und was weiterführende zukünftige wissenschaftliche Untersuchungen betrifft. Implikationen (Auswirkungen) bestehen auch darin, dass Vorschläge für Ergänzungen oder Veränderungen von Theorien gemacht werden.

Tabelle 1 : Die Aufgaben von Theorien im Forschungsprozess

Phasen	Aufgaben von Theorien
Erkundungsphase	Suche von Fragestellungen, Begründung von Fragestellungen
Theoretische Phase	Theorieentwicklung-Variablenmodell Hypothesenformulierung
Planungsphase	Operationalisierung-Validierung Versuchsplanung
Untersuchungsphase	Prävention in Bezug zu Störvariablen
Auswertungsphase	Statistische Modellbildung Messfehlerkontrolle
Entscheidungsphase	Ergebnisbewertung, -diskussion Formulierung von Implikationen

In diesem Abschnitt wurden konkrete Hilfen dargestellt, die Theorien bieten, wenn es darum geht, Forschungsprozesse erfolgreich zu betreiben. In diesen konkreten Aufgaben werden allgemeine übergeordnete Funktionen wirksam, die im folgenden Abschnitt dargestellt werden.

3.2 Besondere Leistungen von Theorien

Theorien helfen konkret bei Problemen in unterschiedlichen Phasen in Forschungsprozessen. Sie erbringen damit wichtige Leistungen, die in diesem Abschnitt veranschaulicht werden sollen.

3.2.1 Explorative Leistung

Theorien helfen einer Forscherin oder einem Forscher dabei, einen Suchscheinwerfer auf Phänomene anzulegen. Mithilfe einer Theorie entdeckt man dann mehr und/oder andere Elemente eines Phänomens im Vergleich zu einer Situation, in der man ohne diese Theorien gesucht hätte. Theorien können in diesem Sinne als Suchmethoden oder Heuristiken eingesetzt werden, um zu neuem Wissen zu gelangen.

Theorien helfen dabei, Variablen zu finden, die für einen bestimmten Sachverhalt oder für ein bestimmtes Problem relevant sind. Auf der Basis der so gefundenen Variablen werden dann Messinstrumente entwickelt, mit deren Hilfe Daten zu einem Phänomen erfasst werden. Theorien helfen, andere ähnliche Theorien zu identifizieren, oder unterstützen, wenn es darum geht, Ansatzpunkte für Neuentwicklungen oder Verknüpfungen von Theorien zu finden. Sie können deshalb den Forschungsprozess in vielfältiger Art und Weise stimulieren, speziell, weil durch ihre Hilfe ein Erkundungsprozess gezielter und systematischer ablaufen kann.

Beispiel. Ist es z. B. das Ziel einer Forschungseinrichtung, den theoretischen Rahmen für Schulentwicklungsmaßnahmen zu schaffen, dann könnte man von einem allgemeinen theoretischen Modell zur Wirkungsweise von Unterricht ausgehen (vgl. Abbildung 2). Ein solches Modell liegt z. B. von Helmke (2004, S. 42) vor und unterscheidet eine Reihe von Faktoren: Lehrerpersönlichkeit, Unterricht bzw. Unterrichtsqualität, individuelle Eingangsvoraussetzungen der Lernenden, Klassenkontext oder unterschiedliche Typen von Wirkungen. In diesem theoretischen Modell wird – neben anderen Beziehungen – angenommen, dass die Qualität des Unterrichts davon abhängig ist, ob es gelingt, die „Motivierung" der Lernenden schaffen zu können. Hinsichtlich der „Motivierung" sind in diesem theoretischen Modell keine detaillierten theoretischen Aussagen enthalten. Allerdings zeigt dieses Modell den Forscherinnen und Forschern, dass sie nach weiteren theoretischen Ansätzen zur Förderung der Motivation im schulischen Unterricht suchen sollten, um das Ziel der Erstellung eines differenzierten theoretischen Rahmenmodells erreichen zu können. Wenn der Suchscheinwerfer nun auf unterrichtsrelevante Motivationstheorien gerichtet ist, dann könnte man z. B. das erweiterte kognitive Motivationsmodell von Heckhausen bzw. Rheinberg (vgl. Rheinberg, 1995, S. 132) entdecken und dafür nutzen, Variablen zu benennen, die beeinflusst werden sollten, um die Motivation von Lernenden positiv beeinflussen zu können. Solche Variablen betreffen unterschiedliche Erwartungsarten und Anreizwerte. Zum Beispiel wird die „Handlungs-Ergebnis-Erwartung" als motivational wesentlich erachtet. Hat ein Lernender z. B. die Annahme, dass er durch sein eigenes Handeln positive Ergebnisse (Erfolge) erzielen kann, dann

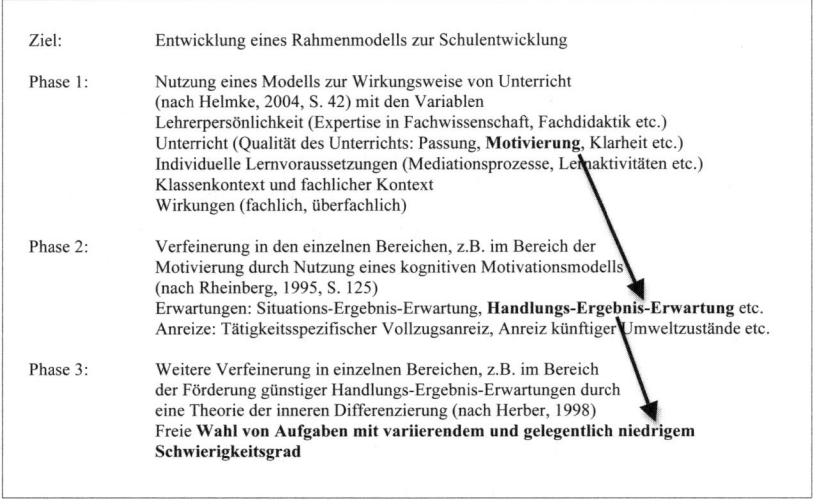

Ziel: Entwicklung eines Rahmenmodells zur Schulentwicklung

Phase 1:   Nutzung eines Modells zur Wirkungsweise von Unterricht
                   (nach Helmke, 2004, S. 42) mit den Variablen
                   Lehrerpersönlichkeit (Expertise in Fachwissenschaft, Fachdidaktik etc.)
                   Unterricht (Qualität des Unterrichts: Passung, **Motivierung**, Klarheit etc.)
                   Individuelle Lernvoraussetzungen (Mediationsprozesse, Lernaktivitäten etc.)
                   Klassenkontext und fachlicher Kontext
                   Wirkungen (fachlich, überfachlich)

Phase 2:   Verfeinerung in den einzelnen Bereichen, z.B. im Bereich der
                   Motivierung durch Nutzung eines kognitiven Motivationsmodells
                   (nach Rheinberg, 1995, S. 125)
                   Erwartungen: Situations-Ergebnis-Erwartung, **Handlungs-Ergebnis-Erwartung** etc.
                   Anreize: Tätigkeitsspezifischer Vollzugsanreiz, Anreiz künftiger Umweltzustände etc.

Phase 3:   Weitere Verfeinerung in einzelnen Bereichen, z.B. im Bereich
                   der Förderung günstiger Handlungs-Ergebnis-Erwartungen durch
                   eine Theorie der inneren Differenzierung (nach Herber, 1998)
                   Freie **Wahl von Aufgaben mit variierendem und gelegentlich niedrigem
                   Schwierigkeitsgrad**

Abbildung 2: Theorien zur schrittweisen Exploration von Phänomenen

liegt eine hohe Erfolgswahrscheinlichkeit bzw. eine hohe Handlungs-Ergebnis-Erwartung vor (vgl. ebd., S. 125). In einem nächsten Schritt könnte
man die Frage stellen, wie eine solche hohe Erfolgswahrscheinlichkeit bzw.
Handlungs-Ergebnis-Erwartung in schulischen Kontexten erreicht wird.
Dazu könnte ein weiterer theoretischer Ansatz von z. B. Herber (1998) zur
„inneren Differenzierung" bzw. zur motivationsförderlichen Gestaltung
von Aufgabenreihen eingesetzt werden. In diesem theoretischen Ansatz
wird behauptet, dass die freie Wahl von in der Schwierigkeit variierenden
Aufgaben und die gelegentliche Einstreuung von leichten Aufgaben dazu
herangezogen werden können, um positive Lern- und Leistungserwartun-
gen aufbauen zu können.

3.2.2 Die Leistungen der Beschreibung, Erklärung und Begründung

Zu Leistungen von Theorien werden vor allem die der „Beschreibung", der
„Erklärung" und der „Begründung" gezählt. In Anlehnung an Herrmann
(1999, S. 29) sind damit folgende Leistungen gemeint:

– Beschreiben/Explizieren: meint, ein Problemfeld unter Nutzung präziser Begriffe und verfügbarer Informationen beschreibend zu rekonstruieren; das bedeutet, eine Was-Frage zu beantworten (Beispiel: definieren, was Depression ist).

– Erklären und Vorhersagen: bedeutet, gesetzesmäßige Zusammenhänge festzustellen und damit das Auftreten von Phänomenen erklären und vorhersagen; dabei geht es um die Beantwortung einer Warum-Frage (Beispiel: klären, welche Ursachen es für die Entstehung von Depression gibt).

– Begründen: besteht darin, die gefundenen Beschreibungen und Erklärungen zu fundieren bzw. zu hinterfragen, ob die angenommenen Zusammenhänge überhaupt bestehen; diese Leistung betrifft die Antwort auf eine Inwiefern-Frage (Beispiel: angeborene und situative Ursachen von Depressionen im Lichte der Lerntheorie genauer bestimmen).

Hier soll auch bemerkt werden, dass die Leistungen von Wissenschaft unterschiedlich gesehen werden, je nachdem, welche wissenschaftliche Richtung verfolgt wird. In geisteswissenschaftlicher Tradition wird z. B. eher von „Verstehen" und weniger von „Erklären" gesprochen (vgl. z. B. Kelle, 1994, S. 14 ff). Häufig wird auch die Begründungsleistung nicht extra angeführt, sondern diese wird zur Leistung der Erklärung und Vorhersage gezählt. Begründungen beträfen demnach stützende Argumente für Erklärungen und Vorhersagen.

Vertreter der Wissenschaftsrichtung der „Kritischen Theorie" sehen Wissenschaft auch als emanzipatorische Kraft mit politischen Leistungen (vgl. z. B. Meidl, 2009, S. 129 ff).

3.2.3 Die Leistung der Konstruktvalidierung

Theorien spielen auch eine wichtige Rolle, wenn es darum geht, die „Konstruktvalidität" von Messinstrumenten zu prüfen bzw. zu bestimmen. „Validität" stellt – neben Objektivität (Unabhängigkeit der Messung von der durchführenden Person) und Reliabilität (Messgenauigkeit) – ein wichtiges Gütekriterium empirischer Sozialforschung dar: Es gibt Auskunft darüber, ob ein Messinstrument auch tatsächlich das misst, was es vorgibt zu messen. Wichtige Aspekte der Validität betreffen eine „Inhaltsvalidität" (ob die Inhalte eines Messinstrumentes tatsächlich das interessierende Merkmal erfassen), „kriteriumsbezogene Validität" (ob Zusammenhänge zwischen einer Messung mit Außenkriterien gegeben sind) und eine „Konstruktvalidität". Letztere betrifft den Umstand, ob Messinstrumente bzw. die mit ihnen erzielten Ergebnisse im Lichte theoretischer Konzepte schlüssig interpretiert werden können (vgl. z. B. Hartig, Frey & Jude, 2007, S. 136 ff).

Im Rahmen einer Konstruktvalidierung geht man von „theoretischen Konstrukten" aus (vgl. ebd., S. 145 ff). Diese stellen nicht direkt beobachtbare theoretische Elemente dar, die zusammen Theorien bilden. „Motivation" oder „Intelligenz" sind Beispiele von theoretischen Konstrukten, die in der empirischen Sozialforschung häufig untersucht sind. Diesen theoretischen Konstrukten werden beobachtbare (manifeste) Variablen zugeordnet, z. B. Tests, die die Motivation oder Intelligenz messen. Bei einer Konstruktvalidierung werden dann schrittweise die Konstrukte und ihre gemessenen Testwerte auf Korrektheit überprüft: Es wird getestet, ob die erzielten Messungen zuverlässige Indikatoren für ein theoretisches Konstrukt darstellen und ob theoretisch angenommene Beziehungen zwischen Konstrukten auch bestätigt werden können. Wenn die theoretischen Annahmen mit den erzielten Ergebnissen übereinstimmen, dann kann das als Bestätigung der Richtigkeit der Theorie, aber auch der Konstruktvalidität des Messinstrumentes angesehen werden. Liegt keine Übereinstimmung vor, dann können Fehler in der Theorie, in der Zuordnung von Messungen zur Theorie oder im verwendeten Messinstrument vorhanden sein. Diese Fehler gilt es in einem weiteren Vorgehen auszumerzen.

Heidenreich (1999, S. 358) beschreibt den Prozess der Konstruktvalidierung folgendermaßen:

- Ableiten prüfbarer Hypothesen aus der um das Konstrukt angesiedelten Theorie (über die hohe bzw. niedrige Ausprägung von Testwerten),
- Überprüfen der Hypothesen mit dem neuen Test in speziellen Untersuchungen und
- Ziehen von Schlussfolgerungen darüber, ob die Theorie die vorliegenden Daten erklären kann.

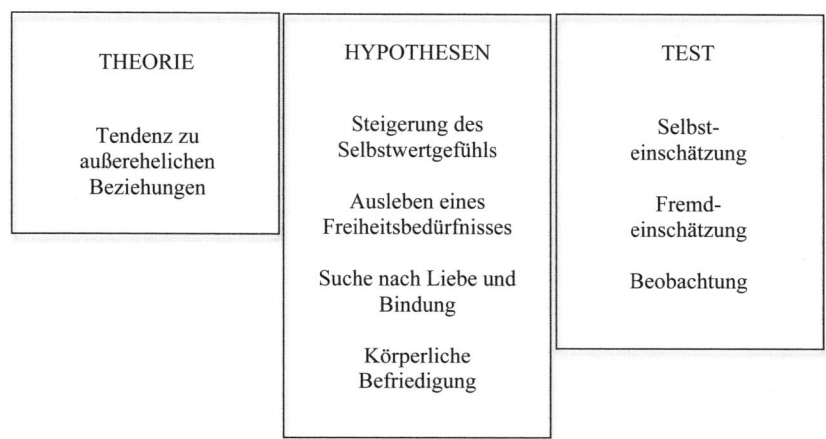

Abbildung 3: Validierung des Konstruktes „Tendenz zu außerehelichen Beziehungen" (Darstellung nach Heidenreich [1999, S. 358] und nach Überlegungen von Schmidbauer [2007])

Ein Beispiel zur Konstruktvalidierung. Nutzt man die Darstellung zur Konstruktvalidität von Heidenreich (1999, S. 358) und Überlegungen von Schmidbauer (2007) zu Gründen, warum Menschen „außereheliche Beziehungen" unterhalten, dann kann man die in Abbildung 3 dargestellten Beziehungen annehmen, die im Rahmen einer Konstruktvalidierung zu prüfen sind.

In Abbildung 3 ist dargestellt, wie eine Theorie, Hypothesen (als Teile einer Theorie) und Tests im Rahmen einer Konstruktvalidierung zusammenspielen. Zum Beispiel könnte im Rahmen einer Theorie zur Bestimmung von Faktoren eines „guten" ehelichen Zusammenlebens ein Konstrukt „Tendenz zu außerehelichen Beziehungen" erstellt worden sein. Dieses Konstrukt könnte mit anderen Konstrukten (z. B. „Bindungsfähigkeit", „Fertigkeiten im Aufrechterhalten von Freundschaften" oder „persönliche Attraktivität") erklären, warum es zu stabilen oder nichtstabilen ehelichen Beziehungen kommt. Hinsichtlich des Konstruktes der „Tendenz zu außerehelichen Beziehungen" könnte man die Hypothesen aufstellen, dass diese Tendenz abhängig ist von dem Wunsch, den eigenen Selbstwert zu erhöhen, von der Absicht, individuelle Freiheiten auszuleben, von der Suche nach Liebe und Bindung und/oder von der Absicht der Befriedigung sexueller Bedürfnisse. Die Hypothesen zum Konstrukt könnten unter dem Einsatz von Messinstrumenten zur Selbst- und Fremdeinschätzung und einer Beobachtung realen Verhaltens getestet werden.

Im Rahmen einer Konstruktvalidierung würde jetzt geprüft, ob die formulierten Hypothesen tatsächlich zutreffen oder nicht. Zu diesem Zweck könnte man z. B. testen, ob in Selbsteinschätzungen von Menschen die Ursachen für eine Tendenz zu außerehelichen Beziehungen so abgebildet werden, wie das in den Hypothesen behauptet wird. Im Rahmen von bestimmten statistischen Verfahren (z. B. Faktorenanalysen explorativer oder konfirmatorischer Art) könnte man prüfen, ob die in den Hypothesen angenommenen Einflussgrößen gemeinsam einen Faktor bzw. ein Konstrukt zur Tendenz zu außerehelichen Beziehungen bilden. Allerdings sind die statistisch gefundenen Zusammenhänge mit theoretischen Modellen zu verbinden, die Aufgaben von und Mechanismen zwischen Variablen oder Variablenblöcken erklären (vgl. z. B. Kuhl, 2001). Darüber hinaus könnte man Selbsteinschätzungen mit Fremdeinschätzungen (Beurteilungen von anderen Personen) vergleichen, um feststellen zu können, ob sich die in den Hypothesen angenommene Einflussstruktur auch dann ergibt, wenn man das Verhalten bzw. das Erleben von anderen Menschen einzuschätzen hat.

Da es sich bei der Tendenz zu außerehelichen Beziehungen um ein Konstrukt handelt, das mit besonderen messmethodischen Problemen behaftet sein könnte, müsste man im Rahmen einer Konstruktvalidierung auch prüfen, ob es Abweichungen von Einschätzungen und tatsächlichem Verhalten gibt. Solche messmethodischen Probleme entstehen z. B. dadurch, dass außereheliche Beziehungen ein Verhalten darstellen, das in der Gesellschaft mitunter als problematisch eingeschätzt wird. Aus außerehelichen Beziehungen können sich weitreichende Konsequenzen für eine Ehe und eine damit verbundene Familie ergeben. Weil das der Fall ist, könnte es durchaus sein, dass Tendenzen zur sozialen Erwünschtheit, d. h. Antwortverzerrungen zugunsten angenommener sozialer Normen und Werte, auftreten und die Fragenbeantwortungen beeinflussen. Ein für diese Fragestellung relevantes tatsächliches Verhalten könnte über Beobachtungen erschlossen werden. Beobachtungen unterliegen weit weniger stark solchen Tendenzen zur sozialen Erwünschtheit und könnten z. B. ergeben, dass tatsächliches Verhalten und Selbst- bzw. Fremdeinschätzungen nur gering miteinander zusammenhängen. Diesen Umstand müsste man dann – im Sinne einer Theoriekritik – auch in einer folgenden Theorieentwicklungs-phase berücksichtigen, was zur Folge haben könnte, dass neue Hypothesen formuliert werden, die z. B. vorsehen könnten, dass auch Einschätzungen über die gesellschaftlichen, individuellen, familiären etc. Konsequenzen in die Hypothesen aufgenommen werden. Fürchtet z. B. jemand massive Konsequenzen (z. B. Scheidung von der Ehefrau, Gerichtsverhandlungen oder negative Auswirkungen auf Kinder), was außereheliche Beziehungen betrifft, dann wird es eher dazu führen, dass solche Beziehungen nicht auf-genommen werden. Liegen keine oder nur sehr unwahrscheinlich eintre-tende Konsequenzen von außerehelichen Beziehungen vor, dann kann eher angenommen werden, dass Menschen entsprechende Beziehungen einge-hen. In Ergänzung zum Modell in Abbildung 3 könnte man dann noch die Variable „Einschätzung negativer Konsequenzen" aufnehmen. Ein so erweitertes Modell könnte für weitere Konstruktvalidierungen und auch andere empirische Untersuchungen herangezogen werden.

3.2.4 Die Leistung der Unterstützung bei der Lösung praktischer Probleme

Theorien werden häufig zur Lösung von in Praxissituationen auftretenden Problemen herangezogen. Wenn man z. B. Praxissituationen mit üblichen in der Gesellschaft auftretenden Berufsfeldern in Zusammenhang sieht, dann zeigt sich, dass es viele Theorienbereiche gibt, die für ein jeweiliges Berufsfeld relevant sind. In wahrscheinlich allen beruflichen Feldern finden Theorien Berücksichtigung und Anwendung, wenn es darum geht, prakti-sche Probleme zu lösen. Diese praktischen Probleme können unterschied-liche Gestalt haben:

– Unkenntnis oder mangelnde Eingrenzung eines Problems, z. B.: Ein Schüler stört den Unterricht regelmäßig, ohne dass klar wäre, ob ein

Problem vorliegt, das mit geeigneten Unterstützungsverfahren (z. B. Erhöhung von individualisierenden Maßnahmen im Unterricht oder Initiierung einer verstärkten Kooperation mit den Eltern des Schülers) bearbeitet werden kann oder überhaupt bearbeitet werden sollte;

– Finden von wichtigen Zielen bei einem Problem, z. B.: Wird ein Verhalten eines Schülers als Problemverhalten mit Bearbeitungsnotwendigkeit eingestuft, dann stellt sich die Frage, welche Ziele (Reduktion des Problemverhaltens, verstärkte Förderung der Persönlichkeitsentwicklung, intensivierte Qualitätsverbesserung des Unterrichts etc.) einer Intervention man anstreben sollte;

– Finden von Methoden zur Zielerreichung in Bezug zu einem Problem, z. B.: Wird beschlossen, verstärkte individualisierende Maßnahmen im Unterricht einzusetzen, um die Störungen zu vermindern, dann stellt sich die Frage, welche individualisierenden (aufgabenbezogenen, konstruktivistischen etc.) Methoden es gibt oder welche geschaffen werden müssen; oder

– mangelndes Wissen darüber, wie eine Zielerreichung in Bezug zu einem Problem festgestellt werden könnte, z. B.: Weiß man, was das Störverhalten des Schülers ausmacht und was davon wie verändert werden sollte, dann ist auch zu klären, wie der Erfolg von intervenierenden Maßnahmen festgestellt und bewertet werden kann.

In Tabelle 2 sind Beispiele von sozial- bzw. humanwissenschaftlichen Berufsfeldern und darin angewandten Theorien aufgelistet. Diese Auflistung ist weder erschöpfend noch ohne Überschneidungen, sie zeigt aber eine hohe Vielfalt an aktuell vorhandenen sozial- bzw. humanwissenschaftlich orientierten Berufsfeldern und dafür relevanten Theoriebereichen. Dass prinzipiell relevante Theorien vorliegen, bedeutet noch nicht, dass diese auch tatsächlich bei der Lösung von praktischen Problemen angewandt werden. Vielmehr besteht sogar eine „Theoriefeindlichkeit der Praktiker" (vgl. dazu z. B. eine differenzierte Analyse von: Patry, 2005).

Tabelle 2: Beispielhaft ausgewählte sozial- bzw. humanwissenschaftliche
Berufsfelder und darin angewandte Theoriebereiche

Berufsfelder	Beispiele von Theoriebereichen
Schule – Unterricht Weiterbildung	Lerntheorien Motivationstheorien Instruktionstheorien
Erziehungsberatung	Verhaltenstheorien Systemtheorien
Psychotherapie	Psychoanalytische Theorien Humanistische Persönlichkeitsmodelle Gestaltpsychologische Theorien
Organisations- und Personal-entwicklung	Sozialpsychologische Theorien Persönlichkeitspsychologische Theorien Führungstheorien
Berufs- und Laufbahnberatung	Theorien zur Berufswahl und -orientierung
Sozialpädagogik	Lebensbewältigungstheorien Professionalisierungstheorien
Politikberatung	Modelle der Friedenspsychologie Konflikttheorie Gesellschaftstheoretische Modelle
Umweltschutz	Handlungsmodelle Aktivierungstheorien
Medienerziehung	Kommunikationstheorien Gewalttheorien

Tabelle 2 zeigt, dass auch im Bereich der Psychotherapie wissenschaftliche
Theorien zur Lösung praktischer Probleme eingesetzt werden. Im folgenden Abschnitt soll gezeigt werden, wie solche Theorien angewandt werden,
wobei von einem frei erfundenen Fallbeispiel ausgegangen wird:

Fallbeispiel: Die Anwendung von Theorien im Rahmen einer Psychotherapie (fiktives Fallbeispiel)

Ausgangspunkt: Der Fall Dr. M.: Herr Dr. M. ist praktischer Arzt in einer ländlichen
Kleinstadt. In seiner Ordination sind durchschnittlich 1.000 Patientinnen und Patienten zu betreuen. Herr Dr. M. übt diesen Beruf seit 15 Jahren aus und nimmt von

Jahr zu Jahr mehr negative Auswirkungen auf seine eigene Person wahr. Unvorhergesehene Ereignisse, gelegentlich unzufriedene und aggressive Patientinnen und Patienten und Zeitdruck lassen in Herrn Dr. M. schon seit geraumer Zeit Zweifel an der Qualität seiner Arbeit aufkommen. Er liegt oft in der Nacht wach und grübelt darüber nach, ob seine Behandlungsmethoden nicht zu negativen Auswirkungen geführt haben. Er hat Angst, wegen Behandlungsfehler verklagt zu werden und seine Berufsberechtigung als Arzt zu verlieren. Er hat im letzten Jahr versucht, sein Arbeitsaufkommen zu reduzieren bzw. mehr individuelle Zeit für Diagnose und Behandlungsgespräch zu reservieren. Leider ohne großen Erfolg: Eine Zunahme der zu betreuenden Menschen, die Erhöhung administrativer Aktivitäten und ein persönliches Problem im Familienumfeld (eine schwer erkrankte Tochter) haben zu einer Verschärfung der Situation beigetragen. Herr Dr. M. fühlt sich hilflos, ausgebrannt und ist ob seiner Situation oft verzweifelt. Jeden Morgen muss er sich quälen, aufzustehen und in seine Ordination zu gehen. In der Ordination selber ist er oft antriebslos und traurig, was seine Arbeitsleistung mindert und noch mehr Stress erzeugt. Er denkt, seine Ziele nicht erreichen zu können, und zieht sich aus Scham auch immer mehr aus seinem Freundeskreis zurück. In dieser Situation beschließt Herr Dr. M., psychotherapeutische Hilfe in Anspruch zu nehmen. Von einem Psychiater wird Herr Dr. M. als „depressiv" diagnostiziert und zur Behandlung an eine Psychotherapeutin verwiesen.

Psychotherapeutische Hilfe und Auswahl einer passenden Theorie: Im Rahmen der psychotherapeutischen Behandlung von Herrn Dr. M. verwendet die Psychotherapeutin ein kognitiv-verhaltenstheoretisches Modell zur Behandlung von Depressionen (vgl. Hautzinger, 2007, S. 218). In diesem theoretischen Modell wird davon ausgegangen, dass Depressionen dadurch entstehen, dass Bedingungen in der Lebenssituation von Menschen bestimmte Kognitionen, ein bestimmtes soziales Verhalten und eine bestimmte Aktivitätsrate fördern, die ihrerseits dann Depressionen verursachen. Im Bereich der Kognitionen spielen besonders realitätsfremde Strukturen oder unrealistische Selbstbewertungen eine wichtige Rolle. Hinsichtlich des Sozialverhaltens wirkt nach diesem Modell depressionsverstärkend, wenn Defizite im sozialen Leben oder schlecht funktionierende Bewältigungsstrategien vorliegen. Hinsichtlich einer Aktivitätsrate wird als theoretisch depressionsfördernd angenommen, wenn z. B. positiv verstärkende Ereignisse oder Aktivitäten fehlen.

Anwendung der Theorie: Die Annahmen, die im theoretischen Modell enthalten sind, können jetzt z. B. im Rahmen einer Problemanalyse genutzt werden, um Probleme und deren auslösende Bedingungen im Alltag beschreiben und eingrenzen zu können. Darüber werden im therapeutischen Prozess auch Kognitionen (Einstellungen, Erwartungen, Wahrnehmungen etc.) aufgegriffen, die sich – nach theoretischen Gesichtspunkten – negativ auf das Problemverhalten auswirken. Auch könnte z. B. danach gesucht werden, welche Freizeitaktivitäten positiv verstärkende Effekte haben würden. Dabei kämen z. B. Treffen mit Freunden ins Spiel, die über Selbstsicherheitstrainings vorbereitet werden könnten.

Damit Wissenschaftler einigermaßen sicher sein können, dass Theorien ihre Leistungen erfolgreich erbringen, müssen die Theorien geprüft werden. Allerdings ist eine solche Prüfung wohl nie abgeschlossen, weil sich immer wieder neue Fragestellungen, Unklarheiten etc. ergeben. Außerdem muss berücksichtigt werden, dass die Prüfung von Theorien von vielen Faktoren abhängig ist, sodass nicht immer eindeutig Auskunft darüber gegeben werden kann, ob eine Theorie oder die Prüfung einer Theorie fehlerhaft ist.

3.3 Zur kritischen Prüfung von Theorien

In diesem Buch geht es primär um die Entwicklung von Theorien und nicht um deren Prüfung, dennoch muss dieser Aspekt behandelt werden, weil Prüfungsbedingungen auch relevant für die Entstehung von Theorien sind: Werden Theorien z. B. sehr streng geprüft, dann ist es wahrscheinlicher, dass die geprüften Theorien verworfen werden. Das Verwerfen von Theorien erfordert die Entwicklung von neuen Theorien, die dann strengen Prüfversuchen besser widerstehen sollten als die verworfenen Theorien.

Theorien werden zunächst dadurch geprüft, dass die üblichen Kriterien zur Beurteilung von Theorien herangezogen werden. Diese betreffen vor allem (siehe Kapitel 2.2.1): Präzision, Informationsgehalt, logische Konsistenz, empirische Überprüfbarkeit, Bewährung, Sparsamkeit, Anregungsgehalt, Systemcharakter, empirische Kreativität bzw. Globalität und

Vereinheitlichung. Betrachtet man diese Kriterien, dann fällt auf, dass sie in unterschiedlichen Forschungsphasen unterschiedlich stark beachtet werden.

In sozialwissenschaftlichen Versuchen Theorien zu prüfen, ergeben sich typische Phasen:

Phase I: Prüfung der Aussagenqualität im engeren Sinne, unter Nutzung der Kriterien der Präzision, der logischen Konsistenz und des Systemcharakters;

Phase II: Prüfung der prinzipiellen Prüfbarkeit, unter Nutzung der Kriterien des Informationsgehaltes und der empirischen Prüfbarkeit;

Phase III: Prüfung sekundärer Qualitätsmerkmale, unter Nutzung der Kriterien der Sparsamkeit, des Anregungsgehaltes, der empirischen Kreativität und des Grades an Globalität und Vereinheitlichung; und

Phase IV: Prüfung auf Übereinstimmung mit der Realität, unter Nutzung des Kriteriums der Bewährung.

Üblicherweise werden die Prüfungen der späteren Phasen erst unternommen, wenn die Prüfungen der früheren Phasen der jeweiligen Theorie gute Qualität bescheinigen: Zum Beispiel ist es üblich, eine neue Theorie umfassend empirisch zu prüfen, wenn ihre Präzision und logische Konsistenz außer Zweifel stehen. Allerdings ist diese Vorgehensweise in der Forschungspraxis nicht zwingend. Mitunter finden sich z. B. Prüfungen auf logische Konsistenz auch erst dann, wenn schon längst Übereinstimmungen mit der Realität empirisch geprüft wurden (vgl. z. B. Rekonstruktionen der Neurosen-Theorie von Freud durch Stegmüller, 1986, S. 413 ff.).

Auch ist es in der Forschungspraxis üblich, dass vor allem die Kriterien in Phase III, nach Phase IV oder überhaupt nicht geprüft werden. Da die Entwicklung von Theorien ein langfristiger Prozess ist, führen die Ergebnisse zu den Prüfversuchen in den unterschiedlichen Phasen auch dazu, dass Theorien bedeutsam verändert werden.

3.3.1 Die Integration von Prüfverfahren in Entwicklungsverfahren

Hinsichtlich der Entwicklung von Theorien, um die es in diesem Buch gehen soll, muss gesagt werden, dass alle vier Phasen relevant sind und in unterschiedlichen Verfahren der Entwicklung von Theorien auch direkt oder indirekt berücksichtigt werden bzw. zum Einsatz kommen. In Kapitel 5 dieses Buches werden entsprechende Verfahren dargestellt, die zwar nicht immer explizit auf einzelne Kriterien Bezug nehmen, die aber gewährleisten sollten, dass leistungsfähige Theorien formuliert werden.

Geht man grundsätzlich von der Annahme aus, dass nur solche Theorien in Phase IV empirisch nach dem Kriterium der Bewährtheit geprüft werden, die die anderen Phasen I bis III erfolgreich bewältigt haben, dann gilt es, festzuhalten, dass Prüfungsergebnisse immer nur so lange für die Bestätigung einer Theorie sprechen, solange keine Widerlegungen durch neue Prüfungsergebnisse vorliegen. Ob solche Widerlegungen auftauchen können, hängt nicht nur von der Menge an Prüfversuchen ab, sondern vor allem auch von deren Qualität.

Zur Qualität von kritischen Prüfungen von Theorien: Die zentrale Frage der Validität

Kritische Prüfungen von Theorien kommen zu negativen Ergebnissen, weil die Qualität der Theorien ungenügend ist, aber auch deshalb, weil die Qualität der Prüfungsversuche nicht ausreichend war. In diesem Fall kann dann schwer entschieden werden, ob die Theorie widerlegt ist oder nicht. Die Art und Qualität von empirischen Prüfungen von Theorien füllen viele sozialwissenschaftliche Methodenbücher (vgl. z. B. Bortz & Döring, 2006), auf die hier verwiesen werden kann. Dabei spielt das Kriterium der „Validität" eine wichtige Rolle, und zwar angewandt auf Messverfahren und auf das Untersuchungsdesign bzw. die Gestaltung von Untersuchungen. Auf diesen Aspekt wurde in diesem Buch schon im Rahmen der Abhandlungen zur Konstruktvalidität näher eingegangen (vgl. Abschnitt 3.2.3), Validität kann allerdings noch weiter gefasst und damit noch relevanter für die Entwicklung von Theorien werden.

Zur Validität von Messverfahren. Embretson (2007) befasst sich mit einem „universellen System für Validität", das realisiert sein soll, wenn ein Test bzw. ein Messverfahren als gültig angesehen werden kann, was Voraussetzung dafür ist, dass eine Theorie, deren Bestandteile bzw. Aussagen gemessen werden sollen, überhaupt geprüft werden kann. Demnach beeinflussen folgende Faktoren diese Validität (vgl. ebd., S. 453; verkürzt und zusammengefasst dargestellt):

a) Logische/Theoretische Analyse: Eine Theorie ist notwendig, und zwar über das Phänomen, das gemessen werden soll, seine Bestandteile und deren Beziehungen. Will man z. B. die „moralische Entwicklung" von Kindern erfassen, muss theoretisch geklärt sein, was „Moral" ist und wie sich dieses Phänomen im Verhalten (Einstellungen, Handlungen etc.) von Kindern zeigt. Liegt eine solche Theorie nicht oder nur gering ausgearbeitet vor, kann erwartet werden, dass das betreffende Phänomen nur unzureichend erfasst wird.

b) Latenter Prozess: Eine Analyse muss geleistet werden, und zwar darüber, ob das Antwortverhalten bei einem Messvorgang und zugrunde liegende Informationsverarbeitungsprozesse dem entsprechen, was man (theoretisch) messen will. Werden z. B. Kindern Fragen vorgegeben, die ihre „moralische Entwicklung" messen, dann sollte man theoretische Überlegungen darüber anstellen, wie die jeweiligen Antworten mit bestimmten Denkprozessen der Kinder und einer damit in Verbindung stehenden Kompetenz zusammenhängen. Liegen solche theoretischen Überlegungen nicht vor, kann man nicht sicher sein, dass die gestellten Fragen auch die theoretisch angenommenen Prozesse (Einstellungsbildungen, Bewertungen etc.) aktivieren.

c) Praktische Vorgaben: Es ist notwendig, Ressourcen an Zeit, Räumen etc. zu berücksichtigen, die den Messvorgang beeinflussen. Will man z. B. Kinder mit „moralischen" Fragen konfrontieren, ist es wohl notwendig, dass genügend Zeit für Diskussionen komplexer und widersprüchlicher Details zur Verfügung steht. Sind zu geringe zeitliche Ressourcen vorhanden, könnte das bedeuten, dass Kinder nur verkürzte moralische Überlegungen anstellen, die sich dann auf die Datenerhebungen (z. B. Befragungen) auswirken.

d) Prinzipien der Gestaltung von Messitems: Es sind Merkmale von Fragen (Formate, Schwierigkeit etc.) zu beachten, die zu Antwortverzerrungen führen können. Will man z. B. „moralische Urteile" von Kindern erfassen, dann müssen Fragen mitunter provokativ gestellt werden oder in Dilemma-Situationen verpackt werden. Wird aber zu stark provoziert, kann das zu vorschnellen oder zu auf Vorurteilen basierenden Schlüssen führen, die nicht wirklich den Meinungen der Kinder entsprechen.

e) Struktur des Phänomenbereichs: Es sind Klärungen anzustellen, die Bestandteile des zu messenden Phänomens, deren Beziehungen und Bedeutsamkeiten betreffen. Auch sollten z. B. theoretische Annahmen klären, ob es voneinander abgrenzbare und biologisch und kognitive begründbare Entwicklungsstufen im Alter von Kindern gibt, die unterschiedliche Kompetenzen in der „moralischen Entwicklung" anzeigen. Fehlen solche theoretischen Detailanalysen, ist es schwierig, individuelle Veränderungen festzustellen.

f) Testbedingungen: Zu behandeln sind auch Vorgaben, die festlegen, wie und unter welchen Bedingungen gemessen werden soll. „Moralische Urteile" von Kindern dürften z. B. anders ausfallen, wenn sie in laborähnlichen künstlichen Situationen, die in einem Fragebogen vorgestellt oder wenn sie in der Realität (z. B. bei Konflikten im Klassenzimmer, die eine „moralische Bewertung" notwendig machen) mit konkreten Konsequenzen getroffen werden sollen.

g) Psychometrische Eigenschaften: Die Einhaltung der Gütekriterien für Messungen (Genauigkeit, Beziehungen zwischen Items etc.) ist zu gewährleisten. Hat man Kindern z. B. Fragen nach ihrer „moralischen Entwicklung" gestellt, dann muss sichergestellt sein, dass diese Fragen alterskonform und nicht zu leicht oder zu schwierig sind. Wären Fragen z. B. zu schwierig, dann würde sich daraus ergeben, dass die Kompetenzen der Kinder unterschätzt bzw. nur ungenau erfasst würden. Das würde sich wiederum negativ auf die Bestätigung oder Widerlegung einer damit verbundenen Theorie auswirken.

h) Verrechnungsmodelle: Es sind Methoden zu analysieren, wie Antworten kombiniert, gewichtet, ausgewählt etc. werden. Wenn man z. B. davon ausgeht, dass „moralische Kompetenzen" von Kindern aus unterschiedlichen Teilkompetenzen bestehen, dann stellt sich die Frage, wie diese in Relation zueinander beachtet werden. Werden bestimmte Teilkompetenzen stärker gewichtet als andere, verändert das die Ergebnisse und damit die Akzeptanz oder Ablehnung der geprüften theoretischen Grundlagen.

Diese Aufstellung von Embretson (2007) soll zeigen, dass Prüfungen von Theorien von vielen Bedingungen abhängen, die die Messung von theoretisch relevanten Größen betreffen. Für jede dieser Bedingungen ist zudem eine Vielzahl von methodischen Kriterien, Richtwerten etc. zu beachten (so z. B. Objektivität, Reliabilität, Inhaltsvalidität, Konstruktvalidität, Kriteriumsvalidität usw.).

Zur Validität von Untersuchungsdesigns. Neben der Qualität der realisierten Messung hängt das Ergebnis der Prüfung einer Theorie auch davon ab, ob Störeinflüsse in der Untersuchung kontrolliert werden können (vgl. z. B. Westermann, 2000). Eine Theorie kann dann als bestätigt gelten, wenn möglichst unter Ausschluss von Störeinflüssen nachgewiesen werden kann, dass die Veränderung einer theoretisch angenommenen unabhängigen Variablen ursächlich die Veränderung einer abhängigen Variablen beeinflusst hat. Ist das der Fall, dann ist das Kriterium der „internen Validität" erfüllt.

Wird das Zutreffen einer Theorie in der Realität geprüft, dann liegt eine (relativ strenge) Form der Prüfung darin, dass in einer Untersuchungsbedingung (Experimentalgruppe) eine theoretisch relevante Veränderung unternommen wird. In einer anderen Untersuchungsbedingung (Kontrollgruppe) wird diese Veränderung nicht durchgeführt. Ergeben sich Unterschiede in den gemessenen Variablen in beiden Gruppen, dann wird geschlossen, dass sich die theoretischen Annahmen in der Realität bestätigt haben. Damit dieser Schluss aber wirklich zulässig ist, dürfen sich diese beiden Untersuchungsbedingungen nur darin unterscheiden, dass in einem Fall eine Variable kontrolliert manipuliert wird, die theoretisch relevant ist. In allen anderen Bedingungen (Versuchspersonenmerkmale, Untersuchungsort, -zeitpunkt, Versuchsleiterverhalten, Instruktionen etc.) sollten sich Experimental- und Kontrollgruppe nicht unterscheiden. Das gilt vor allem für Merkmale der Untersuchungseinheiten in den Gruppen: Variablen, die auch Einflüsse auf eine erfasste abhängige Variable haben könnten (z. B. Alter, Geschlecht, Vorwissen, Motivation etc.), sollten ebenso gleich in allen Gruppen ausgeprägt sein. Liegen Unterschiede zwischen diesen Gruppen in anderen als den theoretisch zu prüfenden und in den unabhängigen Variablen umgesetzten Variablen vor, dann muss der Versuch der Prüfung einer Theorie als gescheitert oder als mangelhaft angesehen werden.

3.3.2 Kritische Fragen an eine Theorie

In manchen Fällen werden Theorien völlig neu entwickelt, d. h. es wird eine Theorie erstellt, die vorher nicht existiert hat. In vielen anderen Fällen werden vorhandene Theorien kritisiert und dann neue Theorieerweiterungen oder Theorieversionen erstellt. Diese Kritik richtet sich auf bestimmte Merkmale und Kriterien zur Beurteilung von Theorien und umfasst eine Reihe von Fragen, die an Theorien gestellt werden können (vgl. dazu die Ausführungen in Kapitel 2 und 3 in diesem Buch). Solche Fragen betreffen A) grundlegende Fragen, B) Fragen zur Bewährung und Gültigkeit und C) Fragen zu besonderen Qualitätsmerkmalen:

A) Grundlegende kritische Fragen an eine Theorie sind demnach:

1. Können die zentralen Grundannahmen und die darauf bezogenen abgeleiteten Annahmen einer Theorie in den Aussagen überhaupt festgestellt werden? Sind sie zentrale Bestandteile von langfristig angelegten Forschungsparadigmen, -programmen oder -projekten? (Kriterium: Theorie als deduktives System)

2. Können die gemachten Aussagen in möglichst allgemeingültige Wenn-dann- bzw. Je-desto-Sätze formuliert werden? (Kriterium: gesetzesartige Aussagen)

3. Kann klar eingegrenzt werden, für welche Arten von Phänomenen die gemachten Aussagen gelten? (Kriterium: Gültigkeit für einen bestimmten Gegenstandsbereich)

4. Enthalten die gemachten Aussagen (der vermeintlichen Theorie) präzise Begriffe? Können die Aussagen mit der Realität in Widerspruch geraten und sind sie an der Realität überprüfbar? Enthalten sie logische Widersprüche? (Kriterium: Aussagenqualität)

Werden die grundlegenden Fragen 1. bis 4. negativ beantwortet, so ist es offensichtlich, dass die betreffenden Aussagen noch keine gute wissenschaftliche Theorie darstellen. Vielmehr muss davon ausgegangen werden, dass starke Veränderungen an den Aussagen vorgenommen werden müssen, die die jeweiligen Defizite beheben helfen. Wird eine Theorie in einer sozialwissenschaftlich orientierten Fachzeitschrift oder einer entsprechend bewerteten Buchreihe veröffentlicht, dann kann man meist davon ausgehen, dass die Fragen 1) bis 4) positiv beantwortet werden können.

B) Fragen zur Bewährung und Gültigkeit betreffen:

1. Sind die gemachten Aussagen häufig empirisch geprüft worden? (Kriterium: Anzahl der Bewährungen)

2. Sind die gemachten Aussagen streng (unter kontrollierten Bedingungen) geprüft werden? (Kriterium: Strenge der Prüfungen)

3. Sind Phänomene (z. B. besondere Situationen oder Personcharakteristika) gegeben, die die Gültigkeit der gemachten Aussagen einschränken bzw. die deren Spezifizierung (in Form von Ergänzungen etc.) erfordern? (Kriterium: Integration von Randbedingungen)

4. Liegen andere theoretische Annahmen vor, die die relevanten Phänomene anders erklären als die gemachten Aussagen? (Kriterium: Exklusivität, kein Vorliegen alternativer [besserer] Erklärungen)

Diese Fragen zur Bewährung und Gültigkeit einer Theorie werden – in der Regel – Gegenstand eines langen Forschungsprozesses sein. Sie stellen sich immer dann, wenn empirische Untersuchungsergebnisse oder neue Theorieentwicklungen vorliegen.

C) Fragen zu besonderen Qualitätsmerkmalen sind:

1. Können die gemachten Aussagen in einer sparsameren Form (mit weniger Elementen) ein Phänomen erklären, als das andere Theorien tun? Können qualitativ unterschiedliche Phänomene in einer möglichst einheitlichen Art erklärt werden? (Kriterium: Sparsamkeit und Globalität)

2. Haben die betreffenden Aussagen bzw. die darauf bezogene Theorie die Entdeckung neuer Phänomene, empirische Studien, die Gestaltung und Validierung von wissenschaftlichen Methoden (z. B. Datenerhebungsinstrumenten) oder Theorieentwicklungen angeregt? (Kriterium: Anregungsgehalt)

3. Sind Teile der gemachten Aussagen nur dann zu verstehen, wenn man das Zusammenwirken mit anderen Teilen in einem System beachtet? Erzeugt das Zusammenwirken der Teile einen neuen Gehalt, der den Gehalt der einzelnen Teile übersteigt? (Kriterium: Systemcharakter und Kreativität)

4. Sind die gemachten Aussagen als Grundlage für die Entwicklung von praktischen Anwendungen (Problemlösungen, Produkte etc.) erfolgreich verwendet worden? (Kriterium: Praktikabilität)

Die Antworten zu Fragen zu den besonderen Qualitätsmerkmalen erlauben eine Entscheidung zwischen schon gut entwickelten Theorien, die bei der Beantwortung der anderen vorgelagerten Fragen A) und B) gut abgeschnitten haben. Sie bilden damit auch die Basis für eine Qualitätsoptimierung von theoretischen Aussagen.

In den folgenden Abschnitten dieses Buches, insbesondere in Kapitel 5, tauchen immer wieder neue oder spezifischere Kriterien und damit verbundene Fragen auf. Diese sind als Ergänzung bzw. Vertiefung der obigen Fragen an eine Theorie zu verstehen und betreffen z. B. das Kriterium des Grades der Formalisierung von Aussagen (z. B. im Rahmen von mathematischen Modellbildungen), das Kriterium der Integrierbarkeit in und/ oder von anderen theoretischen Ansätzen (im Rahmen der Gestaltung von Systemtheorien), das Kriterium der Tiefe einer Theorie (die Leistung der Erklärung von zugrunde liegenden Mechanismen) usw.

Die oben gestellten Fragen sind zudem fixer Bestandteil jeglicher Theorieentwicklung, unabhängig davon, ob es sich um eine neue Theorie oder eine Weiterentwicklung einer Theorie handelt. Auch eine neu entwickelte Theorie muss sich diesen zentralen Fragen stellen. Die kritische Prüfung einer Theorie anhand obiger Fragen soll nun an einem Beispiel illustriert werden.

Beispiel zur kritischen Prüfung einer Theorie

Soziologen, Sozialforscher und andere mit der Analyse der menschlichen Lebenswelt betroffene Forscher stellen immer häufiger die These auf, dass Menschen in westlichen Gesellschaften mit starken Änderungen ihrer Lebensbedingungen zu rechnen haben, wobei insbesondere negative Aspekte (Verkürzung von Erwerbschancen, Wohlstandssenkungen etc.) postuliert werden (vgl. z. B. Kleve, 2007). Doehlemann (1996) griff diese Erkenntnisse auf, führte ein auf Befragungen bezogenes Forschungsprojekt durch und präsentierte eine Typologie von Menschen nach erlebten „sozialen Abstiegen" (nach Verlust des Arbeitsplatzes, Krankheit, Ansehenseinbußen etc.). Dabei werden – als Teil einer Typologie – 13 Typen von „Absteigern" mit unterschiedlichen Selbstentwürfen (vom „abgeleiteten Selbst" bis zum „Märtyrer-Selbst") beschrieben. Als grundlegend für diese Selbsteinwürfe werden zwei Merkmale angesehen, nämlich der „Schwerpunkt des Selbst", d. h. ob jemand eher „Statussucher" oder „Sinnsucher" ist und der „Stil der Verantwortungszuschreibung", d. h. ob jemand das Passierte external (außerhalb der eigenen Person) gegebenen Ursachen oder internalen (in der eigenen Person liegenden) Ursachen zuschreibt. Doehlemann (ebd., S. 67) gesteht sich selbst kritisierend ein, dass diese Merkmale nicht allein entscheidend sind, sondern, noch andere Größen eine wichtige Rolle spielen. Er selbst führt „offensive" und „defensive" „problem-" oder „selbstbezogene" „Handlungen" oder „kognitive Verarbeitungen" als „Bewältigungsmodi von Lebensproblemen" an (vgl. ebd., S. 64 ff).

Beschränkt man sich jetzt nur auf diese Merkmale, die erklären sollen, wie jemand mit sozialen Abstiegen umgeht, dann könnte man die oben gestellten Fragen A) bis C) folgendermaßen beispielhaft beantworten:

A1) Keine Kritik: Im Ansatz von Doehlemann (1996) können die zentralen Annahmen einer möglichen Theorie, die zudem Gegenstand eines Forschungsprojekts waren, gut ausgemacht werden. Diese zentralen Annahmen beziehen sich einerseits auf die Typen, andererseits aber auch auf die Mechanismen, die zu diesen Typen führen. Klar ist allerdings auch, dass sich die Theorie in einem frühen Entwicklungsstadium befindet bzw. dass die Exploration des Phänomens im Vordergrund steht.

A2) Keine Kritik: Die Aussagen können auch gut in Wenn-dann-Aussagen übergeführt werden. Zum Beispiel könnte man formulieren: Wenn jemand Statussucher ist und die Ursachen seines Abstiegs external attribuiert und zudem Konsum als wichtig erachtet, dann tritt verstärkt der Selbstentwurf eines Menschen auf, der konsumorientiert und auf Pump lebt, um den sozialen Abstieg vermeintlich kaschieren zu können (vgl. ebd., S. 70 und S. 100 ff). Doehlemann (1996) formuliert selber solche komplexen bzw. verknüpften Wenn-dann-Aussagen nicht, allerdings sind diese aus dem Text und aus den Abbildungen rekonstruierbar.

A3) Keine Kritik: Doehlemann (1996, S. 10 ff) liefert Daten (Ergebnisse aus Befragungen), die abschätzen helfen, für welche Phänomene (nämlich Arten eines eingeschätzten sozialen Abstiegs) seine Typologie zu gelten hat. Dabei steht allerdings eher eine empirische als eine theoretische Klärung im Vordergrund, was auch damit zu tun hat, dass sich die betreffende Theorieentwicklung in einem explorativen Stadium befindet.

A4) Keine Kritik: Die Aussagen von Doehlemann (1996) bezüglich Typen und Mechanismen werden in Fallbeispielen, die in gesellschaftlicher Realität verankert sind, beschrieben. Die verwendeten Begriffe wurden vorher geklärt und sind so formuliert, dass sie empirisch überprüft werden können. Logische Widersprüche fallen nicht auf. Dennoch könnte man einwenden, dass die Fallbeschreibungen eher illustrativen als überprüfenden Charakter haben. Sie dienen aber der Präzisierung oder Operationalisierung der im Ansatz angenommenen Variablen.

Die Beantwortung der grundlegenden kritischen Fragen an den Ansatz von Doehlemann (1996) weist eine gute Qualität aus. Es ist wissenschaftlich wohl lohnend, diesen Ansatz weiterzuverfolgen bzw. zu untersuchen.

Die Fragen zur Bewährung und Gültigkeit fallen weniger positiv aus, was damit zusammenhängt, dass ein theoretischer Ansatz in einem frühen Entwicklungsstadium gegeben ist. Es zeigen sich – beispielhaft – folgende Beantwortungen:

B1) Kritik: Die Annahmen sind an jeweils wenigen Fallbeispielen, die durch Interviews erfasst wurden, geprüft worden. Die Anzahl der Bewährungen muss deshalb als gering angesehen werden. Auch muss gesagt werden, dass wiederum weniger die Prüfung als vielmehr die Illustrierung bzw. Beschreibung der Typen anhand der Fallbeispiele angestrebt wurde.

B2) Kritik: Auch die Strenge der Prüfungen muss als gering angesehen werden. Es wurden keine Typen extrahierenden statistischen Verfahren (z. B. Faktorenanalysen) eingesetzt, noch wurden Tests (zur trennscharfen Messung der Typen) entwickelt bzw. durchgeführt. Auch fehlen (sozialpsychologisch orientierte) experimentelle oder quasiexperimentelle Prüfungen in Hinsicht auf typenspezifische Mechanismen der Informationsverarbeitung etc.

B3) Kritik: Es ist wenig darüber bekannt, unter welchen Bedingungen die angenommenen Typen und Mechanismen nicht oder anders wirksam werden. Zum Beispiel ist es wohl ein Unterschied, ob jemand das erste Mal einen sozialen Abstieg erlebt hat oder mehrmals diese Erfahrung machen musste.

B4) Kritik: Auch werden die vorhandenen Annahmen nicht mit alternativen theoretischen Ansätzen konfrontiert. Typen und Mechanismen sind relativ neu und für die Forschung als innovativ anzusehen. Ihre Verankerung, aber auch Abgrenzung zu bestehenden z. B. sozial- oder kommunikationspsychologischen Ansätzen und Konzepten wie „soziale Identität", „sozialer Austausch", „soziale Diskriminierung" etc. fehlen (vgl. z. B. Bierhoff & Frey, 2006).

Hinsichtlich der Kriterien der Bewährung und Gültigkeit lassen sich Kritikpunkte zum Ansatz von Doehlemann (1996) nennen, die allesamt aber vor allem damit zusammenhängen, dass sich der Ansatz in einer frühen Phase der Theorieentwicklung und -prüfung befindet. Die vorgebrachten Kritikpunkte können deshalb auch die Basis für Weiterentwicklungen des Ansatzes bzw. für zukünftige Forschungsbemühungen liefern.

Folgende Antworten lassen sich zu Fragen zu besonderen Qualitätsmerkmalen geben:

C1) Keine Kritik: Doehlemann (1996) beschreibt in seinem Ansatz ein sehr komplexes gesellschaftliches Phänomen. Für dessen Erklärung nennt er Typen und einige wenige Mechanismen. Zudem versucht er, die relevanten Typen auf dem Hintergrund einer gemeinsamen Typologie zu beschreiben. Damit können die Kriterien der Sparsamkeit und Globalität als gut erfüllt angesehen werden.

C2) Eingeschränkte Kritik: Der Ansatz von Doehlemann (1996) beschreibt gesellschaftliche Umwälzungen und damit verbundene Phänomene auf eine neue Art und Weise, die auch dazu führt, soziale Mechanismen neu zu entdecken. Damit muss der Anregungsgehalt dieses Ansatzes prinzipiell als hoch eingeschätzt werden. Allerdings fehlen noch Weiterentwicklungen in methodischer und theoretischer Hinsicht, die wiederum mit dem frühen Entwicklungsstadium des Ansatzes in Verbindung gebracht werden können.

C3) Kritik: Der Ansatz von Doehlemann (1996) besteht vor allem aus der Typenbildung. Der Ansatz sagt wenig darüber aus, unter welchen Bedingungen und damit verbundenen Prozessen sich die Typenbildung ergibt bzw. wie Typen verändert werden. Es fehlt eine persönlichkeitsbezogene dynamische Systemtheorie bzw. ein Bezug darauf. Einen solchen Ansatz hat z. B. Kuhl (2001) vorgelegt. Auch entwicklungspsychologische Überlegungen bzw. die Verknüpfung mit Entwicklungsprozessen würden sich hier anbieten (vgl. z. B. Flammer, 2009).

C4) Kritik: Praktische Anwendungen, z. B. für sozialpädagogische Maßnahmen oder für die Entwicklung von psychologischen Diagnoseinstrumenten, fehlen in den Darstellungen von Doehlemann (1996). Solche Anwendungen sind allerdings erst dann möglich, wenn der Ansatz weiterentwickelt und geprüft wurde.

Zusammengefasst ergibt sich eine insgesamt positive Bewertung des Ansatzes von Doehlemann (1996). Weiterführende entwicklungs- und/oder persönlichkeitspsychologische Überlegungen könnten herangezogen werden, um den Prozess der Typenbildung bzw. deren Veränderung noch ausführlicher klären zu können.

Anregungen für die Theoriekritik und -entwicklung durch die Berücksichtigung von allgemeinen Verhaltenstheorien

Anregungen für die Bewertung von Theorien können – neben anderen theoretischen Ansätzen – durch die Beachtung von allgemeinen Verhaltenstheorien gewonnen werden. Allgemeine Verhaltenstheorien beschreiben Faktoren, die Verhalten beeinflussen, in möglichst umfassender Art und Weise und so, dass viele Variablen integrierbar sind. Eine solche Theorie liegt z. B. von Kanfer und Phillips (1975) (dargestellt in: Hautzinger, 2007, S. 176) vor; demnach kann menschliches Verhalten mit folgenden Begriffen beschrieben werden (hier zusammengefasst mit eigenen Beispielen dargestellt):

a) S (Stimulus, Reiz): In S werden alle Faktoren zusammengefasst, die einem Verhalten, das man erklären will, vorausgehen. Diese Faktoren betreffen alle Veränderungen in einer relevanten Umwelt. In Bezug zum Ansatz von Doehlemann (1996) könnte man sich z. B. fragen, welche Faktoren im persönlichen Umfeld zur Ausbildung bestimmter Typen führen, wobei Doehlemann (1996, S. 11 ff) selbst viele Faktoren (z. B. Partnerschaftsprobleme) nennt. Man könnte jetzt danach fragen, welche noch fehlenden Faktoren positiv oder negativ zur Typenbildung beitragen können. Zum Beispiel könnte man annehmen, dass sich Krankheit oder Arbeitsplatzverlust weniger negativ auf eine Person auswirken, wenn Beratungshilfen (in Form von Hilfen bei der Arbeitsplatzsuche oder therapeutischen Begleitungen) in Anspruch genommen werden. Die Rolle von solchen Faktoren, die sozial-emotional unterstützend wirken, bleibt im Ansatz von Doehlemann (1996) weitgehend unberücksichtigt.

b) O (Organismus): In O werden Informationsverarbeitungs- und ähnliche Prozesse (z. B. motivationale und emotionale Prozesse) zusammengefasst, die zwischen Stimuli und verhaltensgemäßen Reaktionen (R) vermitteln. Im Ansatz von Doehlemann (1996) stellt sich dabei z. B. die Frage, welche Prozesse in einem Menschen ablaufen, der nicht „Absteiger", sondern „gewinnender Verlierer" wird. Möglicherweise zeichnen sich Menschen, die die Kontrolle über ihr Leben wiedergewinnen, dadurch aus, dass sie eine andere Form der Ursachenattribuierung (als kognitiv-emotionalem Prozess) aufweisen. „Absteiger" könnten demnach die Ursachen für ihre Probleme eher bei externen und stabilen Faktoren sehen, die schwer veränderbar sind (z. B. die schlechte Wirtschaftslage). „Gewinnende Verlierer" könnten eher an internale und variable Faktoren glauben (z. B. die individuelle Anstrengung), was sie eher zu einer aktiven (gewinnenden) Lebensbewältigung bringt. Möglicherweise machen „Absteiger" fundamentale Attribuierungsfehler (mit Aspekten einer Verhaltensidentifikation oder dispositionalen Inferenz), die es näher zu bestimmen gilt (vgl. dazu z. B. Försterling, 2006).

c) R (Reaktion): In R werden alle Verhaltensweisen, die mit einem Phänomen in Verbindung stehen, zusammengefasst. In Bezug zum Ansatz von Doehlemann (1996) könnte man sich die Frage stellen, ob den identifizierten Selbstentwürfen typische Verhaltensweisen eigen sind, die zwar unterschiedlich sind, aber in möglichst vielen Selbsteinwürfen unterschiedlich ausgeprägt auftreten. Eine solche Verhaltensweise könnte z. B. mit „Fluchtverhalten" unterschrieben werden. Eine Variable „Fluchtverhalten" würde sich darauf beziehen, ob eine Person mit Vermeidungsverhalten auf Problemlagen reagiert oder ob sie sich aktiv den daraus resultierenden Aufgaben stellt. In weiteren Analysen könnte (theoretisch) geklärt werden, welche Art von Vermeidungsverhalten bei bestimmten Typen vorliegt. Zum Beispiel könnte sich das Beschäftigen mit religiösen Vorstellungen und damit verbundener vorgestellter Welten – wie das dem „transzendierenden Selbst" von Doehlemann (1996) eigen ist – zur Entfernung von Problemen des Alltags führen und sich damit möglicherweise negativ auf Problemlagen auswirken. Auf der anderen Seite könnte eine Flucht in solche vorgestellten Welten vorübergehend eine unterstützende Hilfe in schwierigen Lebenssituationen sein.

d) K (Konsequenz): In K werden alle Faktoren zusammengefasst, die nach den als relevant erachteten Verhaltensweisen folgen. Im Ansatz von Doehlemann (1996) ist z. B. wenig darüber ausgesagt, mit welchen Konsequenzen die jeweiligen Typen in ihrer Lebensweise rechnen können oder müssen. Zum Beispiel ist es in unserer verweltlichten Gesellschaft wohl relativ schwierig, offen und intensiv die Verwirklichung eines „transzendierenden" Selbst zu verfolgen. Menschen mit solchen Selbstentwürfen haben mitunter mit den Selbstwert gefährdenden Kritiken oder Abwertungen umzugehen, die das Bewältigen einer ohnehin schwierigen Lebenssituation noch schwieriger macht.

In den bisherigen Kapiteln wurden Grundbegriffe, Kriterien, Aufgaben und Leistungen in Bezug zu Theorien im sozialwissenschaftlichen Forschungsprozess dargestellt. Diese Aspekte stellen Rahmenbedingungen für die Entwicklung von Theorien dar, die das Ziel, die Methode und das Ergebnis von Entwicklungsarbeiten wesentlich beeinflussen.

Es ist nicht möglich, exakt zu bestimmen, wie sich diese Rahmenbedingungen jeweils genau im Prozess der Entwicklung von Theorien auswirken. Das ist deshalb der Fall, weil der Prozess der Entwicklung von Theorien unterschiedliche Ziele und Methoden zulässt und es oft schwierig ist zu entscheiden, welche wissenschaftliche Qualität dabei erreicht worden ist.

Allerdings sollten möglichst viele der angesprochenen Rahmenbedingungen direkt oder indirekt in die Methoden der Theorieentwicklung einfließen, die in Abschnitt 5 dargestellt sind. Bevor diese Auseinandersetzung mit den Methoden der Theorieentwicklung begonnen werden kann, ist herauszuarbeiten, dass Theorien unterschiedliche Phänomene auf unterschiedliche Art und Weise beschreiben oder erklären können. Dabei entstehen verschiedene Typen von Theorien, die im folgenden Abschnitt 4 näher behandelt werden sollen.

4 Typen von Theorien und Mischformen

In diesem Abschnitt sollen einige Typen von Theorien behandelt werden, wobei kein Anspruch auf Vollständigkeit erhoben wird. Auch hier muss gesagt werden, dass diese Typen nicht immer eindeutig voneinander abgrenzbar sind oder in manchen wissenschaftlichen Schulen überhaupt nicht unterschieden werden. Dennoch ist es offensichtlich, dass bestimmte Theorien auf ganz besondere Aspekte oder Ausschnitte von in der Welt gegebenen Phänomenen fokussieren.

4.1 Sozialwissenschaftliche Theorien mit Person- und Umweltmerkmalen

Im Bereich der Sozialwissenschaft, bei der es um verschiedene Facetten des menschlichen Verhaltens geht, stellt sich die Frage, welche grundsätzlichen, d. h. möglichst allgemeinen Faktoren ein solches menschliches Verhalten theoretisch erklären können.

Grundannahme. Eine sehr bekannte Annahme dazu stammt von Lewin (1946, zit. nach Rheinberg, 1995, S. 46):

$$V = f(P, U);$$

demnach ist Verhalten (V) eine Funktion (f) von Person (P) und Umwelt (U). Menschliches Verhalten wird also von Merkmalen oder Eigenschaften, die in der Persönlichkeit des Menschen liegen, und von Faktoren beeinflusst, die durch dessen Kontext, Umgebung oder Situation bedingt sind. Merkmale oder Eigenschaften, die in der Persönlichkeit von Menschen verankert sind, werden auch „Dispositionen" oder „Traits" genannt, wobei diese zeitlich relativ gleich bleibende psychische Strukturen eines Menschen bezeichnen, welche die Beständigkeit menschlichen Verhaltens begründen (vgl. Amelang & Bartussek, 1990, S. 61 ff).

Genau genommen müsste man einfügen, dass Verhalten als Funktion von wahrgenommenen Person- und Umweltmerkmalen gegeben ist. Das bedeutet, dass Person- und Umweltmerkmale nur insofern Verhalten beeinflussen, als wir diese Merkmale überhaupt wahrnehmen. Demnach ist es oft der Fall, dass gleiche vorliegende Person- und Umweltmerkmale zu unterschiedlichen Verhaltensweisen führen.

Diese Grundannahme findet in vielen Theorien zu Phänomenen Beachtung, die durch sozialwissenschaftliche Theorien zu klären sind (vgl. z. B. Herber & Vásárhelyi, 2002). Solche Phänomene, die durch sozialwissenschaftliche Theorien erklärt werden sollen, betreffen z. B. Lernen, Denken, Motivation, Gefühle, Kommunikation, Spielen usw. Zur Erklärung unterschiedlicher Phänomene werden bestimmte Merkmale der Person und der Umwelt herangezogen. Zum Beispiel werden zur Erklärung des Phänomens der „Leistungsmotivation" als Personfaktoren „Motive" (z. B. „Hoffnung auf Erfolg" und „Furcht vor Misserfolg") und als Umweltfaktoren „Aufgabenschwierigkeiten" (hohe, mittlere und niedrige Lösungswahrscheinlichkeiten) angesehen (vgl. z. B. Rheinberg, 1995, S. 68 ff). Berücksichtigt man Motive und Aufgabenschwierigkeiten, könnte man z. B. die theoretische Annahme formulieren, dass Menschen dann wenig ausdauernd und mit geringer Anstrengung an der Bewältigung einer Aufgabe arbeiten, wenn sie eine stark ausgeprägte Angst vor Misserfolg haben und sie mit sehr schwierigen Aufgaben konfrontiert werden.

Gefahr der Explosion der Anzahl von berücksichtigten Person- und Umweltfaktoren. In praktisch allen sozialwissenschaftlich relevanten Phänomenbereichen liegen eine Vielzahl von Theorien vor, die jeweils unterschiedliche Person- und Umweltfaktoren für das Zustandekommen von mehr oder minder gleichem Verhalten nennen. Amelang und Bartussek (1990, S. 64) berichten von geschätzten 17.000 Wörtern, die das Verhalten von Menschen beschreiben, und von einer langen Geschichte der Reduktion von Persönlichkeitsmerkmalen zur Erklärung von menschlichem Verhalten. Um eine Explosion der Anzahl von theoretisch betrachteten Person- und Umweltfaktoren zu verhindern, werden unterschiedliche Wege in der Wissenschaft eingeschlagen, die rationale bzw. analytische Variablenreduktionen oder Typenbildungen betreffen und in Kapitel 5 dieses Buches näher beschrieben werden.

Zur Verknüpfung von Person- und Umweltfaktoren. Kennt man eine Reihe von Person- und Umweltfaktoren, die für ein Phänomen relevant sind, stellt sich die Frage, wie diese Faktoren verknüpft werden können. Dabei ist es wichtig zu wissen, ob angenommene theoretische Variablen oder Prozesse in unterschiedlichen Situationen und bei unterschiedlichen Personen verschieden ausgeprägt sind. Prinzipiell sind folgende Verknüpfungsarten möglich (vgl. dazu auch Details in Abschnitt 5.3):

a) Additive oder reduzierende Verknüpfung bei eigenständigen Einflüssen: Das Vorliegen eines bestimmten Person- und/oder Umweltfaktors führt zu einer Erhöhung oder einer Verringerung eines Phänomens. Beispiel: Ein hochängstlicher Schüler bearbeitet eine schwierige Prüfungsaufgabe und erzielt eine schlechte Leistung. Die Prüfungsleistung wäre höchstwahrscheinlich besser, wenn der Schüler nicht ängstlich oder wenn eine weniger schwierige Prüfungsaufgabe zu bearbeiten wäre. Sowohl der Personfaktor Ängstlichkeit als auch der Situationsfaktor Aufgabenschwierigkeit haben einen eigenständigen erhöhenden oder reduzierenden Einfluss auf das Phänomen der Prüfungsleistung, und zwar unabhängig von der jeweiligen Ausprägung des anderen Faktors.

b) Multiplikative oder teilende Verknüpfung bei bedingten Einflüssen: Der Einfluss eines bestimmten Personfaktors ist abhängig vom Vorliegen eines bestimmten Umweltfaktors und umgekehrt. Beispiel: Hätte man z. B. die Annahme, dass sich hohe Aufgabenschwierigkeiten nur bei hoch ängstlichen Schülern negativ auf die Prüfungsleistung auswirken, dann könnte man Person- und Umweltfaktoren multiplikativ oder teilend verknüpfen.

c) Funktionale Verknüpfungen bei komplexen Einflüssen: Denkbar ist auch, dass Umweltfaktoren bei bestimmten Personfaktoren in einer ganz besonderen Art und Weise Einflüsse ausüben. Dasselbe gilt auch von Personfaktoren bei Vorhandensein bestimmter Umweltfaktoren. Beispiel: Es könnte durchaus sein, dass sich hohe Aufgabenschwierigkeiten nur dann negativ bei hoch ängstlichen Schülern auf die Prüfungsleistung auswirken, wenn diese noch überhaupt bewältigbar erscheinen. Sind die Aufgabenschwierigkeiten hingegen extrem hoch, dann könnten selbst hoch ängstliche Schüler geringere Angst verspüren, weil sie die Bewältigung der Aufgabe nicht mit ihrem Leistungsniveau in Verbindung bringen, sondern eher mit Zufall oder Glück. Dadurch könnte eine Reduktion der Anspannung stattfinden, was sich wiederum positiv auf die Prüfungsleistung auswirken könnte.

Die Frage nach den zugrunde liegenden Mechanismen

Formuliert man theoretische Einflüsse von Person- und/oder Umweltfaktoren auf Phänomene, dann ist es wichtig, die diesen Einflüssen zugrunde liegenden Mechanismen nennen zu können. Solche Mechanismen betreffen Annahmen über Informationsverarbeitungsprozesse, Verhaltensweisen usw., die die angenommenen Unterschiede erklärbar machen.

Solche Mechanismen beantworten vor allem Warum-Fragen und sind selber wesentliche Bestandteile von Theorien. Weil es sich um Theorien handelt, werden wohl nur ausgewählte bzw. ganz bestimmte Mechanismen genannt, obwohl es deren in den Sozialwissenschaften viele gibt. Wählt man eine systemische Sicht auf individuelles Verhalten, dann können auf unterschiedlichen Ebenen verschiedene Gründe für ein bestimmtes Verhalten beispielhaft genannt werden (vgl. Tabelle 3).

Beispielhafte Mechanismen beim einzelnen Menschen. Auf individueller Ebene spielen Mechanismen wie Informationsverarbeitung, Motivierung, Emotionalisierung oder Einstellungsbildung und -auswirkungen eine zentrale Rolle. Menschen nehmen Sachverhalte in einer bestimmten Art und Weise wahr, sie verfügen über ein mehr oder minder umfangreiches Wissen und sind gut oder weniger gut im Lösen von Problemen und im Steuern dieser Prozesse. Verhalten wird aktiviert durch bestimmte Erwartungen, wahrgenommene Anreize und Willensprozesse, die das Aufrechterhalten von Handlungen ermöglichen. Menschen werden auch stark durch ihre positiven oder negativen Gefühle (z. B. Freude oder Angst) in ihrem Verhalten beeinflusst. Menschen bilden zudem verhaltensrelevante Einstellungen aus, die aus Vorstellungen, Überzeugungen oder Werthaltungen bestehen.

Die Mechanismen auf individueller Ebene werden durch bestimmte Umweltmerkmale bzw. Situationen (z. B. Ereignisse) ausgelöst und bilden im Laufe der Zeit auch typische Personmerkmale bzw. Persönlichkeitseigenschaften aus. Diese Personmerkmale beeinflussen dann Verhaltensweisen auf vielfältige Art und Weise: Sind Menschen z. B. sehr ängstlich, d. h. handelt es sich um eine Person, die in vielen Situationen ängstlich reagiert, dann kann das z. B. darauf zurückgeführt werden, dass in der Vergangenheit bestimmte Situationen zu negativen Erfahrungen geführt haben. Diese Erfahrungen wurden im Gedächtnis gespeichert. Tritt nun in der Umwelt eine ähnliche Situation auf, dann wird mit einem starken Gefühl (der Angst) reagiert, und andere Reaktionsmöglichkeiten (z. B. eine rationale Bewertung der Situation) finden nicht mehr oder zu spät statt.

Beispielhafte Mechanismen in Gruppen. Menschen leben – in der Regel – nicht allein, sondern sind in vielen Gruppen eingebunden. Solche Gruppen sind z. B. Partnerschaften in Zweier-Beziehungen, Familien, Verwandtschaften, Freundeskreise, Vereine, Abteilungen in Betrieben usw. Gruppen funktionieren meist nach ganz bestimmten Regeln, was Ort, Zeitpunkt, Kommunikationsprozesse etc. betrifft. In Gruppen gelten meistens bestimmte sprachliche Gepflogenheiten, was die verwendeten Begriffe, Formulierungen etc. betrifft. Mittlerweile spielen beim Beginnen und Aufrechterhalten von Gruppenprozessen Medien (z. B. das Internet) eine wichtige vermittelnde Rolle. Schließlich sind Gruppen auch dadurch gekennzeichnet, dass die einzelnen Gruppenmitglieder unterschiedliche Ziele oder Methoden der Problemlösung verfolgen, was zu Konflikten führt, die effizient gelöst werden müssen. Gelingt das z. B. nicht, dann ist die Gefahr groß, dass sich Gruppen auflösen.

Die Kommunikation in Gruppen geht einher mit der Bildung von Beziehungen unter den Gruppenmitgliedern. Gruppen sind soziale Gebilde mit bestimmten Beziehungen innerhalb der Gruppenmitglieder. Diese Beziehungen zeichnen sich z. B. durch eine gemeinsame Abhängigkeit (Interdependenz), durch Zusammenarbeit (Kooperation) und eine sozial-emotionale Verbindung (Vertrauen) aus.

Auch auf Gruppenebene werden Umwelt- und Personmerkmale wirksam. Zum Beispiel zeigen Menschen mit einem bestimmten Personmerkmal mehr kommunikative Kompetenzen als andere, was sich bei Situationen besonders auswirkt, die konflikthältig sind.

Beispielhafte Mechanismen in der Gesellschaft. Menschen sind nicht nur von sich selbst abhängig und in Gruppen verankert, sondern auch in übergeordneten Organisationen eingeordnet, nämlich Gesellschaften, die weitreichende Auswirkungen auf Menschen und deren Verhaltensweisen haben. In Gesellschaften laufen Prozesse der Sozialisation ab. Solche Prozesse integrieren einzelne Menschen in übergeordnete soziale Einheiten. Sozialisation passiert über die Ausübung von Macht, durch Länder, Staaten, Unternehmen usw. und ist an bestimmten Normen (Gesetzen, Verträge etc.) ausgerichtet. Sozialisationsprozesse betreffen auch Aspekte der Inklusion und Exklusion, das sind Bedingungen, die die Integration oder den Ausschluss aus der Gesellschaft fördern, so z. B. Berufstätigkeit, soziale Vernetzung usw. Gesellschaften funktionieren deshalb gut oder schlecht, weil Aufgaben erfolgreich oder nicht erfolgreich erledigt werden. Das Durchführen von Aufgaben ist an Rollen geknüpft, die Menschen übernehmen. Solche Rollen gründen sich in sozialen Schemata, die Erwartungen an Rollenträger betreffen. Rollen beziehen sich auf die geschlechtliche Identität von Menschen („Frauen", „Männer"), auf berufliche Identitäten („Arbeiter", „Ärzte", „Wissenschaftler" etc.), oder z. B. auf sozial benachteiligte Identitäten („Arbeitslose", „Kranke" etc.).

Die in Tabelle 3 dargestellten Mechanismen und Bestandteile können natürlich weiter ausdifferenziert werden. Allein z. B. Bücher über Fragen zur „Sozialisation" füllen ganze Bibliotheken. Dazu kommt, dass Mechanismen und Bestandteile je nach Fragestellung und Fachinteresse unterschiedlich betrachtet werden können. Zum Beispiel kann der Mechanismus der „Kommunikation" unter sozialpsychologischer, kommunikationswissenschaftlicher, politikwissenschaftlicher, soziologischer, pädagogischer usw. Perspektive untersucht werden. Je nach Perspektive werden unterschiedliche Mechanismen und Bestandteile herausgearbeitet bzw. unter theoretischen Gesichtspunkten genutzt. Klar ist, dass solche Perspektiven nur Ausschnitte bilden, und zwar in unterschiedlicher Hinsicht:

a) Theorien als Ausschnitte von Phänomenen, die ihrerseits Ausschnitte einer Realität darstellen;

b) Theorien als Ausschnitte von Einflüssen, die sich auf bestimmten Person- und Umweltmerkmalen und auf bestimmten Ebenen bilden; und

c) Theorien als Ausschnitte von Mechanismen, die zur Beschreibung und Erklärung von Phänomenen herangezogen werden.

Tabelle 3 : Beispielhafte Mechanismen bzw. Gründe für ein bestimmtes Verhalten – eine Mehrebenenperspektive

Ebene	Mechanismen	Bestandteile
Individuum	Informationsverarbeitung	Wahrnehmung Wissen Fertigkeiten Metakognition
	Motivierung	Erwartungen Anreize Wille
	Emotionalisierung	Positive und negative Gefühle
	Einstellungsbildung und -auswirkung	Vorstellungen Überzeugungen Werthaltungen
Gruppe	Kommunikation	Regeln Sprache Mediennutzung Konfliktlösung
	Beziehungsbildung	Interdependenz Kooperation Vertrauen
Gesellschaft	Sozialisation	Macht Normen Inklusion – Exklusion
	Rollenbildung	Soziale Schemata

Theorien: Ausschnitte von Phänomenen, Faktoren, Ebenen und Mechanismen

Theorien betreffen demnach Erklärungen von Ausschnitten von Phänomenen. Das wiederum geschieht mit Ausschnitten von Faktoren und Ebenen (vgl. Abbildung 4, Anregungen zu dieser Abbildung stammen von Jean-Luc Patry). Mit Faktoren sind Person- und Umweltmerkmale gemeint. Phänomene sind Erscheinungen, Sachverhalte, die in der Realität auftreten und die theoretisch erklärt werden sollen. Ebenen betreffen hierarchisch organisierte Orte bzw. Kristallisationspunkte von Wirkungsfaktoren. Mechanismen stellen Wirkungsmuster dar, die beschreiben und erklären, wie Faktoren die betrachteten Phänomene beeinflussen.

In Abbildung 4 wird dargestellt, dass theoretische Annahmen (symbolisiert durch gestrichelte Linien) Ausschnitte (symbolisiert durch Kreisringe) von Phänomenen (symbolisiert durch einen Stern) betreffen. Phänomene stellen ihrerseits ausgewählte Ausschnitte einer Realität dar. In theoretischen Annahmen wird versucht, Person- und Umweltmerkmale (symbolisiert durch Parallelogramme) auf unterschiedlichen Ebenen (symbolisiert durch gestaffelte Doppelparallelogramme) miteinander zu verbinden. Auf den unterschiedlichen Ebenen werden Ausschnitte ausgewählt, die bestimmte Person- oder Umweltmerkmale betreffen. Innerhalb dieser Ausschnitte werden Mechanismen (symbolisiert durch Blockpfeile in vier Richtungen) angenommen.

Beispiel einer Theorie mit Person- und Umweltmerkmalen zum Transferproblem in der Weiterbildung

In Abbildung 4 ist veranschaulicht, wie sich Theorien zusammensetzen, wenn man Mechanismen auf der Basis von Person- und Umweltmerkmale auf unterschiedlichen Ebenen berücksichtigt. Diese Annahme über Theorien bzw. Theorieentwicklung soll an einem Beispiel illustriert werden. Ausgangspunkt einer fiktiven Theorie bildet das Problem des „mangelnden Transfers von Weiterbildung in den Berufsalltag", wobei das Umfeld Schule und Unterricht gewählt wird. Dieses Problem beschreibt das Phänomen im Schulalltag, dass Lehrerinnen und Lehrer zwar Fortbildungsveranstaltungen besuchen, dass Erfahrungen, die dort gemacht werden, aber kaum dazu verwendet werden, um die Unterrichtsrealität bedeutsam zu verändern. Es könnte jetzt durchaus vorkommen, dass Bildungspolitiker und -verantwortliche, Erziehungswissenschaftler beauftragen, dieses Phänomen theoretisch zu erklären.

Person- und Umweltmerkmale auf unterschiedlichen Ebenen. Erziehungswissenschaftler würden nach obigem Ansatz, der in Abbildung 4 dargestellt ist, beginnen, Person- und Umweltfaktoren auf unterschiedlichen Ebenen zu benennen. Dieser Prozess basiert auf der Grundlage von Literaturrecher-

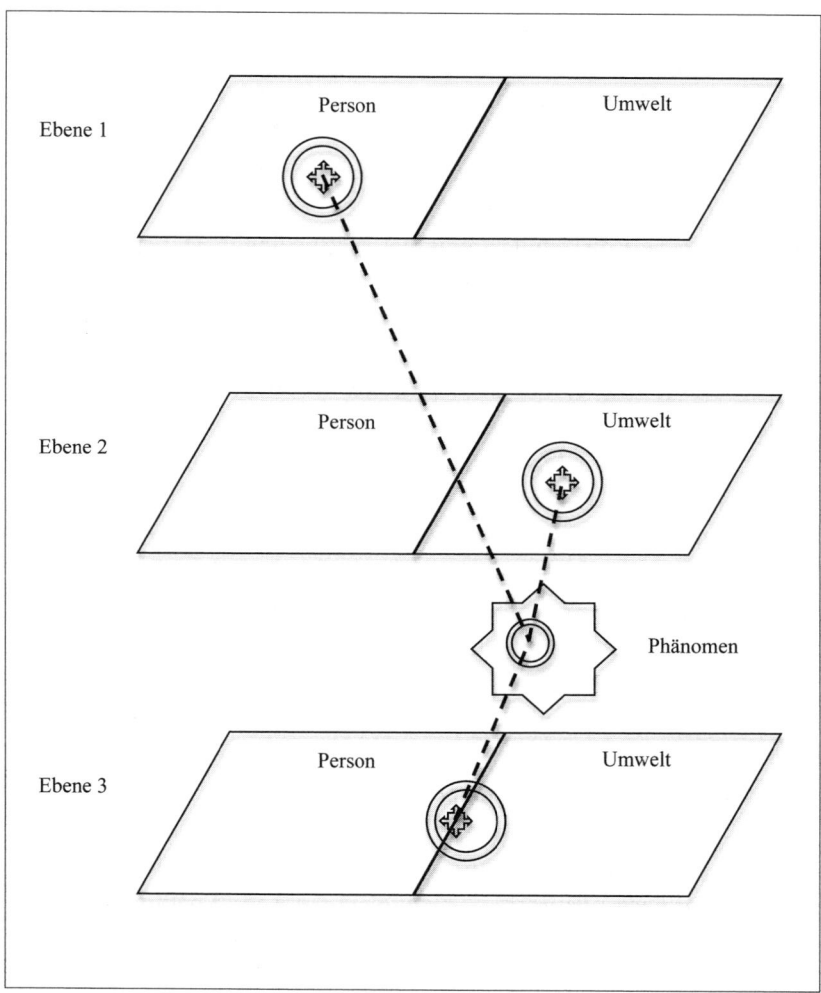

Abbildung 4: Theorien: Ausschnitte von Phänomenen, Faktoren, Ebenen und Mechanismen

chen, Theorieentwicklungsprozessen etc., die in Abschnitt 5 näher beschrieben werden. In diesem Abschnitt geht es weniger um die Prozesse der Theorieentwicklung, sondern um den Aufbau bzw. die Struktur von Theorien.

Dieser Prozess der Festlegung von Person- und Umweltmerkmalen auf unterschiedlichen Ebenen könnte zu folgendem ersten Ergebnis führen:

a) Relevante Personmerkmale auf Ebene 1: Es wird zunächst angenommen, dass Ebene 1 die Schule und ihre Arbeitsbedingungen betrifft. Als ein wichtiges für die Fragestellung relevantes Personmerkmal von Lehrerinnen und Lehrern könnte theoretisch das schulische Kooperationsklima angenommen werden.

b) Relevante Umweltmerkmale auf Ebene 1: Hier könnte angenommen werden, dass die an einer Schule zur Verfügung gestellte Zeit für die Planung, Gestaltung und Bewertung von Unterrichtsinnovationen ein zentrales Merkmal darstellen kann.

c) Relevante Personmerkmale auf Ebene 2: Als Ebene 2 wird der eigene Unterricht, der in unterschiedlichen Klassen durchgeführt wird, angenommen. Als von großer Wichtigkeit könnte man, neben vielen anderen Faktoren, vor allem Fertigkeiten im Unterrichtsmanagement ansehen.

d) Relevante Umweltmerkmale auf Ebene 2: Als relevant könnte man hier den Heterogenitätsgrad der Schülerinnen und Schüler im Unterricht einer Klasse ansehen. Damit ist gemeint, wie stark sich Schülerinnen und Schüler in ihren Leistungen unterscheiden.

e) Relevante Personmerkmale auf Ebene 3: Ebene 3 betrifft die individuelle Persönlichkeit der Lehrperson. Hier könnte man meinen, dass Lehrerinnen und Lehrer dann eher neue Projekte in Angriff nehmen, wenn sie gut in der Lage sind, ihre Motivation zu kontrollieren.

f) Relevante Umweltmerkmale auf Ebene 3: Geht man davon aus, dass individuelle Belohnungen in beruflichen Tätigkeiten wichtig sind, dann könnte man die erfolgreiche Integration von unterrichtlichen Neuerungen z. B. an das Einkommen der Lehrerinnen und Lehrer koppeln. Gelingt eine Integration, dann könnte man das Einkommen erhöhen.

Mechanismen. Sind für das zu betrachtende Phänomen Person- und Umweltmerkmale auf den unterschiedlichen Ebenen ausgewählt, geht es da-

ran, festzulegen, wie diese Merkmale auf den unterschiedlichen Ebenen
problemrelevant wirksam werden: Es gilt, theoretisch angenommene Mechanismen zu formulieren, die auf das vorliegende Beispiel bezogen erklären, warum Wissen, das von Lehrerinnen und Lehrern in Fortbildungsveranstaltungen erworben wird, nicht wirksam im Unterricht eingesetzt wird.
Folgende Mechanismen können angenommen werden:

a) Soziale Abstimmung von Neuerungen in der Schule: Auf Ebene 1
(Schule) könnte man annehmen, dass Veränderungen im Unterricht nur
dann wirklich passieren, wenn sie sozial abgesichert sind bzw. wenn die
Angst davor reduziert wird, Fehler zu machen. Man könnte diesen Mechanismus „soziale Abstimmung von Neuerungen" nennen. Dieser Mechanismus der Abstimmung könnte, theoretisch angenommen, davon abhängen,
ob Lehrerinnen und Lehrer kooperationsbereit und -kompetent sind und
ob sie genügend Ressourcen an Zeit zur Verfügung gestellt bekommen.
Nur wer wirklich kooperativ ist, kann den so wichtigen Prozess der sozialen
Abstimmung von Neuerungen in Angriff nehmen und aufrechterhalten,
vor allem dann, wenn auch Extra-Zeit dafür reserviert ist.

b) Individualisierung des Lernens im Unterricht: Auf Ebene 2 (Unterricht) könnte man annehmen, dass es nur dann gelingt, Unterrichtsinnovationen, die in der Weiterbildung erfahren wurden, zu realisieren, wenn
Lehrerinnen und Lehrer es schaffen, eine „Individualisierung des Lernens"
zu erreichen. Das bedeutet, dass sie es schaffen, Lehrziele, -inhalte und
-methoden an die besonderen Bedürfnisse aller Schülerinnen und Schüler
anzupassen. Damit diese Individualisierung geschafft werden kann, müssen
Fertigkeiten im Unterrichtsmanagement (z. B. Arbeitsaufgaben für unterschiedlich fortgeschrittene Schülerinnen und Schüler erstellen und einsetzen können) vorhanden sein. Allerdings muss auch angenommen werden,
dass die Individualisierung des Lernens abhängig von der Heterogenität,
d. h. Verschiedenartigkeit, der Schülerinnen und Schüler ist. Konkreter
könnte man postulieren, dass bei einem mittleren Grad an Heterogenität
Unterrichtsinnovationen besonders notwendig sind, damit unterschiedliche Lernbedürfnisse erfüllt werden können. Bei einem geringen Grad an
Heterogenität können Unterrichtsmethoden weniger variiert werden, um
zu guten Lernergebnissen zu kommen. Ist der Grad an Heterogenität sehr

hoch, stellt sich die Frage, ob nicht mit außerunterrichtlichen Maßnahmen (z. B. Förderkursen) individualisiertes Lernen erreicht bzw. unterstützt wird.

c) Individuelles Motivationsmanagement: Auf Ebene 3 (Individuum) könnte man annehmen, dass Innovationen der Weiterbildung dann eher im eigenen Berufsalltag eingesetzt werden, wenn es gelingt, dass sich Lehrerinnen und Lehrer selbst ausdauernd motivieren können. Zu diesem Zweck müssten sie erkennen, dass die Qualität des Unterrichts auch davon abhängt, ob sie sich noch für neue Aufgaben langfristig motivieren können, was man über Persönlichkeitstrainings aktivieren könnte. Darüber hinaus muss angenommen werden, dass auch Veränderungen in der Umwelt notwendig sind, um motivationale Effekte zu erzielen. Denkbar dabei ist, dass Teile individuellen Einkommens oder anderer Begünstigungen an die tatsächliche und wirksame Umsetzung von Unterrichtsinnovationen zu koppeln sind. Da mit dem Einkommen vielfältige andere Ziele, Annehmlichkeiten, Erfahrungen etc. im Leben verknüpft sind, könnte die Veränderung des Einkommens wirksam das individuelle Motivationsmanagement beeinflussen. Wichtig dabei ist, dass Belohnung nicht nur an Ziele gekoppelt wird, die von außen vorgegeben werden, weil es sonst „Korrumpierungseffekte" (vgl. z. B. Kuhl, 2001) geben kann. Diese verhindern eine an der Sache und an persönlichen Zielen orientierte Weiterentwicklung. Ziele müssen also auch mit eigenen Ansprüchen, Innovationen, Ideen etc. verbunden werden.

Theoretische Annahmen. Eine Theorie zum „Problem des mangelnden Transfers von Weiterbildung in den unterrichtlichen Alltag" könnte jetzt folgende Aussagen beinhalten:

a) Das Problem des mangelnden Transfers kann dadurch verringert werden, dass eine soziale Abstimmung zwischen den Lehrerinnen und Lehrern in der Schule erfolgt. Damit diese Abstimmung wirksam ist, sind Kooperationsbereitschaft und -kompetenzen zu beeinflussen, außerdem müssen zeitliche Ressourcen für Unterrichtsinnovationen bereitgestellt werden.

b) Das Problem des mangelnden Transfers kann dadurch verringert werden, dass im Unterricht eine Individualisierung des Lernens erzielt wird. Der Erfolg dieser Maßnahme sollte optimal sein, wenn Lehrerinnen und

Lehrer über Kompetenzen im Unterrichtsmanagement verfügen und der Grad der Heterogenität der Schülerinnen und Schüler ein mittlerer ist.

c) Das Problem des mangelnden Transfers kann dadurch verringert werden, dass Lehrerinnen und Lehrer ein erfolgreiches individuelles Motivationsmanagement betreiben. Vom Motivationsmanagement wird angenommen, dass es von individuellen Kompetenzen zur Selbstmotivation bzw. -kontrolle abhängig ist und über Anreize gesteuert werden kann.

Kern von sozialwissenschaftlichen Theorien mit Person- und Umweltmerkmalen ist, dass zur Beschreibung und Erklärung eines Phänomens bestimmte Faktoren genannt und aufgelistet werden. Damit diese Auflistungen nicht beliebig sind, wird versucht, Mechanismen anzuführen, die aufzeigen, wie die ausgewählten Faktoren auf das Phänomen einwirken. Faktoren und Mechanismen werden dann in theoretischen Aussagen zusammengefasst.

Von der komplexen Interaktion von Person- und Umweltfaktoren. Erklärt man Phänomene mit vielen Umwelt- und Personfaktoren, dann muss beachtet werden, dass sich diese Faktoren auf vielfältige Weise gegenseitig beeinflussen können. Effekte eines Faktors können durch einen anderen Faktor verstärkt oder abgeschwächt werden. Über solche komplexen Interaktionen können schließlich auch Auswirkungen auftreten, an die man im Rahmen einer Theorieentwicklung noch nicht gedacht hat. Überraschende und teilweise auch nicht gewünschte Nebenwirkungen wären dann der Fall. Werden sehr komplexe theoretische Annahmen formuliert, dann kann es hilfreich sein, wenn diese Annahmen formalisiert, d. h. in mathematischen Formeln ausgedrückt werden (vgl. Abschnitt 5.6). Solche formalisierten Theorien erlauben es eher, Widersprüche oder nicht in Erwägung gezogene Auswirkungen zu bestimmen. Werden solche komplexen Theorien empirisch geprüft, dann sind auch vielfältige Überlegungen zu fortgeschrittenen Methoden der Datenerhebung, der Untersuchungsplanung und der Datenauswertung anzustellen.

Theoretisch weit fortgeschrittene Modelle können die auf unterschiedlichen Ebenen gegebenen Einflussfaktoren und Mechanismen systematisch miteinander verbinden. Dabei bilden Prozesse auf einer Ebene die Basis für das Auftreten von Phänomenen auf einer anderen Ebene. Darüber hinaus bestehen nicht nur zwischen den Faktoren auf einer Ebene, sondern auch zwischen den Ebenen Wechselwirkungen. Auch gibt es Einflussfaktoren, die viele Prozesse innerhalb und zwischen Ebenen fördern oder hemmen. Ein Beispiel für eine solche weit fortgeschrittene Theorie liefert z. B. Kuhl (2001, S. 697): Dort findet sich eine Darstellung der Interaktion sämtlicher Systemebenen seiner PSI-Theorie.

4.2 Prozesstheorien

„Prozesstheorien" können als Theorien über „Prozesse" angesehen werden. „Prozesse" sind Phänomene, die sich in der Zeit verändern. Theorien beschreiben solche Entwicklungen, aber mehr noch, sie versuchen, diese zu klären und nutzen dabei verschiedene Konzepte der Veränderung.

Grundannahmen zu Veränderungen. Theorien, die Prozesse betreffen, gehen von unterschiedlichen Annahmen darüber aus, wie sich Veränderungen gestalten bzw. zeigen. Petermann (1999, S. 574 ff) beschreibt solche Annahmen, die mit Annahmen von Lipsey (1990, S. 146 ff) kombiniert werden können und typische Prozessmerkmale bzw. Veränderungsmuster ergeben können (vgl. Abbildung 5).

Solche (hier beispielhaft ausgewählten) Prozessmerkmale sind Ausgangspunkte für die oder Ergebnisse der Formulierung von Prozesstheorien. Wenn sich ein Prozess als „invariat" zeigt, dann weist er keine Veränderungen auf (z. B. können bestimmte Tiere und Pflanzen in Wüsten nicht wachsen, Wachstumsraten wären deshalb bei Null anzusetzen). In einem „Trend" zeigen sich mehr oder minder klare Veränderungen von Merkmalen über die Zeit (z. B. wird angenommen, dass der Treibhaus-Effekt zu einer konstanten Erhöhung der Erdtemperatur führt). Veränderungen können überdies „regelmäßig" (in gleichen Abständen oder Mustern auftretend) oder „nicht regelmäßig" sein (z. B. stellen Herzrhythmusstörungen nicht regelmäßige Veränderungen des Herz-Kreislauf-Prozesses dar).

Prozesse können mit anderen Prozessen „übereinstimmen" oder „nicht übereinstimmen" (z. B. gibt es eine positive über lange Zeit gemessene Be-

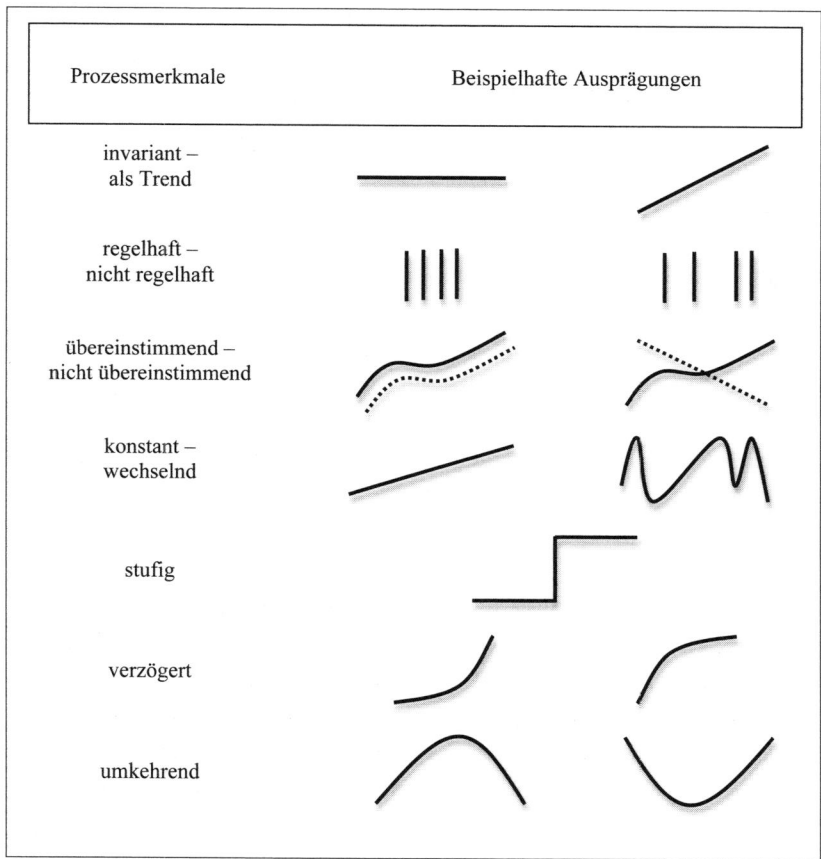

Prozessmerkmale	Beispielhafte Ausprägungen
invariant – als Trend	
regelhaft – nicht regelhaft	
übereinstimmend – nicht übereinstimmend	
konstant – wechselnd	
stufig	
verzögert	
umkehrend	

Abbildung 5: Typische Prozessmerkmale als Orientierung für eine Theorieentwicklung (in Anlehnung an: Petermann, 1999, S. 575, und Lipsey, 1990, S. 156, verändert und verkürzt)

ziehung zwischen dem Ausstoß von Schadstoffen und der Erderwärmung). Veränderungen in Prozessen können zudem „konstant" (in gleichen Abständen und/oder Wachstumsraten) oder „wechselnd" (mit sich verändernden Abständen und/oder Wachstumsraten) sein (z. B. treten bei ängstlichen Menschen Angststörungen in nicht regelmäßigen Abständen mit nicht regelmäßigen Stärken auf). Prozesse können sich demnach „stufig" (mit sofortigem Effekt), „verzögernd" (langsam an- oder absteigend) oder „umkeh-

rend" (zuerst ansteigend und dann absteigend oder umgekehrt) entwickeln
(z. B. entsteht eine „stufige" Entwicklung, wenn jemand etwas nicht gekonnt
hat, es aber erfolgreich gelernt hat; Lernen kann aber auch langsam erfolgen
mit geringen „verzögerten" Effekten auf die Beherrschung einer Kompetenz;
schließlich kann es auch sein, dass man etwas gelernt hat und sich dieses
Lernen in einen Prozess „umkehrt", in dem wieder verlernt wird).

Hinter solchen Prozessen werden in Prozesstheorien unterschiedliche
Ursachen angenommen. Prozessmerkmale und Ursachen sind dann Gegenstand von Prozesstheorien.

Theoretische Ursachen von Entwicklungen. In den empirischen Sozialwissenschaften werden Entwicklungen mit unterschiedlichen Ursachen in
Verbindung gebracht, die allesamt aber nicht unumstritten sind und meist
in Kombination wirksam werden (vgl. Flammer, 2009, S. 18 ff, hier verkürzt und leicht verändert dargestellt):

- Abfolge von Zustandsbildern: Entwicklungen können als zeitliches
  Nacheinander von Phänomenen beschrieben werden (z. B. kann die
  Entwicklung eines Menschen mit den Zuständen „Säugling", „Vorschü-
  ler", „Schüler", „Jugendlicher" etc. markiert werden);
- Dynamik: Entwicklungen können als kurz- oder langfristige Verände-
  rungen von Phänomenen dargestellt werden (z. B. erwerben Schüler in
  der Schule Wissen, das sich ansammelt und dann zu Veränderungen in
  Kompetenzen und Verhaltensweisen führt);
- Reifung: Entwicklung kann auch als Ergebnis von organisch-biologi-
  schen Vorgängen aufgefasst werden (z. B. kann das biologische Altern
  von Organen die menschliche Leistungsfähigkeit verändern);
- Höherentwicklung: Entwicklung kann mit über- oder untergeordneten
  Zielen in Verbindung gebracht werden, womit festgestellt werden kann,
  ob es zu einer Annäherung an solche Ziele kommt oder nicht (z. B. kann
  es durch Optimierung von wissenschaftlichen Verfahren zu besseren
  sportlichen Leistungen kommen);
- Quantitative und qualitative Veränderungen: Entwicklungen können zu
  veränderten Mengen von einem Phänomen führen, allerdings kann sich
  auch die Art des Phänomens ändern (z. B. können sich Menschen mehr

Wissen über einen Sachverhalt aneignen, wird dieses Wissen aber anders strukturiert, kann das zu völlig neuen Einsichten führen);
– Universelles Prinzip: Entwicklungen können dahingehend unterschieden werden, ob sie möglichst viele Objekte (z. B. Menschen) betreffen, d. h. universell sind, oder nicht (z. B. kann angenommen werden, dass alle Menschen eine Sprache erwerben, wenn sie entsprechend gefördert werden); und
– Sozialisation: Entwicklungen sind eingebettet in größere Kontexte (Gesellschaften, Kulturen, historische Epochen etc.) (z. B. müssen Veränderungen im Medienverhalten von Jugendlichen im Kontext der jeweiligen Jugendkulturen und den technischen Entwicklungen gesehen werden).

Beispiele für Prozesstheorien. Prozesstheorien sind überall dort relevant, wo Veränderungen in der Zeit beschrieben werden, was in vielen Bereichen der Fall ist, so z. B. in der Wirtschaft bei der Beschreibung von Entwicklungen der Wirtschaftskraft oder von Produktionsdaten; auch in der Wetter- und Klimaforschung, wenn es z. B. um langfristige Veränderungen von Temperaturen geht; oder in der Entwicklungspsychologie, wenn Lebensläufe von Menschen erfasst werden.

4.3 Systemtheorien

Viele menschliche Phänomene können als Systeme beschrieben werden: Informationsverarbeitungsprozesse, Prozesse in Gruppen oder Institutionen, gesellschaftliche Wirkungsmechanismen usw.

„Systemtheorien" wären Theorien über „Systeme". Sie können aber auch als „Modelle" über „Systeme" aufgefasst werden. Bossel (2004, S. 35 ff) definiert „Systeme" als „Objekte", die a) eine bestimmte Funktion erfüllen, b) Elemente mit Verknüpfungen (Beziehungen) enthalten und c) nicht teilbar sind bzw. deren Trennung zur Zerstörung des Systems führen würde. Darüber hinaus liegen folgende Merkmale von Systemen vor: Ein System existiert in einer bestimmten Systemumgebung („Umwelt"): Es wird von dieser Systemumgebung beeinflusst, beeinflusst aber auch selbst

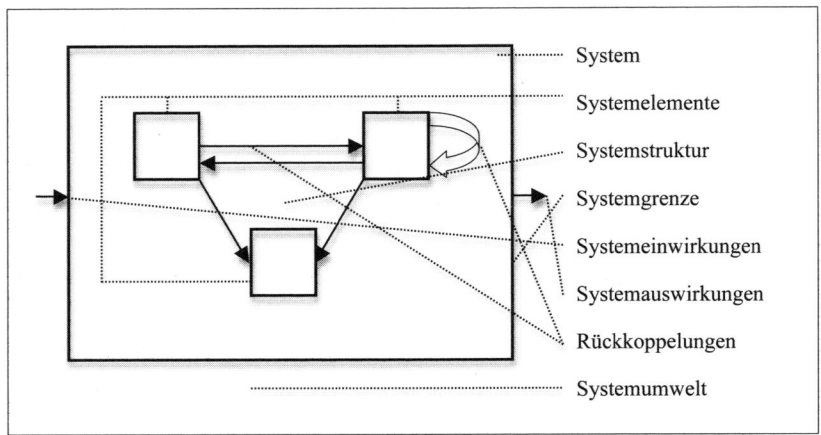

System
Systemelemente
Systemstruktur
Systemgrenze
Systemeinwirkungen
Systemauswirkungen
Rückkoppelungen
Systemumwelt

Abbildung 6: Bestandteile von Systemen (nach Bossel, 2004, S. 36)

die Systemumgebung. Die Elemente eines Systems sind durch eine charakteristische Systemstruktur miteinander verbunden. Systemgrenzen trennen ein System von der Systemumgebung. Ein System oder ein Element eines Systems hat zu einem bestimmten Zeitpunkt einen bestimmten Zustand („Zustandsgröße"), der gespeichert werden kann. Übt das System bzw. üben Systemelemente einen Einfluss auf diese Zustandsgrößen aus, spricht man von „Rückkoppelungen" (vgl. Abbildung 6).

„Modelle" sind vereinfachte Abbildungen über relevante Realitätsausschnitte („Original") (vgl. ebd., S. 51). Allerdings muss man hier anmerken, dass Modelle nicht direkt einen Realitätsausschnitt abbilden, sondern wohl eher Theorien darüber: Modelle sind dann vereinfachte Abbildungen einer Theorie über relevante Realitätsausschnitte.

Modelle sollten bestimmten Kriterien genügen, die mit „Modellgültigkeit" einhergehen (vgl. ebd., S. 61):

– Verhaltensgültigkeit: Das Modell sollte – unter gleichen Bedingungen – das gleiche Verhalten zeigen wie das Original;
– Strukturgültigkeit: Das Modell sollte dem Original, was Elemente und Zustandsgrößen betrifft, möglichst ähnlich sein;

- empirische Gültigkeit: Modelle sollten zu ähnlichen Ergebnissen eines Systemlaufs kommen wie das Original; und
- Anwendungsgültigkeit: Das Modell soll den Anforderungen des Anwenders möglichst gut Rechnung tragen.

Beispiele für Systemtheorien auf unterschiedlichen Ebenen

Gesellschaftliche Ebene. Menschen sind in komplexe Systeme eingebunden, die sich auf unterschiedlichen Ebenen zeigen bzw. wirksam werden (vgl. den oberen Teil von Abbildung 7). Betrachtet man das menschliche Individuum in der Gesellschaft, dann fallen unterschiedliche Subsysteme auf, in die der Mensch eingebunden ist (vgl. z. B. die sozialpsychologischen Theorien zur Gesellschaft von Fromm, 1980). Solche Subsysteme sind z. B. das Rechtssystem, das politische System, das wirtschaftliche System, das Sozialsystem, das kulturelle System und das Bildungssystem. Subsysteme erfüllen bestimmte gesellschaftlich relevante Funktionen, so z. B. die Ausbildung von Mitgliedern der Gesellschaft (im Bildungssystem) oder die Behandlung von kranken Menschen (im Sozialsystem). Subsysteme arbeiten mit einem bestimmten Input (an Zielen, Personal, finanziellen Ressourcen etc.) und produzieren einen bestimmten Output (z. B. Schulabschlüsse, Heilungen von Krankheiten etc.). Innerhalb von Subsystemen gelten bestimmte (bekannte oder unbekannte) Regeln (z. B. Gesetze, Vereinsstatuten), die die Zusammenarbeit und die Verfahren der Produktherstellung vorgeben. Zwischen Subsystemen gibt es auch Verbindungen bzw. einen Austausch von Produkten: Zum Beispiel können besondere Ziele und Notwendigkeiten des wirtschaftlichen Subsystems dazu führen, dass das Bildungssystem darauf mit der „Produktion" von bestimmten Lehrgängen beginnt, um den Bedarf des wirtschaftlichen Systems decken zu können.

Subsysteme manifestieren sich in Einrichtungen (z. B. Gerichten, Schulen, Vereinen etc.). Diese Einrichtungen stellen die Schnittstellen zu einzelnen Menschen dar. In diesen Einrichtungen werden Bedürfnisse von Menschen behandelt und etwaige damit verbundene Probleme zu lösen versucht (z. B. werden gesundheitliche Probleme diagnostiziert und therapiert). Auch üben diese Institutionen konkrete Auswirkungen auf Menschen aus (z. B. herrscht in vielen Gesellschaften der verpflichtende Besuch einer Schule vor, was massive Effekte auf die Freizeitgestaltung von Kindern und Eltern hat).

Individuelle Ebene. Eine solche Systemtheorie der Gesellschaft könnte durch weitere sozialpsychologische Konzepte verdichtet bzw. in ihrer Wirkungsweise genauer beschrieben werden. Demnach könnte man z. B. theoretisch postulieren, dass Menschen sich nur dann ohne Schaden in so vielen komplexen Subsystemen aufhalten können, wenn sie gelernt haben, die Auswirkungen der unterschiedlichen Systeme in Gleichgewicht zu halten (vgl. „Balance-Theorien" in: z. B. Klauer, 2006). Ein Individuum kann demnach in „Balance" sein oder durch Auswirkungen von Subsystemen „nicht in Balance sein" (vgl. den unteren Teil von Abbildung 7). Gemäß solcher „Balance-Theorien" wird ein balancierter Zustand angenehmer erlebt als ein nicht balancierter. Balancierte Verhältnisse sind stabiler als nicht balancierte (vgl. ebd., S. 382).

In einer „Balance-Theorie" der Gesellschaft könnte man annehmen, dass es notwendig ist, Menschen so oft als möglich dabei zu helfen, in Balance zu bleiben. Ergibt sich z. B. ein nicht balancierter Zustand aufgrund negativer wirtschaftlicher Auswirkungen (Verlust des Arbeitsplatzes), dann sollten andere Subsysteme (z. B. Sozialsysteme über Schulungsmaßnahmen) aktiviert werden, um das gewünschte Gleichgewicht wiederherzustellen. Etwas, das auf gesellschaftlicher Ebene beschreibbar ist, lässt sich auch auf individueller Ebene darstellen. Menschen müssen „soziale Unterstützung", „soziale Kompetenz", „Koalitionsbildungen", „soziale Austausche" etc. erfahren bzw. umsetzen, um wieder ins Gleichgewicht zu kommen (vgl. Bierhoff & Frey, 2006). Damit Menschen entsprechendes Verhalten zeigen können, bedarf es einer wirksamen Handlungssteuerung. In Hinsicht auf das Erleben (Wahrnehmen, Fühlen, Denken etc.) und das Handeln (Entscheiden, Problemlösen etc.), lässt sich eine solche Handlungssteuerung als System auffassen, das einer bestimmten Architektur genügt.

Psychische Ebene. Kuhl (2001) beschreibt „Architekturen der Psyche" und geht davon aus, dass die menschliche Psyche aus Subsystemen (z. B. Gewohnheitsbildung, Temperament, Anreizmotivation, Kognition, Basisbedürfnisse oder Selbststeuerung) mit Verbindungen zu anderen Subsystemen besteht. Bestimmte Mechanismen (z. B. Motivation) verschalten bestimmte psychi-

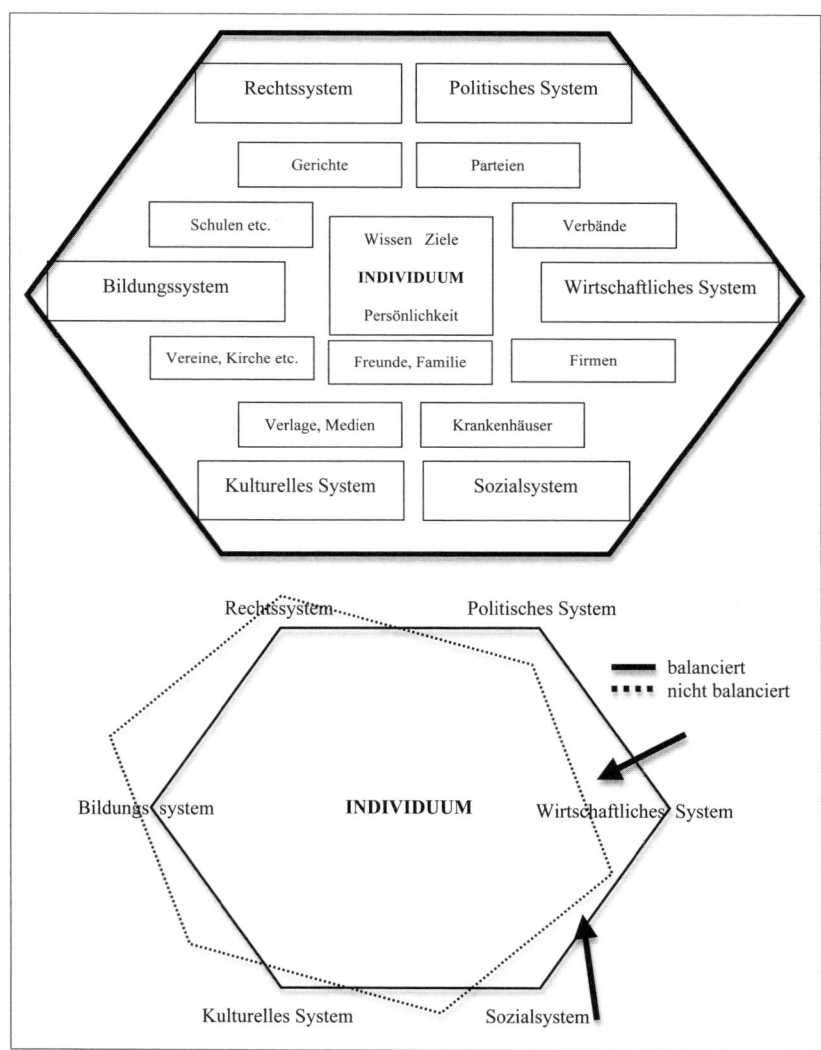

Abbildung 7: Systemische Elemente in der Gesellschaft und das „Balance"-Prinzip

sche Basisfunktionen oder steuern Verhalten oder andere Subsysteme. In seiner Theorie der „willentlichen Handlungssteuerung" sieht Kuhl (2001, S. 165) ein „intuitives Verhaltenssteuerungssystem", ein „Intentionsgedächtnis", ein „Extensionsgedächtnis" und eine „Objekterkennung" als zentrale Bestandteile. Diese Elemente arbeiten zusammen, um Verhalten zu steuern. Zu Veränderungen in diesen Systemen kommt es dann, wenn bestimmte Mechanismen wirksam werden. Diese betreffen z. B. „Selbstberuhigung", „Selbstmotivierung", „Selbstverwirklichung" oder „Wissenshemmung" (vgl. ebd., S. 175). Ohne hier ins Detail gehen zu wollen, zeigt dieses Beispiel, dass die Situation des Menschen theoretisch in Systemen auf unterschiedlichen Ebenen prinzipiell beschrieben werden kann. Zu einer umfassenden „Systemtheorie" des Menschen reicht diese Möglichkeit allerdings noch nicht aus. Derzeit fehlen komplexe Theorien und z. B. darauf bezogene Computersimulationsmodelle, die es erlauben würden, Austauschprozesse zwischen den gesellschaftlichen, individuellen und psychischen Ebenen zu bestimmen.

Das Verhältnis von Theorien und Modellen

Theorien und Modelle. Es ist oft nicht ganz klar, worin sich „Modelle" und „Theorien" unterscheiden. In Abbildung 8 sind zwei Möglichkeiten angeführt, wie „Modelle" und „Theorien" in Beziehung stehen. Diese beiden Möglichkeiten sind in Anlehnung an Dörner (1999) und Knepel (1999) formuliert worden.

Dörner (1999, S. 330 ff) sieht eine „Systemtheorie" als Beschreibung eines „realen Systems", also nicht des „Modells". Dem Modell kommt eher die Funktion zu, Beziehungen zwischen Elementen eines Systems explizit, vollständig und widerspruchsfrei zu formulieren. In diesem Sinne wären „Modelle" mehr oder minder formalisierte bzw. mit Computerprogrammen simulierbare theoretische Aussagen über einen Realitätsausschnitt. Modelle beschleunigen sozusagen die Vermittlung von Theorie und Realität und damit die Entwicklung von Theorien (vgl. ebd., S. 335). Ein Modell formalisiert eine Theorie und versucht, die Realität abzubilden. Eine Theorie definiert dabei ein Modell.

Knepel (1999, S. 625 ff) gebraucht den Begriff des „Modells" in einem anderen Sinne. Er geht davon aus, dass theoretische Begriffe schrittweise

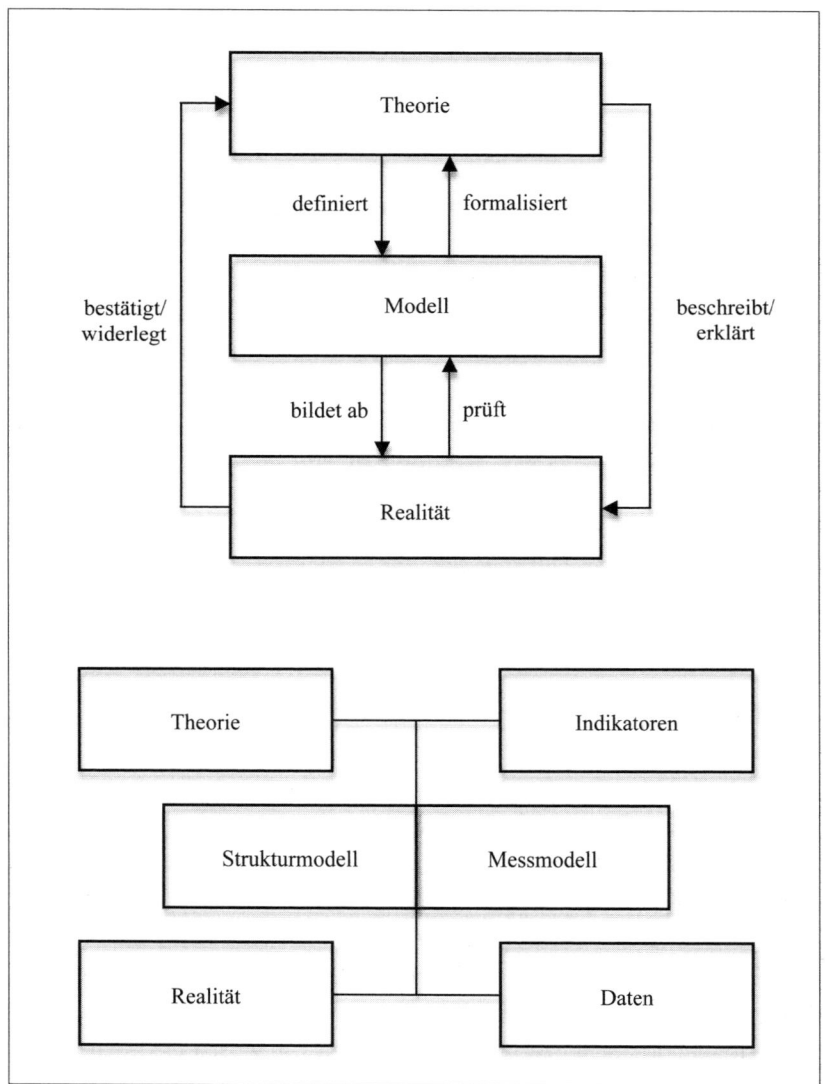

Abbildung 8: Verschiedene Beziehungen zwischen „Theorien" und „Modellen" (in Anlehnung an: Dörner, 1999, und Knepel, 1999)

in beobachtbare Größen, d.s. „Indikatoren", übergeführt werden, was man üblicherweise als „Operationalisierung" bezeichnet. Wie diese Zuschreibung von Messungen zu theoretischen Begriffen erfolgt, wird mit „Messmodellen" beschrieben. „Messmodelle" beschreiben, mit welchen statistischen oder mathematischen Kennwerten bestimmte Indikatoren gemessen bzw. ausgedrückt werden. Auch wird der Modell-Begriff dafür verwendet, um mathematische oder statistische Verfahren zu beschreiben, die die erfassten Kennwerte verrechnen bzw. miteinander in Beziehung setzen (z. B. „Regressionsmodell"). Für Indikatoren werden Daten (über Erhebungen) gesammelt. Diese Daten werden mit statistischen Verfahren ausgewertet. Aus den Ergebnissen werden dann Rückschlüsse auf die Qualität des Messmodells, aber auch auf das Zutreffen der (hypothetischen) Beziehungen in der Theorie gemacht. In der Terminologie von bestimmten statistischen Verfahren (z. B. linearen Strukturgleichungsmodellen) wird dann zwischen „Messmodell", das die Qualität der durchgeführten Messungen beschreibt, und dem „Strukturmodell" unterschieden, das die theoretischen Beziehungen beschreibt.

4.4 Meta-Theorien

Der Begriff der „Meta-Theorien" ist schwer zu fassen. Zunächst einmal können solche Theorien als Theorien über Theorien aufgefasst werden. Auch kann man „Meta-Theorien" als Theorien ansehen, die auf üblichen sozialwissenschaftlichen Theorien übergeordneter Ebene („Meta-Ebene") angesiedelt sind. Meta-Theorien entstehen durch eine Erhöhung des Abstraktionsgrades oder wenn es darum geht, anhand von übergeordneten theoretischen Begriffen andere Theorien zu klassifizieren. Meta-Theorien leisten Beschreibungen bzw. Rekonstruktionen von wissenschaftlichen Teilbereichen oder ganzer wissenschaftlicher Disziplinen, ihrer Probleme, Ziele und Methoden (vgl. Gadanne, 1994b, S. 390). Aufgabe einer „Meta-Ethik" ist es z. B. nicht, ethische Aussagen zu formulieren, sondern Formen und Aufgaben von ethischen Aussagen zu prüfen (vgl. z. B. Kunzmann, Burkard & Wiedmann, 1995, S. 13). Auffallend ist auch, dass es schwerfällt, „Meta-

Theorien", die explizit als solche bezeichnet werden, zu finden. Eher finden sich meta-theoretische Bewertungen, historisch angelegte meta-theoretische Rekonstruktionen oder meta-theoretische Integrationsversuche.

Zum Beispiel beschreibt Flammer (2009, S. 341 ff) Theorien der Entwicklungspsychologie dahingehend, ob sich diese in den von ihnen angenommenen „Mikroprozessen" (diese schaffen neue Kompetenzen), Organisationsprozessen (diese ordnen Kompetenzen und weisen Aufgaben zu) oder Entwicklungsbedingungen (diese stellen Umstände dar, die für den Erfolg von Entwicklungsprozessen notwendig sind) unterscheiden. Aus den Ausführungen von Flammer (2009) könnte man jetzt ableiten, dass eine „Meta-Theorie" über Theorien der Entwicklungspsychologie aus den Bestandteilen Mikroprozesse, Organisationsprozesse und Entwicklungsbedingungen bestehen könnte. Eine solche Meta-Theorie enthält dann mehr oder minder allgemeine Merkmale, die in allen oder möglichst vielen vorhandenen Theorien vorkommen.

Als Beispiel für eine historische meta-theoretische Rekonstruktion eines Theoriebereiches könnte man die Arbeit von Heckhausen (2006, unter Mitarbeit von Kuhl) ansehen. Darin werden „willenspsychologische", „instinkttheoretische", „persönlichkeitstheoretische" und „assoziationstheoretische" Problemstränge von Motivationstheorien bzw. der Motivationsforschung unterschieden. Auch hier könnte man sagen, dass diese Unterscheidungen Bestandteile einer Meta-Theorie der Motivation darstellen. Eine solche Meta-Theorie ist wahrscheinlich dadurch zustande gekommen, dass Theorien mit Ähnlichkeiten zu Gruppen von Theorien zusammengefasst wurden. Diese Gruppen wurden dann mit einem Merkmal bezeichnet, das eine möglichst klare Unterscheidung zu anderen Gruppen möglich macht: Zum Beispiel haben alle Motivationstheorien, die sich mit „Willensprozessen", „Handlungskontrollen", „Intentionen", „Volition" etc. beschäftigen, gemeinsam, dass sie den menschlichen Willen als Ursache von Handlungen sehen, weshalb man sie als „willenspsychologische" Motivationstheorien klassifizieren kann.

Ob solche Bewertungen und Rekonstruktionen schon Elemente einer Meta-Theorie beinhalten, das müsste jetzt weiter geklärt werden. Auch kann eine Meta-Theorie etwas sein, das es möglich macht, unterschiedliche Phänomenbereiche, die von unterschiedlichen Theorien abgedeckt werden, in ein Schema einzuordnen. Zum Beispiel hat Rheinberg (2004, S. 24 zit. nach Vollmeyer, 2005, S. 14 ff) so etwas geleistet, und zwar in Form einer Frage- und-Antwort-Sequenz (z. B. „Hätte das Ergebnis sicher lohnende Folgen?"; wenn diese Frage mit nein beantwortet wird, dann liegt ein Anreizdefizit vor), die es möglich macht, unterschiedliche Motivationsformen und -probleme zu bestimmen. Die unterschiedlichen Motivationsformen (z. B. selbst- gesteuerte Zielaktivität) und Motivationsprobleme (z. B. Wirksamkeitsdefi- zit) erlauben dann die Einordnung von spezifischen Motivationstheorien.

4.5 Technologische Theorien

Eine weitere Form von Theorien stellen sogenannte „technologische Theo- rien" dar. Sie sind im Spannungsfeld zwischen wissenschaftlichen Theorien und praktischen Handlungen angesiedelt. Um diese Theorien näher zu be- stimmen, sind Überlegungen nach einem Konzept der „technologischen Aussagen nach Bunge" hilfreich (vgl. Patry & Perrez, 2000). Demnach ge- staltet sich der Kontext von „technologischen Theorien" folgendermaßen (vgl. ebd., S. 25 f):

a) Nomologische Theorien: stellen übliche gesetzesartige wissenschaft- liche Theorien dar, die in der Regel in Wenn-dann-Aussagen („Wenn A, dann B") formuliert werden.

b) Technologische Theorien: bestehen aus nomopragmatischen Aussa- gen nach der Struktur: „Wenn man A tut, dann B". Beide Formen von Theorien werden mit dem Kriterium der Wahrheit bewertet und können deshalb wahr oder falsch sein.

c) Technologische Regeln: Nomopragmatische Aussagen werden dann in technologische Regeln formuliert, die folgende Struktur haben: „Um B zu erreichen, tue A". Technologische Regeln müssen dem Kriterium der Effek- tivität (Wirksamkeit) und der Effizienz (Kosten-Nutzen-Relation) genügen.

d) Praktische Handlung: Damit technologische Regeln in der Realität angewandt werden können, müssen sie in konkret durchführbare Verhal- tensweisen (praktische Handlungen) umgesetzt werden.

Beispiel. Als Beispiel für eine technologische Theorie kann der „Lehralgorithmus" in Klauer und Leutner (2007) angesehen werden. Dieser besteht aus Maßnahmen zur Förderung des Lernens und darauf bezogenen Handlungen (vgl. ebd., S. 68, verkürzt und umformuliert dargestellt):

– Wenn der Lernende nicht motiviert ist, dann setze interessante Probleme/Tätigkeiten, motivierende Zielangaben, eine anregende Atmosphäre etc. ein.
– Wenn der Lernende nicht die notwendigen Informationen hat, dann nutze Aufmerksamkeitslenkungen, advance organizer, Aktivierungen notwendiger Vorkenntnisse etc.
– Wenn der Lernende nicht alles verstanden hat, dann rege elaborative und reduktive Prozesse über Herausarbeiten von Querverbindungen, Zerlegen in kleinere Strukturen, Zusammenfassungen zu größeren Einheiten etc. an.
– Wenn der Lernende die Informationen nicht aus dem Gedächtnis abrufen kann, dann nutze Einprägungsstrategien wie Vergleichen, Analogien bilden und andere Techniken zur Verbesserung der Abrufbarkeit wie z. B. Merkhilfen oder Mnemotechniken etc.
– Wenn der Lernende die gelernte Information nicht anwenden kann, dann sorge für Vergleiche mit ähnlichen Sachverhalten etc.

Technologische Theorien sind im Bereich der Angewandten Forschung zu finden bzw. dort, wo eine Schnittstelle zwischen Theorie und Praxis bzw. Wissenschaft und Anwendung gegeben ist. Auch ist manchen Repräsentanten von Wissenschaft und Praxis nicht immer klar, dass sie technologische Theorien formuliert haben. Außerdem ist es häufig schwierig, die Verbindung von nomologischen Theorien zur praktischen Handlung nachzuvollziehen.

Technologische Theorien erfordern, dass bei der Theorienformulierung ein relevanter Anwendungskontext mitgedacht wird: Zum Beispiel können Lerntheorien und empirische Ergebnisse der Lernforschung dazu verwendet werden, um (technologische) Theorien zu bilden, die Auskunft darüber geben, wie gelernt und gelehrt werden soll. Es macht dann aber einen großen Unterschied, ob eine Lerntheorie dafür verwendet wird, um das Lernen von Kindern (in der Schule) oder das Lernen von Erwachsenen (in der Weiterbildung) zu gestalten. Außerdem stellt z. B. eine Lerntheorie nur eine Grundlage dafür dar, um das Lernen in einem Unterrichtskontext beschreiben und erklären zu können. Damit eine Grundlagentheorie wie die Lerntheorie in einem Unterrichtskontext wirksam werden kann, muss sie zu einer Lehr-Lern-Theorie gemacht werden. Eine solche Theorie berücksichtigt den Anwendungskontext der Lerntheorie, nämlich den Kontext des Lehrens und Unterrichtens.

Zur Unterscheidung von Theorien

In den vorangegangenen Abschnitten von Kapitel 4 wurden unterschiedliche Typen von Theorien unterschieden. Dazu ist zu sagen, dass in der wissenschaftlichen Literatur oft Angaben darüber fehlen, um welchen Typus von Theorie es sich bei einer bestimmten Theorie genau handelt. Auch ist nicht immer klar, ob eine Theorie einem Typus oder mehreren Typen zuzuordnen ist.

4.6 Mischtheorien

Mischtheorien betreffen gleichzeitig mehrere Typen von Theorien. Sie enthalten sowohl einen Theorietyp (z. B. eine Systemtheorie) als auch einen oder mehrere andere Theorietypen (z. B. eine Prozesstheorie).

Versuch der Formulierung einer Mischtheorie. Flammer (2009, S. 249) zeigt z. B. eine Kombination einer System- und einer Prozesstheorie. Demnach werden unterschiedliche Systeme, die ineinander verschachtelt sind, im Zeitablauf betrachtet (vgl. Abbildung 9). Genutzt werden könnte so eine Mischtheorie z. B. für die Beschreibung von Verhaltensweisen von Jugendlichen im Alter von z. B. 14 bis 18 Jahren, die diese im Internet zeigen. Nach einer solchen (fiktiven) Theorie könnte man davon ausgehen, dass Jugendliche, die sich im Internet aufhalten, Teil einer Internet-Subkultur (Makrosystem) sind. In einer solchen Subkultur herrschen ganz bestimmte Regeln und Werte vor, die die Mitglieder der Subkultur weitgehend teilen bzw.

auch gemeinsam erarbeiten. In dieses Makrosystem greifen auch andere Systeme ein, auf die die Mitglieder des Makrosystems keinen oder nur einen geringen Einfluss haben (Exosystem). Zum Beispiel kann angenommen werden, dass Entwicklungen auf dem Gebiet des Internet-Rechts für Mitglieder von Internet-Subkulturen einen rechtsverbindlichen Verhaltenskodex darstellen. Solche Rechtsvorschriften können z. B. Nutzungsbedingungen von persönlichen Informationen betreffen oder aber auch bestimmte Verhaltensweisen (z. B. Verbreiten von rechtsradikalen Parolen) verbieten. In einer Internet-Subkultur bestehen bestimmte Räume (Chatrooms, Foren etc.), in denen sich die Jugendlichen austauschen können (Mesosystem). Dabei werden Kontakte zu anderen Mitgliedern aufgenommen, die durch technische oder soziale Vorgaben geregelt sind. Solche Konträume bilden einen Rahmen für individuelle Verhaltensweisen von Jugendlichen (Mikrosystem). Diese Verhaltensweisen betreffen bestimmte Tätigkeiten, die von den Jugendlichen durchgeführt werden (z. B. die Zeitdauer, die in solchen Foren verbracht wird) oder z. B. auch die Art und Häufigkeit von freundschaftlichen Beziehungen, die in solchen Kontakträumen eingegangen werden. Schließlich können Verhaltensweisen im Sinne von Rollen beschrieben werden, die Jugendliche einnehmen. Eine solche Rolle kann vom Anfänger bis zum professionellen Nutzer reichen und z. B. auch Management-Aufgaben zur Aufrechterhaltung von Kontakträumen beinhalten.

Im Rahmen einer Mischtheorie müsste jetzt beschrieben und erklärt werden, wie diese Systeme aufeinander einwirken können. Zum Beispiel könnte es sein, dass bei einem Rechtsverstoß Jugendliche aus einem Forum ausgeschlossen werden. Es könnte aber auch sein, dass Jugend-Subkulturen tolerant sind, wenn Verstöße auftreten.

Außerdem müsste die hier präsentierte Mischtheorie auch den zweiten zentralen theoretischen Aspekt, nämlich die Prozessdimension, berücksichtigen. Das würde z. B. bedeuten, dass Veränderungen in den Teilsystemen der Jugend-Subkultur mit bestimmten Variablen beschrieben werden können. Zum Beispiel könnte das bedeuten, dass sich Internet-Subkulturen über einen längeren Zeitraum aufgrund technischer Einflüsse bedeutsam ändern können. Durch internet-basierte Smartphones (Mobiltelefone) ist es z. B. möglich, fast jederzeit und allerorts mit einem Internet-Forum in

Verbindung zu bleiben. Von dieser permanenten Verfügbarkeit kann angenommen werden, dass sie positive, aber auch negative Auswirkungen auf Mitglieder in Internet-Foren haben kann. Positive Auswirkungen könnten darin bestehen, dass die Intensität von Beziehungen durch kurzfristige Rückmeldezyklen erhöht werden kann. Negative Auswirkungen könnten in ein Suchtverhalten münden, ständig und überall die Kommunikation im Internet-Forum verfolgen zu müssen.

Die Berücksichtigung einer zeitlichen Dimension könnte auch bedeuten, dass eine Theorie Aussagen darüber trifft, wie sich das Verhalten in solchen Internet-Foren ändert, wenn sich das Alter der Mitglieder verändert. Hier könnte man z. B. annehmen, dass für 14- bis 15-jährige Jugendliche andere Themen wichtig sind als für 17- bis 18-jährige. Jüngere könnten eher an schulischen Themen interessiert sein, ältere eher an Themen, die mit Beziehungsbildung (z. B. Liebesbeziehungen) zusammenhängen. Internet-Foren bieten viele Möglichkeiten des Experimentierens mit unterschiedlichen Verhaltensweisen, was zur geschlechterspezifischen, sozialemotionalen etc. Persönlichkeitsentwicklung beiträgt. Neben Themen bzw. Interessen könnte sich mit dem Alter auch der Grad an Involviertheit in einer Internet-Subkultur ändern. Auch hier gäbe es mehrere (mehr oder minder theoretisch fundierte) Optionen: Je älter Jugendliche werden, desto stärker entwickeln sie eine eigene Identität mit eigenen Lebensstilen, die dazu führen könnte, dass Werte und Regeln einer Jugend-Subkultur weniger wichtig werden. Auch denkbar ist aber, dass mit zunehmendem Alter eine gewisse „Abhängigkeit" wie bei einem Suchtverhalten erreicht wird, sodass mit zunehmendem Alter eine immer stärkere Involvierung in die Jugend-Subkultur zu beobachten wäre.

Betrachtet man also die Zeit als zweite theoretische Dimension, so muss beachtet werden, dass prozessuale Einflüsse in allen Subsystemen wirksam werden. Dabei kann eine gegenseitige Beeinflussung der Subsysteme angenommen werden (z. B. der Einfluss eines technischen Exosystems), aber auch eigenständige zeitliche Entwicklungen innerhalb eines Subsystems (z. B. der Einfluss des Alters im Mikrosystem der Jugendlichen).

Mischtheorien erlauben es, einerseits menschliches Verhalten vielschichtig beschreiben und erklären zu können. Andererseits ist es schwierig,

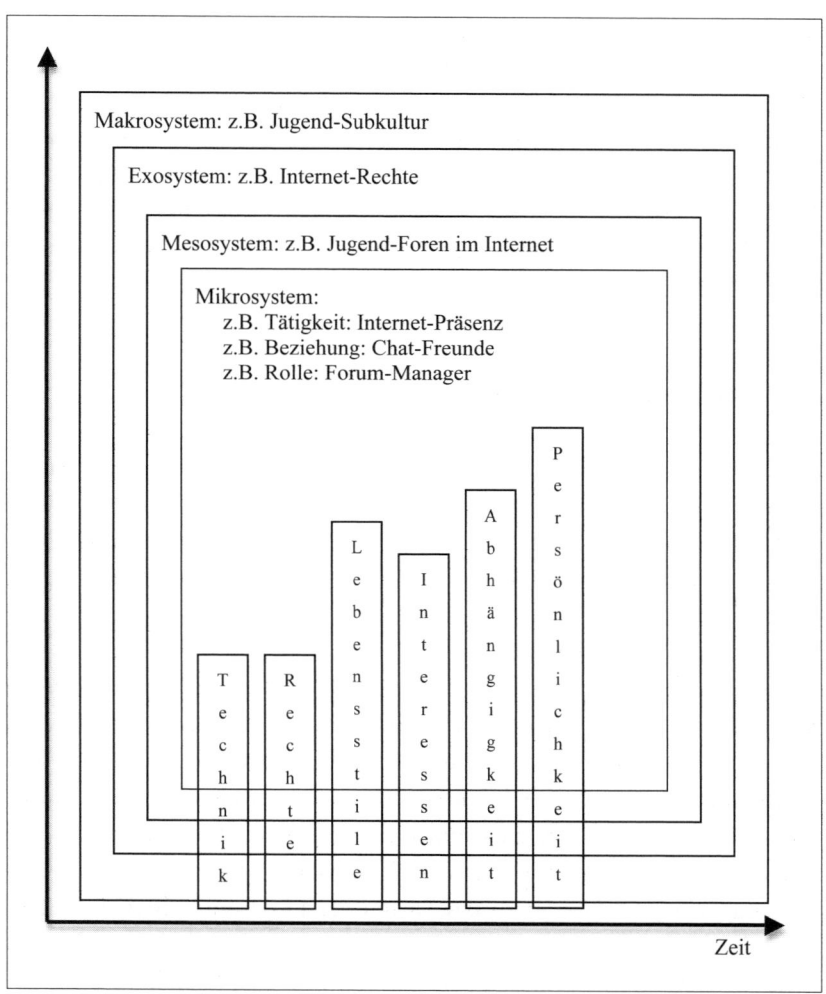

Abbildung 9: Systeme in Prozessen (in Anlehnung an: Flammer, 2009, S. 249, verändert): Versuch einer Theorie zur Jugend-Subkultur im Internet

solche komplexen Theorien erfolgreich überprüfen zu können, weil sie enorme Anforderungen an Datenerhebung und -auswertung stellen. Allerdings haben Theorien auch eine integrierende und explorative Funktion. Gerade Mischtheorien könnten diese besonderen Aufgaben von Theorien gut erfüllen, weil sie mehrere oder viele Perspektiven aufwerfen. Solche Perspektiven erlauben die Zusammenführung von unterschiedlichen Theorien, bieten aber auch Anregungen zur Erweiterung oder auch Neuformulierung von Theorien.

4.7 Andere Typen von Theorien

Auch gibt es Theorien, die nicht auf spezifische Phänomene der Realität bezogen sind, sondern eher Phänomene der Wissenschaft im engeren Sinne betreffen. Eine Auswahl solcher Typen von Theorien soll in diesem Abschnitt kurz dargestellt werden.

Wissenschaftstheorien

„Wissenschaftstheorien" („Kritischer Rationalismus", „strukturalistische Wissenschaftstheorie", „Kritische Theorie" etc.) enthalten Annahmen darüber, wie Wissenschaft gemacht bzw. betrieben wird. Sie „ist jene Wissenschaftsdisziplin, welche die Funktionsweise wissenschaftlicher Erkenntnis untersucht, ihre Zielsetzungen und ihre Methoden, ihre Leistungen und ihre Grenzen" (Schurz, 2008, S. 11). Wissenschaftstheorie wird fachübergreifend meist von Vertretern des Faches der Philosophie betrieben. Darüber hinaus wird Wissenschaftstheorie auch in den wissenschaftlichen Fächern (z. B. Sozialwissenschaften, Physik, Biologie, Soziologie etc.) unternommen.

Erkenntnistheorien

„Erkenntnistheorien" („anarchische Erkenntnistheorie", „evolutionäre Erkenntnistheorie", „neopragmatische Erkenntnistheorie" etc.) betreffen wichtige Teilgebiete einer Wissenschaftstheorie. Sie stellen Annahmen darüber dar, was und wie wir erkennen können. Sie stellen Fragen danach, was Erkenntnis ist, was Gegenstand einer Erkenntnis sein kann, wer erkennen kann oder unter welchen Bedingungen Erkenntnis überhaupt möglich ist (vgl. z. B. Röd, 1992, S. 52).

Testtheorien

„Testtheorien" („klassische Testtheorie", „Generalisierbarkeitstheorie", „stochastische Testtheorie" etc.) spielen bei empirischen Forschungsmethoden und da bei Datenerhebungsverfahren, eine zentrale Rolle. Sie liefern den theoretischen Hintergrund zur Konstruktion und Interpretation von Testverfahren. Eine zentrale Annahme bestimmter Testtheorien – z. B. der klassischen Testtheorie – ist, dass ein sich ergebender Testwert sich aus einem in der Realität wahren gegebenen Messwert und einem Messfehler zusammensetzt (vgl. z. B. Moosbrugger, 2007, S. 100).

Validitätstheorien

„Validitätstheorien" spielen bei der Gestaltung von Testverfahren (z. B. „Konstruktvalidität", „Kriteriumsvalidität", „Inhaltsvalidität" etc.) und von Untersuchungsplänen (z. B. „interne" und „externe Validität") eine wichtige Rolle. Sie betreffen Fragen, welche Interpretationen und Handlungen auf der Basis von Testergebnissen und gegebenen Untersuchungsbedingungen angemessen sind (vgl. z. B. Borsboom, Mellenbergh & van Heerden, 2004).

Die Aufzählung von Typen von Theorien ist damit nicht erschöpfend geleistet. In Forschungsrichtungen außerhalb der empirischen Sozialforschung existieren andere Konzepte und damit andere Typen von Theorien (vgl. z. B. Meidl, 2009). Speziell in einzelnen Fachgebieten werden darüber hinaus noch weitere Theorietypen unterschieden, die an bestimmte fachliche Gegebenheiten oder Entwicklungen orientiert sind (vgl. z. B. das Konzept der „pädagogisch-psychologischen Handlungstheorie" von Alisch, 1996).

5 Verfahren und Kriterien der Theorieentwicklung

Nachdem nun Grundlagen für die Entwicklung von Theorien dargestellt wurden, ist es Aufgabe dieses Kapitels, sich mit Verfahren und Kriterien einer Theorieentwicklung zu beschäftigen. Vorab soll festgehalten werden, dass in diesem Buch nicht angestrebt wird, eine bestimmte Form der Theorieentwicklung zu propagieren. Auch wird nicht der Versuch gestartet, vorhandene Verfahren der Theorieentwicklung zu integrieren oder genau festzulegen, welches Verfahren bei welcher Fragestellung und bei welchen Typen von Theorien anzuwenden ist.

Phasenbezogene Theorieentwicklung in wissensbasierten offenen Lernsystemen

Solche Leistungen wären, wenn sie überhaupt erreichbar sind, zwar wünschenswert, allerdings könnte diese Aufgabe weiterführenden Arbeiten überlassen werden. Hier wird hingegen die Ansicht vertreten, dass die Bildung von Theorien viel Kreativität voraussetzt, was wiederum in einem „wissensbasierten offenen Lernsystem" gut gefördert werden kann.

Ein solches Lernsystem funktioniert dann gut, wenn genügend Wissen zu einem Phänomenbereich angesammelt wurde und wenn dieses Wissen mit Verfahren und Kriterien der Theorieentwicklung verarbeitet wird. Da weder Wissen noch Verfahren geschlossene Einheiten mit fest umrissenen Grenzen bilden, wird von einem „offenen" Lernsystem gesprochen. Ein „Lernsystem" liegt deshalb vor, weil sich eine zu entwickelnde Theorie – mehr oder minder – laufend ändert, wenn neues Wissen und neue Verfahren eingespeist werden.

„Offene Lernsysteme" zeichnen sich auch dadurch aus, dass Kriterien, die für die Entwicklung von Theorien angewandt werden, zu unterschiedlichen Zeitpunkten unterschiedlich streng gehandhabt werden. In frühen Phasen der Theorieentwicklung spielt die neue Idee eine entscheidende Rolle, weniger wichtig ist, ob diese neue Idee sofort bestimmten Kriterien genügt oder nicht. Erst in einer späteren Phase werden dann meist strengere Kriterien und diese konsequenter für die Bewertung einer neuen Idee herangezogen. In diesem Sinne würden Theorieentwicklungen in einer frühen Phase „geschützt" werden. Erst im Laufe der wissenschaftlichen Auseinandersetzung würden sie dann „angegriffen" bzw. mit Kriterien und Kritik konfrontiert werden (vgl. Tabelle 4).

Tabelle 4: Theorien in unterschiedlichen Entwicklungsphasen

Phase	Phase 1	Phase 2	Phase 3
Zustand	„Naive" Annahmen Alltagstheorien Einschätzungen	Sammlung von Arbeitshypothesen	Theorie in einer ersten Version
Grundlage	Subjektive Ansichten	Explorationen von wissenschaftlichem Wissen	Literaturbasierte und kriterienorientierte Entwicklung
Phase	Phase 4	Phase 5	Phase 6
Zustand	Wenig geprüfte Theorie	Stark geprüfte Theorie	Weiterentwicklungen einer Theorie
Grundlage	Beschreibende und Zusammenhänge klärende empirische Prüfungen	Kontrollierte Prüfungen von Ursache-Wirkungs-Beziehungen	Reformulierungen aufgrund empirischer und theoretischer Erkenntnisse

Tabelle 4 zeigt einen Versuch, unterschiedliche Phasen einer Theorieentwicklung zu unterscheiden. In einer ersten Phase liegen „naive", d. h. laienhafte Annahmen, Alltagstheorien oder bestenfalls Einschätzungen vor, die subjektive Ansichten widerspiegeln. In einer zweiten Phase wird versucht, wissenschaftliches Wissen (Bücher, Zeitschriftenartikel etc.) zu einem bestimmten Phänomen bzw. einer bestimmten Fragestellung zu suchen. Das Ergebnis dieser Suche bilden Sammlungen von Arbeitshypothesen, die die weitere Arbeit leiten. In einer dritten Phase entsteht aus diesen Arbeitshypothesen eine Theorie in ihrer ersten Version. Um von Arbeitshypothesen zu einer ersten Theorieversion zu kommen, werden literatur- und kriteriumsorientierte Verfahren der Theorieentwicklung eingesetzt. Liegt eine Theorie vor, kann sie in einer nächsten Phase empirisch geprüft werden. Dabei stehen Beschreibungen und Zusammenhänge der in den Theorien

erfassten Variablen im Vordergrund. Wird eine Theorie weiteren Prüfungen unterzogen, die vor allem am kontrollierten Prüfen von Ursache-
Wirkungs-Beziehungen ausgerichtet sind, dann führt das zu einer stark
geprüften Theorie. Aufgrund der Erfahrungen aus den empirischen Prüfungen und auch aufgrund weiterer theoretischer Entwicklungen können
schließlich Neuformulierungen der ursprünglichen Theorie unternommen
werden. Diese Theorie in einer neuen Version führt dann zu weiteren kri-
teriumsorientierten Entwicklungen und Prüfungen.

5.1 Wissenschaftliches Schließen und Argumentieren

Jemand, der sich in der wissenschaftlichen Welt bewegt, muss versuchen,
Schlüsse zu ziehen, die von anderen verstanden und akzeptiert werden können. Um dieses Ziel zu erreichen, werden vor allem „deduktives" und „induktives" Schließen eingesetzt (vgl. z. B. Schurz, 2008, S. 47 ff):

a) „Deduktives" Schließen betrifft den Schluss vom Allgemeinen auf das
Besondere und hat folgende beispielhafte Form:
    Alle Katzen sind Säugetiere.
    Dieses Tier ist eine Katze.

    Also ist dieses Tier ein Säugetier.
    Deduktive Schlüsse bilden den Gegenstand der Logik. Die Konklusion
(Folgerung unterhalb des Striches) ist immer wahr, wenn die Prämissen
(Aussagen oberhalb des Striches) wahr sind.

b) „Induktives" Schließen bezieht sich auf den Schluss vom Besonderen auf
das Allgemeine und hat folgende beispielhafte Form:
    Alle bisher beobachteten Katzen waren Säugetiere.

    Also sind wahrscheinlich alle Katzen Säugetiere.

Induktive Schlüsse sind unsicher, sie sind nur wahrscheinlich wahr.

Schurz (2008, S. 49) ergänzt, dass deduktive Schlusstypen auch den Schluss vom Allgemeinen auf das Allgemeine und vom Besonderen auf das Besondere beinhalten; induktive Schlusstypen auch strikt-induktive, statistisch-induktive und andere Schlusstypen enthalten.

Deduktives Schließen spielt im Rahmen einer Theorienentwicklung eine wichtige Rolle, weil Theorien deduktive Aussagensysteme darstellen, die nach den Regeln deduktiven Schließens funktionieren (vgl. Abschnitt 2.2.1). Vereinfacht ausgedrückt bedeutet das, dass Theorien logisch korrekt (nach Prinzipien des deduktiven Schließens) formuliert sein müssen.

Induktives Schließen spielt in der Entwicklung von Theorien auch eine wichtige Rolle, weil es eine Verbindung zwischen Beobachtungen (Ergebnissen empirischer Untersuchungen) und den formulierten Theorien herstellt. Allerdings besteht das Problem, dass mit induktiven Schlüssen zwar von Beobachtungen auf Hypothesen geschlossen werden kann, aber – aufgrund der Unmöglichkeit, neue theoretische Begriffe in Konklusionen einzuführen – nicht von Hypothesen auf wissenschaftliche Theorien (vgl. Schurz, 2008, S. 52). Deshalb findet ein dritter Schlusstyp Berücksichtigung (vgl. ebd., S. 53):

c) „Abduktives" Schließen: Es betrifft den Schluss auf die beste Erklärung und hat folgende beispielhafte Form:

Ein erklärungsbedürftiges Faktum E.

Ein Hintergrundwissen W, das für eine Hypothese H impliziert: H ist eine potenzielle Erklärung für E.

H ist wahr.

Mit so einem Schluss kann jene Hypothese (als Teil einer Theorie und zur Erklärung für ein Faktum) ausgewählt werden, die sich am plausibelsten darstellt. Ob abduktives Schließen induktiv oder deduktiv ist, ist umstritten. Im Bereich der Entwicklung von Theorien hilft abduktives Schließen vor allem, um von den empirisch adäquatesten Theorien auf die beste, d. h. wahrheitsnächste Theorie zu schließen (vgl. ebd., S. 54).

Die Entwicklung von Theorien stellt ein Vorgehen dar, bei dem – in der Regel – alle Schlusstypen zum Einsatz kommen. Allerdings muss auch

gesagt werden, dass wohl vielen Wissenschaftlerinnen und Wissenschaftlern beim Versuch der Theorienentwicklung oft nicht wirklich bewusst ist,
welchen Schlusstyp sie anwenden und ob die jeweilige Anwendung erlaubt
oder förderlich ist oder nicht.

5.2 Theorieentwicklung: Ein erster Versuch

Nachdem jetzt ein erster Versuch gestartet wurde, einzugrenzen, was Theorien eigentlich sind, wäre es möglich, Theorien im Sinne von (noch naiven) Annahmen über Sachverhalte zu formulieren. Das wäre sozusagen der
erste Versuch im Entwickeln einer Theorie. Dieser Versuch bildet den Ausgangspunkt für weitere und weiterführende Erfahrungen, die in anderen
Abschnitten dieses Kapitels gemacht werden. Es geht bei der folgenden
Aktivität weniger darum, um ein fertiges theoretisches Modell zu erstellen,
sondern darum, typische Probleme zu erkennen, die bei der Beschäftigung
mit und der Entwicklung von Theorien auftreten.

5.2.1 Von der ersten Annahme zur ersten Theorie

Grundsätzlich steht am Beginn des Prozesses der Theorieentwicklung ein
gewisses Interesse, etwas Neues zu entdecken bzw. etwas Unbekanntes näher zu erklären. Irgendetwas fällt auf und erzeugt Überraschung oder den
Wunsch, der Sache auf den Grund zu gehen. Die dabei angestellten Überlegungen führen zu „Annahmen“. „Annahmen“ stellen bewusste Vermutungen über ein Phänomen dar und bilden die wesentliche Grundlage für
weitere Aktivitäten.

Das Formulieren von ersten Annahmen

Ein möglicher Ausgangspunkt für die Entwicklung von Theorien ist das
Formulieren von ersten Annahmen zu einem Phänomen, das interessiert
und ausgewählt wurde. In Abbildung 10 ist dieser Prozess dargestellt. Man
geht zunächst von einem Ausgangsproblem aus, das im Alltag, bei wissenschaftlichen Untersuchungen etc. aufgefallen ist. Dann könnte man erste

Formulieren von ersten Annahmen zu Phänomenen

Ziel dieser Aktivität ist es, eine allererste Version einer Vorform zu einer Theorie zu formulieren, die das im folgenden Beispiel angeführte Phänomen von „Jugendlichen in Parallelwelten" erklären kann. Mit „erklären" ist hier gemeint, dass Gründe genannt werden, warum sich Jugendliche in einer bestimmten Art und Weise verhalten und dass diese Gründe auf Wirkungsmechanismen (Variablen, Größen) zurückgeführt werden, die für möglichst viele Menschen dieser Gruppe von Jugendlichen Gültigkeit haben.

1. Ausgangsproblem: Ein (vielleicht nicht) erfundenes Phänomen: Jugendliche in Parallelwelten
In einer (fiktiven) empirischen Untersuchung, wurden Tagesabläufe von Jugendlichen erforscht. Dabei zeigten sich in einer bestimmten Gruppe von Jugendlichen folgende für viele typische Phänomene: Kurz nach dem Aufstehen in der Früh werden alle Nachrichten (Email, SMS etc.) überprüft. Noch vor dem Frühstück werden erste Nachrichten beantwortet. Am Weg zur Schule werden intensiv (mit hoher Lautstärke) neue Musikstücke auf einem MP3-Player gehört, die am Vorabend vom Internet geladen wurden. In der Schule wird dem Unterricht gefolgt, aber gleichzeitig wird auch an andere Dinge gedacht: Strategien, wie die Gegner bei Online-Rollenspielen besiegt werden können oder an Prinzipien der Gestaltung der eigenen Homepage. Es wird auch daran gedacht, wie der Nachmittag dafür genutzt werden kann, Geld für diverse Hard- und Softwareanschaffungen beschaffen zu können. Die Pausengespräche mit den anderen Schülerinnen und Schülern kreisen um neue besonders attraktive Computerspiele und Sozialräume im Internet, in denen unterschiedliche Identitäten eingenommen werden können. Unmittelbar nach der Schule beginnt eine Phase intensiven Computerspielens und Internetsurfens, die von Anrufen von Freundinnen und Freunden und Erledigungen von Schularbeiten unterbrochen werden. Nach stundenlangem Sitzen muss eine Toilette aufgesucht werden. Auf dem Weg dorthin wird in der Küche nach Nahrungsmitteln gesucht, außerdem werden die dort anwesenden Eltern und Geschwister kurz begrüßt. Nachdem die Nahrungsmittel vor dem Fernseher verzehrt wurden, wird umgehend wieder die Tätigkeit des Computerspielens und des Internetsurfens aufgesucht. Als nach Mitternacht die Augen und der Kopf zu schmerzen beginnen, wird ins Bett gegangen.

2. Hilfen zum Finden von Erklärungen für Phänomene
Um Anhaltspunkte für Theorien bzw. Annahmen zum Ausgangsproblem zu finden, können z.B. folgende Bücher herangezogen werden, die über Literaturrecherchen (mit Literaturdatenbanken) entdeckt werden:
1. Janus, U. & Janus, L. (Hrsg.). (2007). Abenteuer in anderen Welten. Fantasy-Rollenspiele: Geschichte, Bedeutung, Möglichkeiten. Gießen: Psychosozial-Verlag.
2. Zeger, H. G. (2009). Paralleluniversum Web 2.0. Wie Online-Netzwerke unsere Gesellschaft verändern. Wien: Kremayr & Scheriau.

3. Mögliche Lösungen
Erste Annahmen, warum Jugendliche sich in (virtuelle) Parallelwelten begeben, könnten sein:
- Annahme 1: Jugendliche suchen die Gemeinschaft von Gleichaltrigen oder -gesinnten mit dem Ziel, Anerkennung und Zuneigung zu bekommen.
- Annahme 2: Jugendliche wollen in künstlichen Welten ihre Fähigkeiten prüfen und Wissen über die eigene Person sammeln.
- Annahme 3: Parallelwelten bieten für Jugendliche passende Herausforderungen, Spaß und spannende Erlebnisse, die intrinsisch motivierend wirken.
- Annahme 4: Jugendliche flüchten in künstliche Welten, um die Auseinandersetzung mit unangenehmen Aspekten des realen Lebens zu vermeiden.

Abbildung 10: Formulieren von ersten Annahmen: Vom Ausgangsproblem zu ersten Lösungen

Literatur heranziehen, die hilft, das entdeckte Phänomen näher zu klären, wobei klären meint, es zu definieren bzw. seine Merkmale zu beschreiben. Klären kann auch meinen, Ursache-Wirkungs-Fragen zu stellen, die sich auf Größen beziehen, die das betreffende Phänomen bewirken und/oder auf Größen, die von dem Phänomen beeinflusst werden.

Unter Nutzung dieser Hilfen können dann erste Annahmen zu dem Phänomen formuliert werden. In der Folge wird man dann versuchen, diese ersten Annahmen mit wissenschaftlichem Wissen zu erweitern. Am Ende dieses Prozesses steht dann eine erste Version einer Theorie.

Die Anreicherung von Annahmen mit wissenschaftlichem Wissen

Damit solche Annahmen zu Theorien werden, müssen diese Annahmen jetzt weiter mit wissenschaftlichem Wissen konfrontiert werden. Wissenschaftliches Wissen bezieht sich auf Theorien und/oder Ergebnisse von wissenschaftlichen (empirischen) Untersuchungen. Ziel dabei wäre es, Belege für die geäußerten Annahmen zu finden. Zu diesem Zweck wird man ein Literaturstudium betreiben und wissenschaftliche Literatur suchen, die Inhalte aufweisen, die relevant für die formulierten Annahmen sind.

Die Suche nach Theorien und Belegen. Bei der Suche nach wissenschaftlicher Literatur bedient man sich unterschiedlicher Quellen:

- computergestützte Literaturdatenbanken zu wissenschaftlicher Literatur, auf die (meist) über das Internet zugegriffen werden kann, und auf der Basis der Rechercheergebnisse erstellte Ausleihen von Zeitschriftenartikeln, Büchern, Buchteilen etc.,
- Zeitschriften- und Fachbuch-Bestände in wissenschaftlichen Bibliotheken,
- Ergebnisse des Einsatzes von Suchmaschinen im Internet oder z. B.
- Expertinnen und Experten (z. B. Lehrende an Universitäten), die um Literaturhinweise, graue (nicht veröffentlichte) Literatur angefragt werden.

Die Zuordnung von Theorien und Belegen zu Annahmen. Dass für Menschen ein Zugehörigkeitsgefühl wichtig ist, zeigen z. B. Forschungen zu Online-

Gruppen (vgl. z. B. Döring, 2006, S. 608). Ein solches Forschungsergebnis würde z. B. obige Annahme 1 stützen. Annahme 2 würde z. B. durch Theorien sozialer Vergleiche gestützt. Nach diesen Theorien suchen Menschen soziale Vergleiche auf, um ein eigenes Selbstbild erstellen bzw. aufrechterhalten zu können (vgl. z. B. Mussweiler, 2006, S. 104).

Die Revidierung der Annahmen. Die vier Annahmen könnten erweitert werden, und zwar z. B. durch Berücksichtigung eines Persönlichkeitsmerkmales, nämlich des „Anschlussmotivs" (vgl. z. B. Solokowski & Heckhausen, 2006, S. 198). Eine neue Annahme könnte z. B. folgendermaßen lauten: Jugendliche, die eine hohe Hoffnung auf Anschluss und eine geringe Furcht vor Zurückweisung haben, werden sich weniger häufig in Parallelwelten aufhalten als Jugendliche mit anderen Ausprägungen des Anschlussmotivs.

Kriterien zur Theoriebildung. Grundsätzlich gelten bei allen Theorieentwicklungsarbeiten die Kriterien, die üblicherweise an Theorien angelegt werden (vgl. dazu den Abschnitt 2.2.1.2). Allerdings gilt auch, dass in unterschiedlichen Phasen einer Theorieentwicklung diese Kriterien unterschiedlich stark beachtet werden. Wird z. B. eine neue Variable zur Erklärung eines Phänomens eingeführt, dann wird man besonders darauf achten, dass sie klar definiert ist. Weniger Gewicht wird in einer solchen Einführungsphase die empirische Belegtheit der neuen Variablen haben; empirische Belege werden dann im weiteren Forschungsverlauf relevanter.

Die Formulierung einer ersten Theorie

Die Formulierung einer Theorie. Eine entsprechende Theorie könnte sich durchaus auf erste Annahmen beziehen, würde dabei aber wissenschaftlich gut eingeführte Begriffe bzw. wissenschaftliche Theorien oder theoretische Aussagen verwenden. Da es sich bei dem Phänomen von Parallelwelten um ein soziales Phänomen handelt, liegt es nahe, sich im Bereich der Sozialpsychologie zu orientieren, um auf die Annahmen passende theoretische Aussagen zu finden. Auch hat das Sich-Zurückziehen aus einer Welt in eine andere Welt etwas mit Handlungsaktivierung zu tun, einem Phänomen, das üblicherweise im Bereich der Motivationspsychologie untersucht wird. Abbildung 11 stellt jetzt einen Versuch dar, das „Parallelwelt-Phänomen"

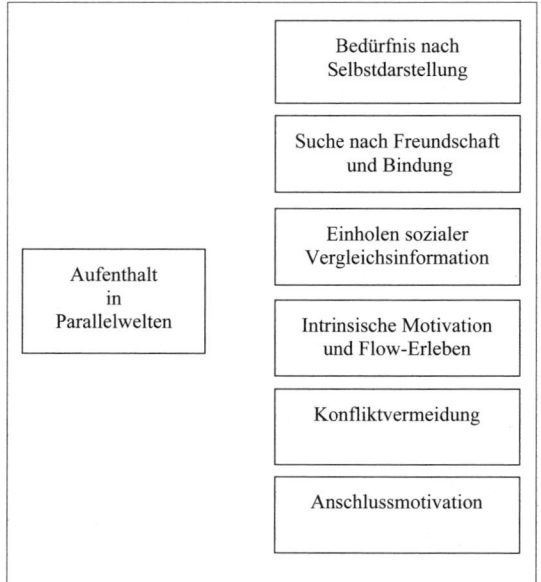

Abbildung 11: Versuch einer Theorie zur Erklärung des „Parallel-welt-Phänomens" bei Jugendlichen (unter Berücksichtigung sozial- und motivations-psychologischer Theorien)

bei Jugendlichen zu erklären, wobei einschlägige sozial- und motivationspsychologische Theorien berücksichtigt werden (vgl. Bierhoff & Frey, 2006, und Heckhausen & Heckhausen, 2006).

Die in Abbildung 11 enthaltenen Theorien oder Teile von Theorien sollen erklären, warum es bei Jugendlichen zu einem Aufenthalt in Parallelwelten kommt. Zusammengefasst wird in dieser Theorie angenommen, dass Jugendliche sich deshalb in Parallelwelten aufhalten, weil sie ein Bedürfnis nach Selbstdarstellung haben, weil sie nach Freundschaft und Bindung suchen, weil sie sich mit anderen vergleichen wollen, weil sie Freude an dieser Tätigkeit haben, weil sie Konflikte (in der realen Welt) vermeiden wollen und/oder weil sie über eine in einem bestimmten Ausmaß ausgeprägte Anschlussmotivation verfügen.

Die Frage ist jetzt allerdings, ob Teile von anderen Theorien dazu verwendet werden können, um eine Theorie über das Phänomen der „Parallelwelten bei Jugendlichen" erstellen zu können. In Abbildung 11 wurden eigentlich nur (theoretisch verankerte) Gründe aufgelistet, warum sich

Jugendliche in Parallelwelten begeben. Diese Gründe können als „Erklärungen" aufgefasst werden. Allerdings ist diese Theorie nur als vorläufiger Versuch zu verstehen, der viele Fragen offen lässt. Diese Fragen sind:

a) Wie, d. h. in welchen Prozessen der Informationsverarbeitung, werden die unterschiedlichen Faktoren (Gründe) wirksam? Welche Rollen spielen motivationale und emotionale Aspekte bei dieser Informationsverarbeitung?

b) Was bzw. welcher Mechanismus entscheidet darüber, ob es zu „normalen" oder „außergewöhnlichen" Verweildauern in Parallelwelten kommt oder nicht?

c) Gelten in „Parallelwelten" besondere soziale Regeln und Gesetze, die bei einer Theorieentwicklung beachtet werden müssen? Zum Beispiel könnten durch Identitätswechseln in Online-Internet-Welten übliche Regeln der Kommunikation und Interaktion (und damit entsprechende Theorien) außer Kraft gesetzt werden.

d) Sind herkömmliche sozial- und motivationspsychologische Theorien und Teile von Theorien, die sich auf erfassbare Welten beziehen, überhaupt geeignet, „Parallelwelten" zu erklären, die sich oft nur auf implizite oder schwer wahrnehmbare Regeln und Phänomene beziehen?

Diese und andere ähnliche Fragen können in einem weiteren Theorieentwicklungsprozess genutzt werden, um weitere Theorieversionen erstellen zu können. Damit diese und ähnliche Fragen beantwortet werden können, sind außerdem weitere empirische Untersuchungen notwendig.

Multiple Methoden der Theorieentwicklung

Der soeben beschriebene Prozess einer Theorieentwicklung ist nur ein Beispiel dafür, wie dieser Vorgang ablaufen kann. Es gibt viele andere Verfahren der Theorieentwicklung, die in diesem Abschnitt des Buches behandelt werden. Es ist auch so, dass diese Verfahren nicht eindeutig voneinander abgegrenzt werden können. Viele Verfahren könnten als Teilverfahren in anderen Verfahren ein- oder untergeordnet werden. Viele Verfahren könnten Spezifizierungen oder Spezialisierungen von anderen Verfahren darstellen usw. Außerdem ist es so, dass die unterschiedlichen Verfahren verschiedene Quellen, meist kombiniert, für Theorieentwicklungen nutzen. Diese

Quellen oder Grundlagen für eine Theorieentwicklung sollen im folgenden Abschnitt näher beleuchtet werden.

5.2.2 Quellen für eine Theorieentwicklung

Nach diesem ersten Versuch stellt sich die Frage: Was verwenden Wissenschaftlerinnen und Wissenschaftler überhaupt, um Theorien entwickeln zu können?

Für Hussy und Möller (1994, S. 481) stellt die Entwicklung von Theorien einen komplexen Problemlöseprozess dar, der sich aus unterschiedlichen Quellen speist. Die Ausführungen von Hussy und Möller (1994, S. 482) zur Bildung von „Hypothesen" könnte man – abgewandelt und modifiziert – durchaus auch für die Entwicklung von Theorien in Erwägung ziehen. Demnach könnte man z. B. folgendes Bild annehmen (vgl. Abbildung 12):

In dieser Abbildung 12 ist dargestellt, dass eine Quelle von wissenschaftlichen Theorien auch Alltagstheorien sein können (vgl. Abschnitt 2.1). Natürlich können schon vorhandene und/oder ähnliche wissenschaftliche Theorien die Basis für die Entwicklung einer Theorie sein. Speziell dann, wenn Theorien weiterentwickelt oder ergänzt werden, spielt diese Quelle der Theorieentwicklung eine wichtige Rolle. Zum Beispiel hat Rheinberg ein kognitives Motivationsmodell von Heckhausen um wichtige Teile erweitert (vgl. Rheinberg, 1995, S. 132): Demgemäß spielen z. B. für die Motivation von Menschen nicht nur Erwartungen (z. B. darüber, ob durch eine Handlung ein bestimmtes Ergebnis erzielt werden kann) eine Rolle, sondern es übt auch eine Tätigkeit an sich Anreizwerte („Tätigkeitsspezifische Vollzugsanreize") aus.

Dabei wird man die Erfahrung machen, dass oft nur Teile von vorhandenen Theorien auf die aktuelle Fragestellung passen. Verwendet man schon bestehende Theorien, dann wird wohl die Theorie die meiste Beachtung finden, die in den meisten Elementen und (strukturgebenden) Beziehungen mit der aktuellen Fragestellung übereinstimmt. Das bedeutet wiederum, dass nach Theorien und empirischen Forschungsergebnissen gesucht wird, die in den untersuchten Variablen eine möglichst große Deckung mit der Fragestellung bieten.

Das Hintergrundwissen aus dem Problembereich betrifft Bedingungen, die in dem Bereich herrschen, für den in der Theorie Aussagen getroffen werden. Solche Bedingungen können z. B. Fragen sein, ob und wie stark Verhaltensweisen im Problembereich überhaupt verändert werden können oder mit welchen (störenden) Nebenwirkungen dabei gerechnet werden muss. Wenn man z. B. eine Theorie darüber aufstellen will, welche Faktoren ein faires und gerechtes Zusammenarbeiten von Menschen ermöglichen, dann muss man z. B. auch bedenken, dass es kulturelle Unterschiede gibt, was als „fair" empfunden wird oder nicht. Um so ein Wissen zu haben, bedarf es weitreichender Erfahrungen, die man direkt oder indirekt gemacht hat. Ist z. B. ein Forscher durch fremde Länder gereist, kann es durchaus sein, dass ihm dieser Umstand aufgefallen ist. Auch könnte man solche Erkenntnisse einfach beim Lesen von Zeitungen erfahren, wenn z. B. Probleme bei internationalen wirtschaftlichen Kooperationen berichtet werden. Eine entsprechende Theorie müsste dann auch diesen kulturellen Aspekt berücksichtigen (vgl. z. B. ein „integratives Fairness-Modell" von Klendauer, Streicher, Jonas & Frey, 2006, S. 192).

Schließlich können auch vorliegende Daten oder Ergebnisse aus empirischen Untersuchungen die Entwicklung von Theorien anregen. Finden sich z. B. zu einem Sachverhalt mehrere empirische Untersuchungen, die zu einem ähnlichen Schluss kommen, könnte man das zum Anlass nehmen, um diese Ergebnisse für die Formulierung einer theoretischen Aussage zu nutzen, wobei nicht im streng logischen Sinne aus den Daten eine Theorie abgeleitet werden kann. Denkbar ist dabei auch, dass vorliegende Daten dazu verwendet werden, um über Annahmen nachzudenken, die die Phänomene, die sich in den Daten abzeichnen, erklären zu können. Dann würden Daten einen indirekten Grund für die Formulierung von Theorien liefern, was allerdings wissenschaftlich umstritten ist.

Theorien aus Daten

Opp (1999, S. 63 ff) befasst sich mit der Frage, ob wir aus gewonnenen Daten zu einer Fragestellung eine Theorie entwickeln können. Demnach würden viele Wissenschaftlerinnen und Wissenschaftler meinen, dass es möglich ist, von einzelnen Untersuchungsergebnissen „induktiv" auf generelle Sätze, wie Theorien, zu schließen. In Anlehnung an Opp (1999, S. 64) kann folgendes Beispiel dazu formuliert werden:

Eine Untersuchung zeigte folgendes Ergebnis: Wird eine bestimmte Organisation autoritär geführt, dann hat das negative Auswirkungen auf die Mitarbeiterinnen und Mitarbeiter.

Aus diesem Ergebnis könnte jetzt folgende Theorie abgeleitet werden: Für alle Organisationen gilt: Je stärker ein autoritärer Führungsstil gegeben ist, desto geringer ist die Motivation der Mitarbeiterinnen und Mitarbeiter.

Aber: Gemäß den Regeln der Logik ist ein solcher Schluss nicht zulässig, weil die „Theorie" einen größeren Gehalt hat als das „Untersuchungsergebnis" und weil die „Theorie" nicht nur für eine bestimmte Organisation, sondern für alle Organisationen gilt. „Solche gehaltserweiternden Schlüsse sind nicht zulässig" (ebd., S. 64), wenn man strenge Gesetze der Logik anwendet.

Versteht man den Zusammenhang zwischen Daten bzw. Untersuchungsergebnis und Theorie aber nicht im streng logischen Sinn, sondern eher als heuristische Regel (Suchhilfe), dann könnte man durchaus annehmen, dass das Zutreffen einer bestimmten Theorie wahrscheinlich sein könnte, wenn man ein Untersuchungsergebnis berücksichtigt. Nach Hussy und Möller (1994, S. 480) könnte man diesen Prozess auch als Abstraktion im Sinne eines kognitiven Prozesses ansehen.

Zum Gewicht der unterschiedlichen Quellen. Grundsätzlich gilt, dass wissenschaftlichen Theorien und Ergebnissen aus wissenschaftlichen Untersuchungen das höchste Gewicht bei der Entwicklung von Theorien zugewiesen werden muss. Mit modernen Mitteln der Literaturrecherche (in Online-Datenbanken, mit Internet-Suchmaschinen etc.) ist die Wahrscheinlichkeit sehr groß, dass einfach und schnell solche Theorien und Ergebnisse auch gefunden werden können. Als Kriterium kann dabei die Anzahl und die Struktur von gleichen oder ähnlichen Variablen in den zu schaffenden und in den vorhandenen Ansätzen dienen.

Allerdings hängt das auch vom Stand der Forschung ab. Ist dieser wenig weit fortgeschritten, können auch z. B. Alltagstheorien eine zentrale Rolle bei der Entwicklung von wissenschaftlichen Theorien spielen. Das Hintergrundwissen aus dem Problembereich spielt immer dann eine beson-

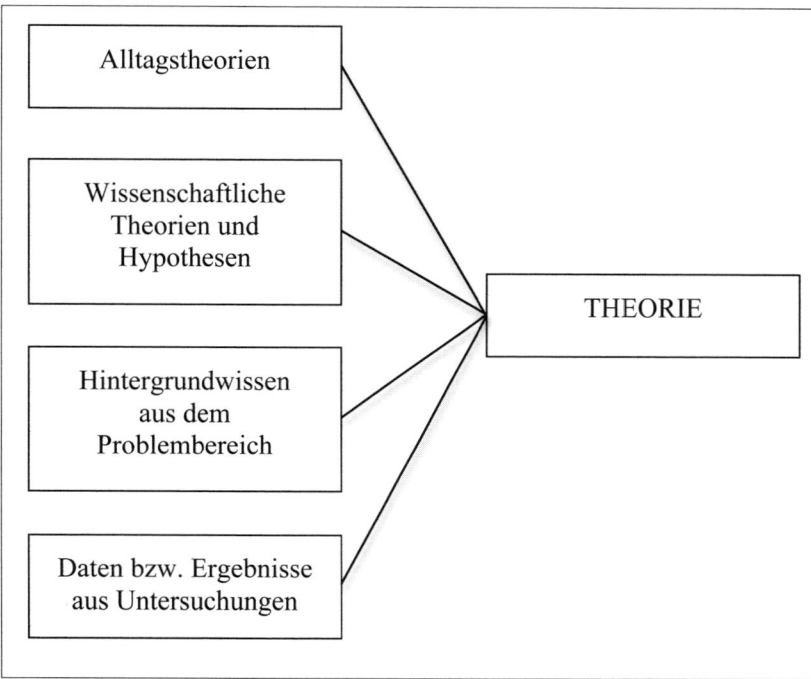

Abbildung 12: Quellen für eine Theorieentwicklung

ders wichtige Rolle, wenn der Problembereich, in dem sich das theoretisch zu analysierende Phänomen befindet, sich relativ dynamisch entwickelt. Verändert sich ein Problembereich sehr schnell, wie z. B. das Gebiet der Kommunikationstechnologie, sind wirksame Bedingungen, die im Problembereich gelten, besonders zu beachten.

Diese Quellen einer Theorieentwicklung könnten den Eindruck schaffen, dass die Entwicklung von Theorien ausschließlich ein hochrationales Verfahren darstellt, das konsequent wissenschaftliche Methoden und Kriterien nutzt. Dem ist aber nicht immer so: Theorien werden auch mehr oder minder zufällig entdeckt.

5.2.3 Die Entdeckung einer Theorie per Zufall

In diesem Buch wird der Prozess der Entwicklung von Theorien als etwas dargestellt, das eine sehr komplizierte Angelegenheit ist. Hussy und Möller (1994, S. 480 f) beschreiben aber auch den Umstand, dass z. B. Pawlow seine berühmte Theorie des „klassischen Konditionierens" per Zufall entdeckt hat. Ursprünglich wollte Pawlow, der Physiologe war, untersuchen, wie lange es bis zur Absonderung von Speichel dauert, wenn ein Hund gefüttert wird. Dabei entdeckte er, dass die Hunde schon Speichel produzierten, noch bevor sie das Fressen im Maul hatten oder auch schon, wenn sie nur die Person erblickten, die sie fütterte. Pawlow schloss aus diesen Beobachtungen, dass auch ein ursprünglich neutraler Reiz (Person) eine Reaktion (Speichelfluss) auslöste, wenn der neutrale Reiz mit einem bestimmten anderen ursprünglichen Reiz (Futter) gekoppelt wird (vgl. z. B. Steiner, 1996, S. 15).

„Plötzliche Einflüsse", „Aha-Erlebnisse", Träume, Unfälle, Bearbeitungsfehler, Versuch-und-Irrtum etc. können es ermöglichen, dass Theorien per Zufall entdeckt werden. In der Regel gehen einer solchen Entdeckung aber intensive Vorbereitungen voraus. Bei solchen Vorbereitungen wird oft lange über ein Phänomen nachgedacht, es wird viel dazu gelesen und recherchiert oder es werden viele (erfolglose) Versuche gemacht. Diese Vorbereitungen bilden oft den Boden für das Entdecken einer Theorie per Zufall. Insofern ist das Entdecken einer Theorie per Zufall gar nicht so zufällig. Es beruht häufig auf intensiven Problemlöseprozessen, in deren Kontext sich dann mehr oder minder überraschende Erkenntnisse zeigen.

5.2.4 Selbstbeobachtungen als Basis für eine Theorieentwicklung

Nicht nur zufällige Ereignisse können wichtige Ausgangspunkte für Theorieentwicklungen darstellen, auch sehr subjektive Datenquellen, d. h. solche, die aus der Erfahrung eines einzelnen Menschen stammen, können das.

Erdfelder (1994, S. 55 ff) befasst sich mit der Frage, welche Rolle Selbstbeobachtungen von einzelnen Menschen in der Wissenschaft zukommen.

Kurz vor dem Einschlafen protokolliert ein junger Wissenschaftler seine auftauchenden Gedanken zu einem typischen Arbeitstag. Dabei zeigen sich folgende aus dem Bewusstsein aufgetauchte Erlebnisse oder Erkenntnisse:
„Das war heute ein anstrengender Tag, ich habe unterrichtet, an einem Text geschrieben und drei Seminararbeiten beurteilt.",
„Die Vorlesung ist gut gelaufen, es waren – wie jede Woche – 250 Studierende da, bei der Notenvergabe der Seminararbeiten war ich mir nicht sicher, ich würde gerne wissen, wie die anderen Kollegen die Arbeiten beurteilen.",
„In der Vorlesung hatte ich wirklich sehr viele Hörerinnen, ich habe mich auch bemüht, den Lehrstoff anwendungsorientiert zu bringen, aber wahrscheinlich habe ich die Seminararbeiten zu positiv beurteilt, außerdem bin ich nicht sicher, wie die Leistungen zustande gekommen sind.",
„Beim Schreiben des Textes konnte ich eine innovative Methodik erarbeiten, das ist gut gelungen, es würde mir helfen, wenn der eine oder andere Kollege die eine oder andere Seminararbeit auch beurteilen könnte.",
„Wenn ich die Arbeiten zu gut beurteile, dann schadet das meinem Ruf bei den Kollegen, außerdem nehmen mich die Studierenden dann nicht ernst; wenn ich die Arbeiten zu negativ beurteile, dann habe ich möglicherweise mit Einsprüchen der Studierenden zu rechnen, was viel Arbeit macht und mir auch schadet.",
„Ich werde die Anzahl von Lehrveranstaltungen reduzieren, dann habe ich weniger Seminararbeiten zu beurteilen.".

Analyse. Wenn man dieses Protokoll analysiert, dann fällt auf, dass drei zentrale Themen immer wieder im Gedächtnis- bzw. Bewusstseinsstrom vorkommen: eine Lehraufgabe (Vorlesung), eine Forschungsaufgabe (Verfassen eines Textes) und eine Beurteilungsaufgabe (Seminararbeiten). Interessant erscheint, dass die Lehr- und die Forschungsaufgabe wohl schwieriger einzustufen sind als die Beurteilungsaufgabe, dennoch kommt vor allem die Beurteilungsaufgabe immer wieder im Protokoll vor. Wenn man diesen Umstand berücksichtigt, dann könnte man die Frage stellen, warum die Beurteilungsaufgabe so häufig vorkommt. Hier gäbe es eine Reihe von Gründen: a) Die Beurteilungsaufgabe wurde subjektiv als besonders schwierig empfunden; b) es wurde angenommen, dass diese Aufgabe nicht erfolgreich bzw. mit Fehlern gelöst wurde; c) es liegen in Bezug zu dieser Aufgabe Unsicherheiten vor, die auch zukünftig bestehen werden, oder d) Fehler bei dieser Aufgabe sind mit besonderen sozialen Konsequenzen verbunden.

Theorieentwicklungen. Man könnte aus dieser Analyse schließen, dass „unerledigte Handlungen" besonders lange oder intensiv im Gedächtnis gespeichert werden, sodass sie häufiger im Bewusstseinsstrom auftreten. „Unerledigt" ist die Beurteilungsaufgabe deshalb, weil für den jungen Wissenschaftler bei dieser Aufgabe noch viele Fragen offengeblieben sind. „Erledigt" wären hingegen Aufgaben dann, wenn sie mehr oder minder erfolgreich abgeschlossen wurden. Eine solche Annahme, die als Basis für eine Theorieentwicklung herangezogen werden könnte, ist nicht neu. Ähnliches wird z.B. im „Zeigarnik-Effekt" (vgl. Beckmann & Heckhausen, 2006a, S. 113) beschrieben.

Abbildung 13: Ein Beispiel für eine Theorieentwicklung aus Selbstbeobachtungen

Selbstbeobachtungen beziehen sich auf spontan auftretende oder gezielt hervorgerufene Phänomene. Sie bestehen darin, dass eigene Verhaltensweisen, Gedanken, Gefühle, körperliche Prozesse etc. beobachtet und dann in Protokollen aufgezeichnet werden. Ergebnisse von Selbstbeobachtungen können Anlass für die Formulierung von Theorien sein. Allerdings ist diese Form der Gewinnung von wissenschaftlichem Wissen bzw. von Theorien umstritten. Subjektive, persönliche Erfahrungen genügen natürlich nicht objektiven, d. h. von einer Person weitgehend unabhängigen wissenschaftlichen Bedingungen. Selbstbeobachtungen können nur schwer Theorien belegen, weil ihnen häufig ein großer Messfehler zukommt. Sie können aber „Material" liefern, das – neben anderen Grundlagen (anderen Theorien, Ergebnissen empirischer Studien etc.) – für die Formulierung von Theorien verwendet werden kann. Speziell die Beobachtung von kognitiven Prozessen („Introspektion") bedarf dabei besonderer Aufmerksamkeit. Bei solchen Beobachtungen werden Inhalte des menschlichen Bewusstseins ausgedrückt und festgehalten. Dabei entstehen „artikulierte Erlebnisdeskriptionen" (vgl. ebd., S. 58). Zur Unterstützung der Produktion solcher Beschreibungen kann die Methode des „lauten Denkens" eingesetzt werden (vgl. ebd., S. 61), bei der es vor allem um die Artikulation von Gedanken geht, ohne dass dabei Zusammenhänge oder Hintergründe umfassend reflektiert werden würden.

In Abbildung 13 wird an einem Beispiel illustriert, wie eine Theorieentwicklung aus Selbstbeobachtungen ablaufen kann. Dabei wird davon ausgegangen, dass Bewusstseinsinhalte zunächst notiert werden. Auf diese Weise fallen bestimmte Muster (z. B. häufig vorkommende Phänomene) auf, die bei einer Analyse der Aufzeichnungen festgehalten werden. Für die identifizierten Muster werden dann erste theoretische Erklärungen versucht.

5.2.5 Problemlösestrategien als allgemeine Methoden der Theorieentwicklung

Das Entwickeln einer Theorie kann auch mit einem Problemlösevorgang verglichen werden. Ein betreffendes Problem wäre demnach gelöst, wenn eine Theorie gefunden wird, die ein vorhandenes Phänomen, soweit es wissenschaftlich rekonstruiert ist, erfolgreich beschreiben und erklären kann. Wenn dem so ist, dann kann angenommen werden, dass auch übliche Strategien zur Lösung von Problemen bei der Entwicklung von Theorien hilfreich sind. Bei solchen Strategien handelt es sich um „allgemeine" Methoden der Theorieentwicklung. „Allgemein" bedeutet in diesem Fall, dass sie speziellen Methoden zur Theorieentwicklung übergeordnet sind oder in speziellen Methoden (implizit oder explizit) integriert vorkommen. Solche Problemlösestrategien betreffen:

a) Analogien: Analogien entstehen dann, wenn Elemente und Beziehungen eines ähnlichen Phänomenbereichs für die Beschreibung und Erklärung des interessierenden Phänomenbereichs genutzt werden (vgl. z. B. Bortz & Döring, 2006, S. 366 f). Eine Theorie zu einem bestimmten Phänomenbereich wird demnach dadurch entwickelt, dass Elemente und Beziehungen eines ähnlichen Bereiches integriert werden. Zum Beispiel könnte man annehmen, dass es Übereinstimmungen zwischen ähnlichen Fachgebieten gibt bzw. dass sich menschliches Verhalten mit Gesetzen der Physik, Chemie oder Biologie betrachten lässt (vgl. z. B. Herber, 2000). Solche Gesetze bilden dann die Basis, um zu theoretischen Annahmen im betreffenden Phänomenbereich zu kommen.

Beispiel: Hat jemand z. B. eine Theorie darüber aufzustellen, wie die Sicherung von Macht erklärt werden kann, wäre es möglich, sich in Analogie Regeln und Strategien des Schachspiels anzusehen. Beim Schach geht es auch darum, den eigenen Einfluss auf das Spielgeschehen zu sichern und die Figuren so zu arrangieren, dass sie Druck auf die gegnerischen Figuren ausüben. „Macht" ist ein sozialpsychologisches Phänomen, bei dem Machtbereiche, Machtmittel, Ressourcen, Reserven, Machthaber, Beherrschte etc. eine wichtige Rolle spielen (vgl. z. B. Witte, 2006). Im Schachspiel sind Stellungsbeurteilungen und Variantenberechnungen von großer Wichtigkeit. Darüber hinaus gibt es viele Strategien des Positionsspiels; hat z. B. ein Spieler einen Positionsvorteil, dann sollte er diesen unbedingt zum Angriff nutzen, um seine Position nicht zu schwächen, oder der Angriff sollte dort begonnen werden, wo der Gegenspieler seinen schwächsten Punkt hat (vgl. z. B. Kotow, 1986, S. 10 ff). Das Vorgehen bei Stellungsbeurteilungen, Variantenberechnungen oder Strategien des Positionsspiels ließen sich mittels entsprechender Analogiebildung gut in eine Theorie des Machterhalts integrieren, weil beide Phänomenbereiche eine hohe Ähnlichkeit an Elementen und Strukturen aufweisen.

b) Metaphern: Metaphern stellen bildhafte Übertragungen dar, die als Anregungen für die Theorieentwicklung genutzt werden können. Sie sind Analogien ähnlich, in ihnen kommt der bildliche Aspekt aber besonders zum Tragen. Zum Beispiel kann der menschliche Wissenserwerb mit Bergsteigen verglichen werden. Macht man z. B. Fotos von Menschen, die gerade einen Berg besteigen, wird man oft Folgendes finden: eine hohe Wand, ein steiles Gelände und Geländestufen, spezielle Wanderkleidung, Rucksäcke mit Proviant, einen Bergführer, Seile und andere Kletterhilfen, Rastpausen, Orientierung in Wanderkarten, Höhen- und Richtungsmessungen, Unfälle und Rettungseinsätze usw. Einen erfolgreichen Wissenserwerb könnte man mit dem erfolgreichen Besteigen eines Berges vergleichen. Die Geländestufen wären die einzelnen Kompetenzstufen, die es zu erreichen gilt. Die Wanderausrüstung könnte mit den Lernvoraussetzungen (Vorwissen, Lernstrategien) verglichen werden. Kletterausrüstungen, Wanderkarten und Rastpausen wären demnach Lernhilfen. Höhen- und Richtungsmessungen würden Lernfortschrittskontrollen entsprechen. Unfälle entsprächen Lernproblemen und Rettungseinsätze wären besonderen Lernhilfen (Coaching etc.) zuzuordnen.

c) Kreativitätstechniken: Edelmann (2000, S. 217, hier verkürzt dargestellt) beschreibt folgende Teilschritte kreativer Problemlösung, die auch im Rahmen der Theorieentwicklung relevant sind:

– „Problematisierung": Dabei geht es vor allem darum, Wissenslücken zu erkennen und bisheriges Wissen zu hinterfragen. Zum Beispiel könnte man sich fragen, warum es neuerdings verstärkt auch zu extrem gewalttätigen Handlungen von Mädchen in der Schule kommt. Dieses Phänomen wurde bisher vor allem bei Burschen beobachtet.
– „Exploration": Ziel dieser Phase ist es, ein Problem aus möglichst vielen verschiedenen Perspektiven zu erkunden und vielfältige Informationen zu sammeln. Zum Beispiel würde man in dieser Phase Untersuchungsergebnisse, Theorien etc. sammeln, die das aggressive Verhalten von Mädchen zum Gegenstand haben. Eventuell würde man auch Interviews durchführen und betroffene Mädchen befragen.
– „Inkubation": Hier werden die gesammelten Informationen mehr oder minder unbewusst verarbeitet, wobei keine direkte Auseinandersetzung mit der Problemlösung stattfindet. Auf obiges Beispiel bezogen, würde

man sich in dieser Phase nicht bewusst mit dem Thema der Aggression bei Mädchen auseinandersetzen. Man würde aber aufmerksam sein und – bei Gelegenheit – weitere Informationen sammeln.

- „heuristische Regression": Das meint das Auftauchen kreativer Lösungsmöglichkeiten und die vorläufige Auswahl einer besonders aussichtsreichen Lösungsidee. Zum Beispiel würde das bedeuten, dass unterschiedliche Hypothesen zum Phänomen der Aggressivität bei Mädchen aufgestellt würden. Diese Hypothesen ergeben sich aus der Verarbeitung der gesammelten Informationen. Eine ausgewählte relevante Hypothese, die z. B. das geänderte Mediennutzungsverhalten von Mädchen betrifft, würde dann besonders fokussiert werden.

- „Elaboration": In dieser Phase wird eine erste Lösungsidee ausgearbeitet, damit sie mitteilbar wird. In dieser Phase würde dann beispielsweise eine Theorie aufgestellt, die Elemente und Beziehungen enthält, die erklären, warum ein bestimmtes Mediennutzungsverhalten verstärkt bei Mädchen zu aggressivem Verhalten führt. Denkbar wäre beispielsweise, dass Mädchen ähnlichen und auch ähnlich häufigen Konsum von gewalthältigen Medieninhalten realisieren, diesen aber weniger stark ausleben, als das Burschen tun. Dadurch, dass Mädchen das weniger ausleben, wird ein Kumulationseffekt erzeugt (aggressive Tendenzen stauen sich auf und wachsen an). Lang aufgestaute Aggressionen führen dann, in bestimmten Situationen, zu einer Entladung, die sich in extrem gewalttätigem Verhalten zeigt.

- „Diffusion": Damit wird die Ausbreitung bzw. Verteilung der ausgearbeiteten Lösung gemeint. Auf obiges Beispiel bezogen, könnte jetzt eine Untersuchung der oben geäußerten Hypothese durchgeführt werden. Die Ergebnisse der Untersuchung könnten in einem Buch veröffentlicht werden.

d) Qualitatives Experimentieren: Die Entwicklung von Theorien kann auch als „qualitatives Experimentieren" aufgefasst werden, das bestimmte Grundtechniken enthält (vgl. Kleining, 1986 zit. nach: Bortz & Döring, 2006, S. 386 ff). Im Unterschied zu Kleining (1986) wird hier angenommen, dass qualitatives Experimentieren nicht unbedingt einen Eingriff in die Realität erfordert. Qualitatives Experimentieren kann auch (ressourcensparend und negative Auswirkungen in der Realität vermeidend) im Kopf passieren, d. h. Eingriffe und deren Auswirkungen werden nur vorgestellt. Durch die Anwendung der Grundtechniken können sich daraus durchaus theoretisch interessante Phänomene und Erklärungen ergeben. Folgende Grundtechniken des qualitativen Experimentierens können – in Anlehnung an Kleining (1986) – unterschieden werden:

– „Teilen" oder „Zusammenfügen": Elemente oder Beziehungen werden geteilt. Daraus ergeben sich neue Phänomene und Beziehungen, die Interessantes für eine Theorienbildung liefern. Beispielsweise kann man sich vorstellen (oder das bei realen Eingriffen auch beobachten), was passiert, wenn bestimmte Teile eines sozialen Systems isoliert bzw. (zeitlich begrenzt) ausgeschaltet werden. Ist das der Fall, dann könnte das z. B. zur Folge haben, dass bisher unbekannte Selbstorganisationsmechanismen (Neustrukturierungen, neue Problemlösestrategien etc.) auftreten, die, wenn sie im Gesamtsystem eingerichtet würden, (theoretisch) zu einer Verbesserung der Systemleistung beitragen könnten. Elemente oder Beziehungen können aber auch kombiniert werden. Was im obigen Beispiel durch die Separierung von sozialen Teilsystemen erzielt werden kann, tritt mitunter auch dann auf, wenn Teilsysteme völlig aufgelöst und integriert werden. Hier kann es dann innerhalb des neu entstandenen größeren Teilsystems zu Konkurrenzen, Redundanzen etc. kommen, die theoretisch relevante Phänomene darstellen.
– „Abschwächen" oder „Intensivieren": Dabei stellt sich die Frage, was passiert, wenn bestimmte Elemente und die damit in Verbindung stehenden Beziehungen in ihrer Wirkung reduziert werden. Zum Beispiel gehen wir davon aus, dass Lernen stark von der Intelligenz des Lernenden beeinflusst wird. Um neue theoretisch relevante Mechanismen des Lernens entdecken zu können, wäre es nach der Abschwächungstechnik nötig, z. B. anzunehmen, dass Lernen auch dann passiert, wenn die Intelligenz des Lerners nur schwach ausgeprägt ist. Ebenso wäre es ein interessantes qualitatives Experiment, sich vorzustellen, wie Lernen abläuft, wenn bestimmte Elemente ihre Wirksamkeit intensivieren. Zum

Beispiel könnte man sich die Frage stellen, wie Lernen abläuft, wenn die Lerner maximales Interesse bzw. eine maximale Lernmotivation mitbringen.

– „Ersetzen" oder „Verändern": Sich positiv auf eine Theorieentwicklung auswirken kann sich auch, wenn Elemente oder Beziehungen durch andere ersetzt oder verändert angenommen werden. Wenn man sich z. B. mit theoretischen Grundlagen der Führung von sozialpädagogischen Einrichtungen befasst, könnte man sich die Frage stellen, was in dieser Einrichtung passieren würde, wenn ein Wissenschaftler die Führung übernehmen würde. Ein Wissenschaftler könnte z. B. Methoden der Theorieentwicklung bei sozialpädagogischen Problemen oder z. B. Methoden der Evaluation unternommener Maßnahmen einführen. Das würde zu einem neuen Konzept der „evidenz-basierten" Führung von sozialpädagogischen Einrichtungen und einer damit verbundenen Theorie führen.

e) Grafische Darstellungen: Das Lösen von Problemen kann mit der Nutzung grafischer Darstellungen unterstützt werden. In diesem Buch finden sich viele Abbildungen, die diesen Umstand belegen. Elemente und Beziehungen von Theorien können z. B. in Netzwerk-Modellen, Flächen-Modellen oder mehrdimensionalen Modellen dargestellt werden (vgl. Abbildung 14). Beispiele solcher Darstellungen, die bei der Entwicklung von Theorien eingesetzt werden können, finden sich beispielsweise bei Bierschenk und Bierschenk (1999, S. 197), Bortz (1993, S. 50) oder Kuhl (1990, S. 53 und 63).

Wichtig bei der Nutzung für eine Theorieentwicklung ist der Umstand, dass grafische Darstellungen nicht nur dazu führen, dass theoretische Aussagen besser verständlich und damit besser überprüfbar werden. Grafische Darstellungen nutzen eine ganz bestimmte Form der Darstellung, die ihrerseits auch Auswirkungen auf theoretische Annahmen haben kann. Werden z. B. Netzwerk-Modelle zur Darstellung von theoretischen Elementen und Beziehungen genutzt, dann wird damit möglich, dass praktisch alle Elemente zu allen anderen Beziehungen herstellen können. Dieser Umstand ist auch theoretisch anregend, weil überlegt werden muss, ob wirklich alle Elemente

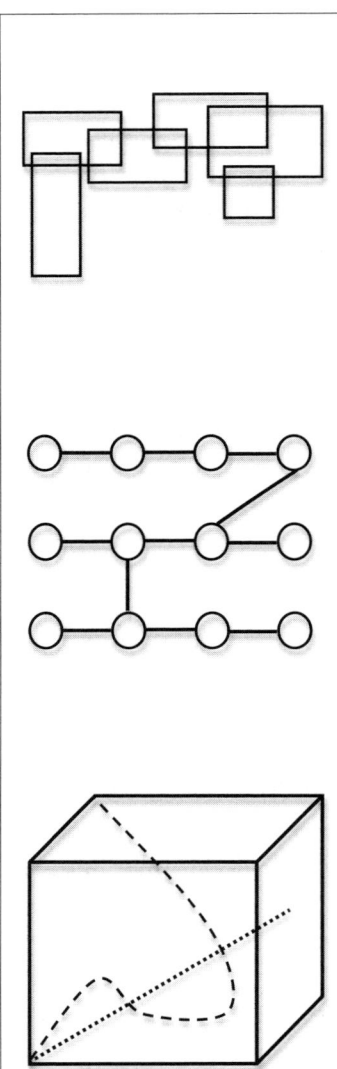

Flächen-Darstellungen:
In einer Theorie angenommene Elemente werden als Flächen dargestellt. Elemente mit einem starken Einfluss nehmen eine große Fläche ein, schwache Elemente eine kleine. Beziehungen zwischen Elementen zeigen sich in Überlappungen. Starke Beziehungen zeigen sich in großen Überlappungen, schwache in kleinen. Besonders geeignet sind solche Darstellungen, wenn schon Forschungsergebnisse vorliegen, die Zusammenhänge zwischen mehreren Variablen und deren jeweilige Stärken (z.B. über Varianzerklärungen und Effektgrößen) abschätzen lassen. Fasst man z.B. die oberste links dargestellte Fläche als Schulleistung auf, dann könnte das größte Rechteck auf der rechten Seite die Intelligenz sein, weil Intelligenz in der Regel einen großen Anteil der Schulleistungsvarianz erklärt. Die zweite Fläche, die die oberste überlappt, könnte Motivation sein, usw.

Netzwerk-Darstellungen:
Netzwerkdarstellungen erlauben es, unterschiedliche Ebenen und Beziehungen innerhalb und zwischen Ebenen darzustellen. Damit können auch hierarchische bzw. über- oder untergeordnete Elemente oder Beziehungen herausgearbeitet werden. Es können sowohl die Elemente (Kreise) als auch die Beziehungen (Linien) definiert und in die Darstellung integriert werden. Netzwerk-Modelle werden z.B. in der Gedächtnisforschung genutzt, um die Verbindung und Speicherung von Begriffen (Ober- und Untergriffen) und Ähnliches abzubilden.

Mehrdimensionale Darstellungen:
Theoretisch angenommene Beziehungen lassen sich z.B. auch in mehrdimensionalen Darstellungsformen abbilden. Mit einem Würfel wäre es z.B. möglich, drei theoretische Dimensionen (auf X-, Y- und Z-Achse) abzubilden. In so einem Würfel könnten dann theoretisch typische Merkmalsmuster für bestimmte Person-Umwelt-Konstellationen eingezeichnet werden. Beispielsweise könnte man während eines Problemlösevorganges kognitive (X), motivationale (Y) und emotionale (Z) Gedächtnisinhalte annehmen. Bestimmte Gruppen von Personen (repräsentiert mit der stark gestrichelten Linie) würden das volle kognitive Potenzial nutzen (sie würden auf der X-Achse bis ganz nach rechts [Maximum kognitiver Beschäftigung] vorstoßen, allerdings nur maximal die Hälfte motivationaler und emotionaler Beschäftigung (Y- und Z-Achse nur halb abgedeckt) realisieren. Andere Personen (hier andere kurvige Linie) könnten demgegenüber kognitive Belastungen abbrechen und sich stark emotional fokussieren.

Abbildung 14: Beispiele von grafischen Darstellungen bei der Entwicklung von Theorien

eines Netzwerk-Modells mit allen anderen verbunden sind oder nicht. Es müssen theoretisch relevante Gründe gefunden werden, warum ein Element mit einem anderen verbunden wird oder warum das nicht der Fall ist.

In Abbildung 14 finden sich ausgewählte Beispiele für solche grafischen Darstellungen, die in der Theorieentwicklung gewinnbringend eingesetzt werden können. Wichtig dabei ist zu bemerken, dass diese Darstellungen in unterschiedlichen Phasen eines Theorieentwicklungsprozesses immer wieder eingesetzt werden können, um den Fortschritt der Arbeiten zu dokumentieren, aber auch um einen gut kommunizierbaren Anhaltspunkt für weitere Entwicklungen zu haben. Wenn sich Theorien in mehr oder minder einfachen Aussagen festmachen lassen, die logisch, mengentheoretisch, mathematisch etc. rekonstruierbar sind, dann liegt es auf der Hand, dass Theorien auch grafisch abgebildet werden können. Für besonders komplexe Theorien geschieht das in Computersimulationen, die dynamisierte Darstellungen darstellen.

Hier muss auch betont werden, dass der Einsatz solcher allgemeiner Methoden zur Theorieentwicklung nicht immer erfolgreich ist. Zum Beispiel können Analogien oder Metaphern auch dazu führen, dass theoretische Betrachtungen eingeschränkt bzw. zu stark kanalisiert werden.

Erste Grundlagen einer Theorieentwicklung: Allgemeine Vorgehensweisen und Quellen

In diesem Abschnitt wurden erste Grundlagen von Methoden für eine Theorieentwicklung dargestellt. Diese Grundlagen betreffen allgemeine Vorgehensweisen und Quellen einer Theorieentwicklung. Als allgemeine Vorgehensweisen wurden die Schritte identifiziert: Formulierung von ersten Annahmen, die Anreicherung mit wissenschaftlichem Wissen und die Erstformulierung einer Theorie. Als Quellen einer Theorieentwicklung wurden Alltagstheorien, schon bestehende wissenschaftliche Theorien, Hintergrundwissen zum Gegenstandsbereich und Ergebnisse von empirischen Untersuchungen besprochen, aber auch Zufall, Selbstbeobachtungen und Problemlösestrategien als wichtig erachtet. In der Folge sollen nun spezifische Methoden der Theorieentwicklung behandelt werden, die mit den dargestellten Vorgehensweisen und Quellen in Verbindung stehen.

5.3 Definieren, Explizieren und Strategien der Bedeutungsbildung bei der Theorieentwicklung

Die Entwicklung von Theorien läuft nicht nach einer Standardmethode ab. Vielmehr ist die Entwicklung neuer Theorien ein langwieriger Prozess. In diesem Prozess werden unterschiedliche Methoden eingesetzt. Diese Methoden sollen eine hohe Qualität einer Theorieentwicklung gewährleisten.

Wenn man so will, kann man eine Theorieentwicklung so beschreiben, dass in unterschiedlichen Phasen verschiedene „Bedeutungen" von Variablen, Mechanismen etc. erkannt und festgehalten werden müssen. Das passiert wiederholt und in unterschiedlichen Reihenfolgen. Dieses Finden und Bilden von „Bedeutungen" spielt bei allen Methoden der Theorieentwicklung eine wichtige Rolle, deshalb sollen sie in diesem Abschnitt gesondert besprochen werden.

Das vor-wissenschaftliche Finden von Bedeutungen

Menschen suchen eigentlich fortwährend in ihrem Leben nach Bedeutungen von Dingen und tun das auch auf eine nicht wissenschaftliche bzw. vor-wissenschaftliche Art und Weise. Bedeutung hat demnach dann etwas, wenn einem Ding (Phänomen, Objekt etc.) mindestens ein Merkmal (eine Eigenschaft, ein Charakteristikum etc.) und eine Bezeichnung (Begriff, Wort etc.) zugewiesen wird. Diese Aktivität wird meist dann durchgeführt, wenn das Ding auffällt, d. h. sich in irgendeiner Weise von etwas anderem abhebt.

Bei einem solchen vor-wissenschaftlichen Vorgehen im Rahmen der Findung von Bedeutungen verbinden wir – in „naiver" Art und Weise – etwas mit etwas anderem, das

a) in räumlicher oder zeitlicher Nähe auftritt (z. B. bezeichnen wir einen Menschen als „typischen Österreicher", nur weil jemand aus der Region Österreich kommt; jemand kann in Österreich leben und ein Bürger eines anderen Landes sein, auch ohne die typischen Merkmale eines Österreichers zu haben),

b) ähnlich ist (z. B. bezeichnen wir auch einen jungen Menschen als „Großvater", wenn er graue oder weiße Haare oder körperliche Beschwerden hat; weiße oder graue Haare treten manchmal auch schon am Beginn des Erwachsenenalters auf und lassen demnach nicht in jedem Fall (in Analogie) auf ein hohes Alter schließen; Ähnliches gilt auch für körperliche Beschwerden, die das Ergebnis von Krankheiten sein können, die nicht an ein bestimmtes Alter gebunden sind),

c) einer „guten Fortsetzung" entspricht (z. B. kann es vorkommen, dass eine Nachfolgeeinrichtung, die wenig oder gar nichts mehr mit den Zielen und Methoden einer Vorgängereinrichtung zu tun hat, gleich wie diese bezeichnet wird; Beispiel: Anstelle der Bezeichnung der „römisch-katholischen Kongregation für Glaubensfragen" im Vatikan wird die historische Vorgängerinstitution der „Inquisition" benutzt),

d) ergänzend zu einer Geschlossenheit führt (z. B. manchmal verwendet man den Begriff der „Perlen" für die Bezeichnung von Menschen, die wertvolle Teile einer Einrichtung [„Perlenkette"] darstellen) oder

e) ein gemeinsames Schicksal aufweist (z. B. gibt es die Verhaltensbeschreibung im Alltag, dass „Ratten das sinkende Schiff verlassen"; diese Beschreibung kann man z. B. auf den Wirtschaftsbereich übertragen; er beschreibt dann umgangssprachlich die Situation, wenn Manager ein schlecht gehendes Unternehmen verlassen, bevor es in Konkurs geht; der menschenverachtende Begriff der „Ratten" deutet auf ein egozentrisches, verantwortungsloses Verhalten hin).

Die Prinzipien a) bis e) entsprechen den Gestaltgesetzen und entstammen der Gestaltpsychologie (vgl. z. B. Fröhlich, 1991, S. 160 f). Sie sind zwar vorschnelle oder häufig nicht wirklich zutreffende Bedeutungsfindungen, sie erlauben aber eine erste, vorbegriffliche Einteilung, die bestimmte Vorteile (, aber auch Nachteile) in der Kommunikation bringt.

Ein „typischer Österreicher" wäre nach solchen vor-wissenschaftlichen Annahmen jemand, der zwar die deutsche Sprache als Muttersprache hat, der aber einen starken Dialekt und nicht Hochdeutsch spricht. Weiters wird „Österreichern" nachgesagt, dass sie keine in Deutschland verankerte Arbeitsmoral hätten und Probleme nicht nach vorgegebenen Regeln lösen, sondern Zwischenlösungen oder Alternativlösungen (eine „österreichische" Lösung) anstreben. Auch wenn die Existenz solcher „typischen Österreicher" streng wissenschaftlich noch nicht nachgewiesen wurde, erlaubt es eine solche Definition doch, mit weniger Mitteln und damit einfacher kommunizieren zu können: Man wird dann nicht alle relevanten Merkmale einer Person aufzählen, sondern nur eine Typenbezeichnung verwenden. Natürlich kann eine Typenbezeichnung, die der Realität nicht entspricht, zu bedeutsamen Problemen in der Kommunikation führen.

Das hier beschriebene vor-wissenschaftliche Finden von Bedeutungen hebt sich von wissenschaftlichen Methoden des Definierens und des Explizierens ab.

Definieren und Explizieren als Methoden der Bedeutungsfindung

Definieren. Beim „Definieren" werden „Begriffe" dadurch gebildet, dass Worte und Vorstellungsinhalte miteinander verbunden werden. „Begriffe" sind Träger von Bedeutungen. Vorstellungsinhalte beziehen sich auf Merkmale, Kombinationen von Merkmalen und Beziehungen zwischen Merkmalen (vgl. Prim & Tilmann, 1997, S. 25 ff).

Ein Beispiel: Ein „Schüler" ist jemand, der (a) eine Ausbildungsstätte besucht und (b) männlichen Geschlechts ist. „Schüler" wäre ein Wort (auch Definiendum), dem die Vorstellungsinhalte (a) und (b) (auch Definiens) zugeordnet werden. Der gesamte Satz „Ein ,Schüler' ist jemand, der …" ist eine Definition, bei der einem Wort Vorstellungsinhalte zugeordnet werden.

In der empirischen Sozialforschung spielen vor allem „deskriptive Begriffe" eine zentrale Rolle (vgl. ebd., S. 35): Sie beschreiben Objekte der Realität und können direkten empirischen Bezug aufweisen, wenn sie sich auf unmittelbar beobachtete Phänomene beziehen (z. B. Verhalten von Schülern im Unterricht). Sie können aber auch einen indirekten empirischen Bezug aufweisen, wenn sie sich auf theoretische Konstrukte beziehen, die nicht direkt in der Realität vorkommen (z. B. Unterrichtsklima).

Explizieren. „Explizieren" meint, dass ein unklarer Ausdruck genauer gefasst werden soll. Dabei sind verschiedene Verfahren möglich (vgl. Prim & Tilmann, 1997, S. 40 ff):

a) Alle jene Phänomenbereiche eines Begriffes werden ausgeschlossen, die nicht für ein Untersuchungsziel relevant sind.

b) Alle vorhandenen Vorstellungsinhalte eines Ausgangsbegriffes werden gesammelt und geordnet.

c) Es folgt eine Entscheidung darüber, welcher bestimmte Vorstellungsinhalt zur Erreichung eines Untersuchungszieles weiter verwendet wird.

d) Der ausgewählte Vorstellungsinhalt wird in seinen einzelnen Merkmalen genauer bestimmt und eine daraus entstehende Definition wird in der Untersuchung weiter verwendet.

Kriterien. Ob Definitionen gültig sind, hängt davon ab, ob sie zweckmäßig bzw. brauchbar für gesetzte Untersuchungsziele bzw. Fragestellungen sind. Auch ist es wichtig, dass Definitionen von Menschen, die eine Fachsprache beherrschen, möglichst eindeutig bzw. ohne Missverständnisse verstanden werden. Definitionen sollten vor allem dem Kriterium der „Ähnlichkeit" und der „Exaktheit" genügen (vgl. ebd., S. 42 ff). „Ähnlichkeit" meint, dass Definitionen auch eine gewisse Übereinstimmung mit dem alltäglichen Sprachgebrauch haben sollten. „Exaktheit" bedeutet, dass Definitionen nicht vage sind, d. h. in Zusammenhang mit einer Forschungsfrage klar sein sollte, ob bestimmte Objekte ein- oder ausgeschlossen sind. „Exaktheit" bedeutet auch, dass ein Begriff nicht inkonsistent verwendet wird, d. h. dass er in einem ähnlichen Kontext einmal so und dann wieder anders definiert wird. Auch sollten Definitionen „einfach" (d. h. möglichst sparsam in der Verwendung sprachlicher Mitteln) und „fruchtbar" zur Anregung weiterer Forschungsaktivitäten sein.

Definieren und Explizieren bei der Theorieentwicklung. Wie Definieren und Explizieren im Rahmen der Theorieentwicklung eingesetzt werden, soll an einem Beispiel verdeutlicht werden. Grundsätzlich gilt, dass Definieren und Explizieren vor allem am Beginn einer Theorieentwicklung stehen, aber auch immer wieder im Prozess der Theorieentwicklung auftreten, wenn neue Begriffe in eine sich entwickelnde Theorie integriert werden. Beide Verfahren kommen auch mehr oder minder explizit in anderen Methoden der Theorieentwicklung vor.

Will z. B. jemand untersuchen, ob Jugendliche internetsüchtig sind, dann ist zu klären, was „Jugendliche" sind, was mit „Internet" gemeint ist und was eine „Sucht" darstellt. Dabei wird man zunächst von ersten Definitionen ausgehen. Demnach könnten „Jugendliche" als Menschen definiert sein, die ein Alter von 12 bis 20 Jahren aufweisen. Das „Internet" wäre demnach ein weltumspannendes Computernetzwerk. „Sucht" könnte man als Verhalten auffassen, bei dem immer und immer wieder ein bestimmtes Bedürfnis befriedigt wird; Sucht ist außerdem etwas, das nicht mehr nur in der Kontrolle des betroffenen Menschen ist, sondern auch als Krankheit aufgefasst wird.

Von diesen (eher ungenauen ersten) Definitionen ausgehend, wird man versuchen, Definitionen zu diesen drei Begriffen in der wissenschaftlichen Literatur zu finden, wobei auch angenommen werden muss, dass diese drei Begriffe sowohl eine jeweils eigenständige Definitionsgeschichte als auch eine gemeinsame haben könnten.

Für den Begriff der „Sucht" lassen sich z. B. eine Reihe von Definitionen finden, wobei dabei Fachwörterbücher, Lehrbücher (mit Sachwortregister), aber auch Fachzeitschriften verwendet werden können:

a) „Sucht" ist eine „Bezeichnung für einen zwanghaften Drang, durch bestimmte Reize oder Reaktionen Lustgefühle oder -zustände herbeizuführen" (Fröhlich, 1991, S. 329); oder

b) „Sucht" wird auch als „extreme Übersteigerung der Anreizmotivation" (Kuhl, 2001, S. 418) angesehen; oder

c) „Sucht" wird auch in Zusammenhang mit einer Substanzabhängigkeit gebracht, die folgende Merkmale aufweist: regelmäßiger Konsum, starker Wunsch oder Zwang zum Konsum, verminderte Kontrollfähigkeit, körperliches Entzugssyndrom bei Beendigung oder Reduktion des Konsums, mit Nachweis der Toleranz (höherer Dosen), fortschreitende Vernachlässigung anderer Interessen und anhaltender Konsum trotz Nachweis schädlicher Folgen (vgl. Symptome der Substanzabhängigkeit nach ICD-10 in: Reimer & Hautzinger, 2007, S. 540).

In einem nächsten Schritt wird man entscheiden, welche der in der Literatur gefundenen Definitionen für die Fragestellung bzw. das Ziel der Untersuchung passend sind. Dabei können eine Reihe von Überlegungen angestellt werden, die in Fragen (hier beispielhaft zum Begriff der „Sucht") münden:

a) Deckt die Definition möglichst viele Merkmale bzw. Erscheinungsformen von „Sucht" ab?

b) Ist die Definition verständlich, und zwar vor allem für die relevanten Zielgruppen (z. B. Expertinnen und Experten im Bereich der Sozialpädagogik)?

c) Ist die Definition dem alltäglichen Sprachgebrauch ähnlich?

d) Ist die Definition exakt?

e) Könnte man ausgehend von einer Definition Messoperationen (z. B. Fragen oder Beobachtungen) von hoher Qualität gestalten?

Beantwortet man diese Fragen, dann liegt, bezogen auf das obige Beispiel, der Schluss nahe, die Definition von Reimer und Hautzinger (2007, S. 540), was „Sucht" betrifft, zu wählen. Sie deckt – im Gegensatz zu den anderen hier beispielhaft aufgeführten Definitionen – viele Merkmale von Sucht ab; sie ist – trotz ihrer medizinisch und psychologisch orientierten Sprachverwendung – auch im Bereich der Sozialpädagogik verständlich; viele Merkmale lassen sich auch im Alltag beobachten bzw. finden sich im alltäglichen Sprachgebrauch; die Definition ist auch exakt, weil die einzelnen Merkmale nicht vage sind oder zu inkonsistenter Anwendung verleiten; und sie ist so formuliert, dass daraus jeweils gut Messoperationen abgeleitet werden können.

In der weiteren Folge könnte man sich die Frage stellen, ob wirklich alle Merkmale, die von Reimer und Hautzinger (2007, S. 540) angegeben werden, wirklich auf eine spezifische Sucht in Bezug zur Internet-Nutzung von Jugendlichen passen. Möglicherweise tritt bei dem Phänomen der Internet-Sucht kein körperliches Entzugssyndrom auf, wie das z. B. bei Alkoholsucht der Fall ist. Wenn das der Fall ist, was über weitere Literaturrecherchen zu klären wäre, dann könnte man dieses Merkmal aus der Definition von Sucht für das vorliegende Beispiel eliminieren.

Schließlich sind die Schritte, die jetzt beispielhaft mit dem Begriff der „Sucht" durchgeführt wurden, auch mit den beiden anderen zentralen Begriffen („Jugendliche" und „Internet") zu erledigen. Am Ende dieses Prozesses könnte dann z. B. folgende Definition stehen, die sich aus einer Kombination vorgefundener Definitionen und eigener Änderungen zusammensetzt:

„Internet-Sucht von Jugendlichen" ist dann gegeben, wenn

– Mädchen und Burschen in der vorpubertären und pubertären Phase und in der Phase der Adoleszenz (ungefähr im Alter von elf bis 21 Jahren) und

– die Informations-, Kommunikations- und Unterhaltungsangebote des weltweiten Computernetzwerkes Internet

- täglich mehrere Stunden, und zwar konstant über einen mehrmonatigen Zeitraum,
- mit einem starken Wunsch und reduzierter Kontrollfähigkeit,
- unter Vernachlässigung familiärer und anderer sozialer Kontakte und
- trotz bedeutsamer Interventionen zur Reduktion des Konsums nutzen.

Ausgehend von dieser Definition werden dann weitere Theorieentwicklungsarbeiten betrieben. Um Definitionen weiter zu verbessern, können unterstützende Strategien zur Bedeutungsfindung herangezogen werden.

Unterstützende Strategien zur Bedeutungsfindung

Mitunter sind die Verfahren der Definition und Explikation nicht ausreichend, um die Bedeutung eines Begriffes ausreichend klären zu können: Es sind weitere Strategien notwendig , die auch die Theorieentwicklung allgemein fördern. Diese Strategien beziehen sich auf textliches Material, das zu einem bestimmten Phänomenbereich vorliegt. Das textliche Material kann aus Protokollen von Befragungen, wissenschaftlichen Abhandlungen, unstrukturierten oder unsystematisch erfassten Notizen und ähnlichen Unterlagen bestehen.

Solche Strategien der Bedeutungsbildung wurden von Miles und Huberman (1994) als „tactics for generating meaning" zusammengefasst und betreffen (vgl. ebd., S. 245 ff, hier verkürzt, paraphrasiert und mit eigenen [fiktiven] Beispielen dargestellt):

a) *Notieren von Mustern*: Dabei wird etwas protokolliert, das in irgendeiner Form auffällig ist. Diese Auffälligkeit kann sich darauf beziehen, dass etwas besonders häufig auftritt, hohe Ähnlichkeiten oder große Unterschiede mit anderen Phänomenen aufweist, zeitlich besonders nahe oder entfernt zu einem Ereignis auftritt usw. Muster sind für ein Phänomen relevante Größen oder Netzwerke von Größen.

Beispiel: Zum Beispiel könnte einem Arzt auffallen, dass sich in seiner Ordination mehr Fälle von schweren Krankheiten häufen, als das bei seinen

Kolleginnen und Kollegen der Fall ist. Diese überdurchschnittlich vielen Fälle könnten ein Muster sein, das notiert und näher zu untersuchen ist.

b) Suche nach Plausibilität: Das bedeutet, dass die gefundenen Muster auf ihr augenscheinliches Zutreffen bzw. auf ihre Relevanz für ein Phänomen geprüft werden. Diese Prüfung basiert allerdings nicht auf expliziten wissenschaftlichen Kriterien, sondern besteht eher in einer intuitiven Einschätzung.

Beispiel: Ein Arzt wird seinen Verdacht auf Muster überdurchschnittlich häufig auftretender Krankheiten durch Gespräche mit Patientinnen und Patienten oder Kolleginnen und Kollegen zu prüfen versuchen. Mit solchen Gesprächen könnte man versuchen zu klären, ob auch andere Personen eine ähnliche Wahrnehmung gemacht haben.

c) Gruppieren: Damit ist gemeint, dass man versucht, ein Phänomen dadurch zu verstehen, dass man Teilphänomene/Objekte, die ähnliche Merkmale aufweisen, zusammenfasst und begrifflich fasst, indem übergeordnete Konzepte gebildet werden.

Beispiel: Ein Arzt könnte beginnen, die Krankheitsbilder seiner Patientinnen und Patienten zu sammeln und nach Ähnlichkeiten zu gruppieren. Dabei könnte er entdecken, dass sich bei der betreffenden Gruppe vor allem vier Gruppen von Krankheitsbildern zeigen, nämlich Atemwegserkrankungen, Übelkeit, Müdigkeit und Benommenheit.

d) Metaphern erzeugen: Metaphern sind bildliche Vorstellungen, die eine datenreduzierende Aufgabe haben, die mehrere Details eines Phänomens berücksichtigen und daraus ein Bild konstruieren, das diese Details integriert darstellt.

Beispiel: Ein Arzt könnte die vier genannten Krankheitsbilder (Atemwegserkrankungen, Übelkeit, Müdigkeit und Benommenheit) mit der Metapher „Kettenzigarrenraucher"-Patienten versehen. Diese Metapher könnte darauf hindeuten, dass die Patientinnen und Patienten bewusst oder unbewusst einer starken Belastung durch Rauch aus Verbrennungen oder Abgasen aus chemischen Prozessen ausgesetzt sind.

e) Zählen: Damit ist gemeint, dass beobachtete Phänomene möglichst genau gemessen werden.

Beispiel: Ein Arzt könnte die Krankenakten seiner Patientinnen und Patienten der letzten zehn Jahre durchsehen und die vier genannten Krankheitsbilder und eventuell vorliegende Ursachen erfassen. Dabei könnten z. B. der Wohnort und dort gegebene Umweltbelastungen, der Konsum von Zigaretten und Alkohol oder das Ernährungsverhalten miterfasst werden.

f) Gegenüberstellungen und Vergleiche anstellen: Dabei geht es darum, Teilphänomene und deren Merkmale auf Unterschiede und Übereinstimmungen zu prüfen.

Beispiel: Ein Arzt könnte versuchen, die Patientinnen und Patienten mit den vier genannten Krankheitsbildern mit den anderen Patientinnen und Patienten zu vergleichen. Dabei könnte sich z. B. zeigen, dass sich beide Gruppen hinsichtlich des Wohnortes und hinsichtlich des Rauchverhaltens bedeutsam unterscheiden.

g) Einflussgrößen teilen: Damit ist gemeint, dass Phänomene und deren vermutete Einflussgrößen differenziert bzw. genauer aufgeteilt oder zergliedert werden.

Beispiel: Ein Arzt könnte versuchen, einen Teil der Patientinnen und Patienten mit den genannten Krankheitsbildern hinsichtlich ihres Wohnortes, der dort herrschenden Umwelt- bzw. Klimabedingungen, vorhandener Betriebe und des Rauchverhaltens näher zu befragen. Hinsichtlich des Wohnortes könnte er einen bestimmten Bezirk annehmen und den räumlichen Abstand zu diesem Bezirk (0–10 km, 10–20 km, 20–30 km, 30–40 km, 40–50 km, 50 km und mehr) erfassen. Von einer meteorologischen Station könnte er Daten über regionale Wetter- und Klimaverhältnisse und die Schadstoffbelastungen der Luft der letzten zehn Jahre einfordern. Von einer Stelle, die die Genehmigung von Betrieben erledigt, könnte er sich die Betriebsansiedelungen (samt erzeugter Produkte etc.) der letzten zehn Jahre mitteilen lassen. Schließlich könnte er in einer Telefonumfrage das Rauchverhalten (Art und Häufigkeit) der betreffenden Patientinnen und Patienten erfassen.

h) Spezifisches zu Allgemeinem zusammenfassen: Dabei geht es darum, verschiedene Teilphänomene und/oder Einflussgrößen zu bündeln. Diese Bündelung wird in der Regel auch zu neuen Sichtweisen und phänomenrelevanten Begriffen führen.

Beispiel: Ein Arzt könnte annehmen, dass die betrachteten Patientinnen und Patienten einer besonderen Umweltbelastung ausgesetzt sind. Der Begriff der Umweltbelastung fasst alle angenommenen Teileinflüsse auf das beobachtete Krankheitsbild zusammen.

i) Faktoren bilden: Hier werden viele beobachtbare Teilphänomene, d.s. Variablen, zu wenigen eher theoretisch angenommenen Größen, d.s. Konstrukte, zusammengefasst.

Beispiel: Umweltbelastung könnte sich – nach Ansicht eines Arztes – aus Faktoren der „Luftverschmutzung" und der „individuellen Rauchgeschichte" bilden. Das Konstrukt der „Luftverschmutzung" könnte sich z. B. aus der Art der Belastung (Feinstaub, Ozon, Stickstoffoxide etc.), der Intensität der Belastung (in Relation zu gesetzlich vorgegebenen Grenzwerten) und der zeitlichen Dauer der Belastung (in einem bestimmten Zeitraum) zusammensetzen. Das Konstrukt der „individuellen Rauchgeschichte" könnte die Menge des aktiven und passiven Konsums von Zigaretten, Zigarren etc. umfassen. Außerdem könnten für die Auswirkungen des Rauchverhaltens relevante Kontextfaktoren (Alkoholkonsum, sportliche Aktivitäten, Ernährungsverhalten etc.) dieses Konstrukt bilden.

j) Beziehungen zwischen Variablen bilden: Dabei soll festgelegt werden, welche als relevant erachteten Einflussgrößen wie stark ausgeprägt sind und sich wie beeinflussen. Bei den Ausprägungen können hohe oder niedrige unterschieden werden. Bei der Art der Beeinflussung können vor allem erhöhende oder senkende Effekte unterschieden werden.

Beispiel: Ein Arzt würde z. B. annehmen, dass die beobachteten Krankheitsbilder dann besonders stark ausgeprägt sind, wenn die Umweltbelastung hoch ist. Die Umweltbelastung wird als hoch bewertet, wenn viele Schadstoffe in hoher Intensität und über eine lange Dauer wirksam sind. Die Umweltbelastung wird auch dann hoch sein, wenn eine negative individuelle Rauchgeschichte vorliegt. Eine individuelle Rauchgeschichte ist dann negativ, wenn ein hoher Konsum von Rauchwaren vorliegt und gleichzeitig ungünstige Kontextfaktoren gegeben sind. Kontextfaktoren werden dann als ungünstig angenommen, wenn viel Alkohol getrunken, wenig Sport betrieben und eine vitaminarme Ernährung eingenommen wird.

k) Intervenierende Konstrukte bzw. Variablen finden: In diesem Schritt geht es darum, „intervenierende Konstrukte bzw. Variablen" zu identifizieren. Diese sind Einflussgrößen, die zwischen angenommenen abhängigen Variablen und unabhängigen Variablen liegen. Abhängige Variablen sind Variablen, die von anderen beeinflusst werden; unabhängige Variablen sind solche, die andere beeinflussen.

Beispiel: Ein Arzt muss annehmen, dass Krankheitsbilder nicht nur von Umweltbelastung beeinflusst werden, sondern z. B. auch von erlebtem Stress (durch körperliche und psychische Belastungen) und von Vererbung (Auftreten von Krankheitsbildern in der Familie).

l) Bilden einer logischen Evidenzkette: Dabei geht es darum, alle als relevant erachteten Phänomene und Einflussgrößen zu ordnen und in einem Überblick bzw. in einem Variablenmodell darzustellen (vgl. Abbildung 15).

Beispiel: Die von dem Arzt angenommenen möglichen Einflussgrößen auf das beschriebene Krankheitsbild sind in Abbildung 15 dargestellt.

m) Begriffliche/theoretische Kohärenz herstellen: Die dargestellten Strategien zur Bedeutungsfindung gehen davon aus, dass der Startpunkt dieser Aktivitäten bei vorhandenen Erfahrungen zu einem Phänomen liegt. Das bedeutet, dass der gesamte Prozess eher von vorliegenden Daten gesteuert ist und vor allem dann angewandt wird, wenn noch wenig wissenschaftliche Theorien und Konzepte zu einem Phänomenbereich vorliegen.

In einer letzten Phase geht es aber auch darum, die gemachten Beziehungen mit wissenschaftlichen Konzepten und Theorien zu konfrontieren. Dabei bieten sich viele Möglichkeiten: Einerseits könnte man versuchen, ein theoretisches Modell zu finden, das ähnliche Variablen und Beziehun-

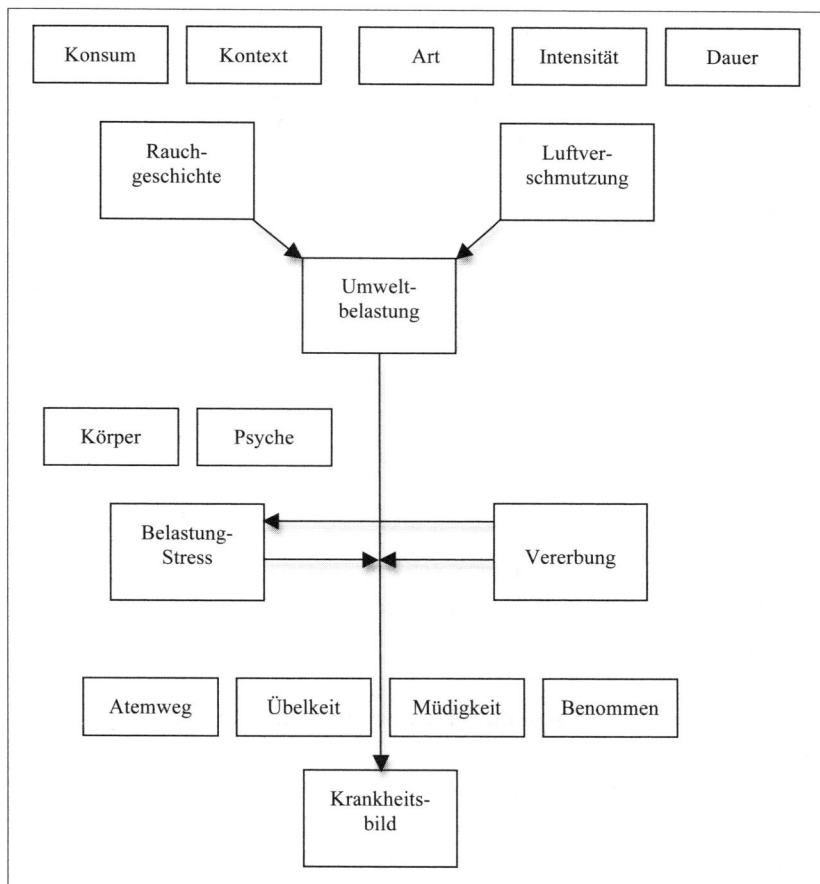

Abbildung 15: Mögliche Evidenzketten in einem Beispiel zu Krankheitsbildern

gen annimmt. Andererseits könnte man nach theoretischen Variablen suchen, die das vorhandene Variablenmodell noch fundierter und/oder differenzierter beschreiben und erklären könnten. In beiden Fällen ergeben
sich dann Änderungen, Ergänzungen, Streichungen etc. zum ursprünglich
formulierten Modell.

Beispiel: In der medizinischen Forschung liegen natürlich viele Forschungsergebnisse vor, die Verbindungen zu einem erhobenen Krankheitsbild erlauben. Hat ein Arzt aber ein bestimmtes Krankheitsbild in einer Gruppe von Personen identifiziert, könnte er dann nach wissenschaftlichen Arbeiten suchen, die genau auf dieses Krankheitsbild bezogen sind. Das würde den Suchbereich bedeutsam einschränken. Können z. B. durch Untersuchungen psychovegetative Störungen und Vererbungseinflüsse großteils ausgeschlossen werden, dann ist es wahrscheinlich, dass die Umweltbelastung zu den beschriebenen Krankheitsbildern geführt hat bzw. den stärksten Auslöser darstellt. Das ursprüngliche Modell müsste dann verändert werden, und zwar dadurch, dass die Einflussgrößen der Rauchgeschichte und der Luftverschmutzung differenzierter erfasst werden. Für diese Differenzierung können wissenschaftliche Studien verwendet werden. Das sollte sicherstellen, dass das entworfene Modell auch mit aktuellen wissenschaftlichen Ergebnissen bzw. entsprechenden Theorien übereinstimmt bzw. kohärent ist.

In diesem Abschnitt wurden Strategien der Bedeutungsfindung dargestellt, die sich, zumindest in Teilen, in vielen anderen Verfahren zur Entwicklung von Theorien finden lassen.

Wie aus Ergebnissen von empirischen Untersuchungen Theorien werden

Grundsätzlich werden empirische Untersuchungen durchgeführt, um zu überprüfen, ob die Annahmen einer Theorie auch tatsächlich in der Realität zutreffen. Allerdings können auftretende Ergebnisse von empirischen Untersuchungen auch dazu führen, dass, auf diese Ergebnisse bezogen, eine theoretische Annahme oder eine ganze Theorie formuliert wird. Dabei könnte man folgendes Bewertungsmuster verwenden:

a) Viele ähnliche Ergebnisse aus fundierten wissenschaftlichen Studien und starke theoretische Annahmen: Werden wiederholt in empirischen Studien Zusammenhänge oder Einflüsse von bestimmten Variablen gefunden, dann wäre das eine gute Basis, das für die Formulierung einer theoretischen Annahme zu verwenden. Wurde z. B. wiederholt gefunden, dass Gewalt unter Kindern dann verstärkt auftritt, wenn intensiv gewalthältige Computerspiele konsumiert wurden, dann liegt der Schluss nahe, dass es eine Beziehung zwischen Mediennutzung und Aggressivität von Kindern gibt. Diese Beziehung könnte man als Hypothese bzw. Teil einer Theorie ansehen, die untersucht, warum es zu aggressivem Verhalten bei Kindern kommt.

Wissenschaftlich fundierte Studien sind dabei solche, die unter Einhaltung wissenschaftlicher Kriterien (der Hypothesenformulierung, der Datenerhebung, der Messqualität etc.) erstellt und meist in wissenschaftlichen Organen (z. B. Fachzeitschriften) veröffentlicht wurden, die strenge und unabhängige Prüfverfahren (z. B. Reviewing) anlegen. Wichtig dabei ist auch, dass nicht nur eine Beziehung zwischen zwei oder mehreren Variablen angenommen wird, sondern dass auch begründet wird, warum diese Beziehung bestehen könnte. Das heißt, dass Mechanismen (z. B. Informationsverarbeitungsprozesse) genannt werden, die die Auswirkungen von unabhängigen auf abhängige Variablen erklären können.

Liegen starke theoretische Annahmen vor, könnte man das als Ausgangspunkt nehmen, um eine wissenschaftliche Hypothese und eine damit zusammenhängende Theorie zu formulieren.

b) Einige ähnliche Ergebnisse aus empirischen Studien und mittelstarke theoretische Annahmen: In der Forschung wahrscheinlich ist auch, dass nur wenige ähnliche Ergebnisse zu finden sind, die zudem aus oft wissenschaftlich beschränkt fundierten Studien (z. B. Pilotstudien oder explorativen Untersuchungen) stammen, bei denen weder Prüfverfahren veröffentlicht noch erklärende Mechanismen beachtet wurden. In diesem Fall könnte man zwar eine theoretische Annahme über die Beziehung der relevanten Variablen formulieren, man muss aber davon ausgehen, dass nur schwache Effekte gegeben sind. In diesem Fall wird man wohl keine eigenständige Theorie formulieren, sondern eher nur eine Hypothese als Teil einer möglichen Theorie prüfen.

c) Gemischte Ergebnisse aus empirischen Studien und schwache theoretische Annahmen: Liegen gemischte Ergebnisse aus empirischen Studien in Bezug zu Variablenbeziehungen vor, dann bedeutet das, dass sowohl bestätigende Befunde als auch widerlegende Befunde gegeben sind. In diesem Fall wird man versuchen, Untersuchungsbedingungen, aber auch Variablen zu identifizieren, die die unterschiedlichen Ergebnisse vorläufig erklären können. Dann wird man die eigentlich interessierende Variablenbeziehung (zwischen einer bestimmten unabhängigen und abhängigen Variablen) zusammen mit anderen Variablen untersuchen, die auf diese Variablenbeziehung einen hypothetischen Einfluss ausüben.

Solange bestimmte Variablenbeziehungen nicht eindeutiger empirisch belegt sind, wird man keine begründbaren Annahmen formulieren können, die als fundierte Hypothesen gelten und zu einer entsprechenden Theorie führen können. In diesem Fall wird man eher Arbeitshypothesen haben, die Ausgangspunkte für weitere Forschungsaktivitäten (Theorieentwicklungen, Forschungsprojekte etc.) sein werden.

Auch gilt es zu bemerken, dass empirische Untersuchungsergebnisse nur eine Quelle bei der Bildung von Theorien darstellen (vgl. Abschnitt 5.2.2).

In den folgenden Abschnitten werden jetzt spezifische Methoden der Theorieentwicklung behandelt, die einen bestimmten Aspekt von Theorien besonders beachten. In „sprachanalytischen" Methoden wird z. B. davon ausgegangen, dass Theorien aus Sprache bzw. Aussagen bestehen und dass damit ihre Entwicklung über die Gestaltung von sprachlichen Elementen passiert.

Übereinstimmungen bzw. Überschneidungen von Methoden zur Theorieentwicklung

In diesem Buch werden unterschiedliche Methoden zur Entwicklung von Theorien dargestellt und mit Beispielen illustriert. Es muss hier festgehalten werden, dass dabei Übereinstimmungen oder Überschneidungen vorkommen: In bestimmten Methoden werden Teile bzw. Vorgehensweisen eingesetzt, die auch in anderen Methoden vorkommen. Dadurch könnte der Eindruck entstehen, dass im Buch Redundanzen enthalten sind. Das ist auch der Fall, was sich aber nicht vermeiden lässt. Hier ein paar Argumente dafür, warum sich solche Redundanzen nicht vermeiden lassen bzw. sinnvoll sind:

a) Es gibt derzeit nicht eine Methode der Theorieentwicklung, die für alle Fälle zu empfehlen wäre bzw. die aus vorhandenen Methoden entwickelt werden könnte. Nur in einem solchen geschlossenen System mit nur einer bestimmten Methode könnten Redundanzen vermieden werden.

b) Einzelne Teile von Methoden kommen zwar in anderen Methoden vor, aber nicht immer mit gleichen Bedeutungen, Zielen oder Ergebnissen.

Sobald eine Teilmethode eine etwas andere Funktion ausübt, kann sie nicht weggelassen oder durch eine Teilmethode einer anderen Methode ersetzt werden.

c) Die Wiederholung von Teilen von Methoden hat auch einen didaktischen bzw. lernförderlichen Effekt. Dieser Effekt ist für dieses vorliegende Buch wichtig, weil es eine anwendungsorientierte Einführung sein soll.

5.4 Sprachanalytische Methoden: Über die Arbeit mit Aussagen

Theorien enthalten Aussagen über Phänomene. Aussagen bestehen aus Elementen unserer Sprache, weshalb die Arbeit an Theorien auch eine Arbeit mit Sprache ist. Diese Arbeit mit Sprache betrifft das (wissenschaftliche) Klären von Begriffen, die Festlegung von bestimmten Typen von Beziehungen zwischen Begriffen bzw. Variablen usw.

5.4.1 Techniken der Theorieentwicklung von Hage (1972)

Mit Hage (1972, S. 62 ff) lassen sich grundsätzlich folgende Schritte der Entwicklung von theoretischen Aussagen festlegen:

1. Spezifizieren der Elemente (Variablen) einer Theorie,
2. Bestimmen der Beziehungen zwischen den Elementen einer Theorie und
3. Ordnen von Elementen und Beziehungen einer Theorie.

Diese Schritte werden in einem sich wiederholenden Prozess durchgeführt.
Spezifizieren der Elemente einer Theorie. Die Elemente einer Theorie stellen Variablen dar. Variablen sind veränderliche Größen, die in einem bestimmten Gegenstandsbereich bzw. bei Betrachtung eines bestimmten Phänomens relevant sind. „Spezifizieren" bedeutet in diesem Sinne, dass Variablennamen angegeben (Variable) und diese in ihrer Bedeutung bestimmt werden (Definition). Darüber hinaus sind Messoperationen anzugeben, die es ermöglichen, Daten hinsichtlich einer Variablen erheben zu

können (operationale Indikatoren). Schließlich kann bestimmt werden, wie die einzelnen Messoperationen aufeinander bezogen bzw. verarbeitet werden (Indexbildung).

In Tabelle 5 ist ein Beispiel für den Schritt des Spezifizierens der Elemente einer Theorie angegeben. Bei diesem Beispiel geht es um die theoretische „Kompetenz zur individuellen Lernförderung", die Lehrerinnen und Lehrer haben sollten, um wirksam unterrichten zu können. Tabelle 5 liefert einen Ordnungsrahmen (mit Variablen, Definitionen, operationalen Indikatoren und Indexbildung), in den Ergebnisse theoriebildender Überlegungen eingetragen werden. Solche theoriebildenden Überlegungen betreffen Antworten auf folgende Fragen zum ausgewählten Beispiel einer Theorie der „Kompetenz zur individuellen Lernförderung":

a) Aus welchen Teilen (Subkompetenzen) könnte sich eine Kompetenz zur individuellen Lernförderung zusammensetzen?

b) Welche Theorien oder Forschungsergebnisse gibt es bereits hinsichtlich dieser Subkompetenzen?

c) Wenn man sich die Tätigkeit eines Lehrers, der individuelle Lernförderung realisieren muss, ansieht: Welche Teilschritte hat er durchzuführen? Können diese Teilschritte abgegrenzt werden?

d) Gibt es in anderen Bereichen Theorien über Kompetenzen, die man nutzen könnte, um die Kompetenz zur individuellen Lernförderung von Lehrerinnen und Lehrern genauer bestimmen zu können?

e) Überschneiden sich die Subkompetenzen in ihrer Bedeutung? Kann durch Änderungen in den Definitionen diese Überschneidung ausgeschaltet werden?

f) Decken die formulierten Variablen alle relevanten Subkompetenzen ab? Welche gibt es noch? Können diese als eigenständige Subkompetenzen aufgenommen werden?

g) Sind die Definitionen klar, verständlich und frei von (logischen) Widersprüchen?

h) Wie könnten Messoperationen (Fragen) aussehen, die es möglich machen, die jeweilige Subkompetenz genau und gültig erfassen zu können?

Tabelle 5: Das Spezifizieren der Elemente einer Theorie (in Anlehnung an: Hage, 1972, S. 74, stark verändert) am Beispiel der „Kompetenz zur individuellen Lernförderung"

Variable	Definition	Operationale Indikatoren: Die Lehrerin/Der Lehrer:	Indexbildung
Kompetenz der Lehrzielformulierung (KLZ)	Fertigkeit, genau angeben zu können, was am Ende einer Unterrichtseinheit von den Schülerinnen und Schülern gekonnt werden soll.	I1. kann aus Lehrplänen und Bildungsstandards Ziele für einzelne Unterrichtseinheiten formulieren. I2. kann Ziele so festlegen, dass alle lehrzieltaxonomischen Ebenen abgedeckt sind. I3. kann den Schülerinnen und Schülern Lehrziele verständlich mitteilen.	KLZ = I1 + I2 + I3.
Kompetenz der Lernvoraussetzungsdiagnose (KLD)	Fertigkeit, genau messen zu können, was Schülerinnen und Schüler im jeweiligen Fach wissen und können.	I4. kann Tests so gestalten, dass sie gesetzten Lehrzielen entsprechen. I5. kann Methoden der Aufgaben- und Testanalyse zur Testverbesserung anwenden. I6. kann Stärken- und Schwächenprofile einzelner Schülerinnen und Schüler erstellen.	KLD = I4 + I5 + I6.
Kompetenz der individualisierten Unterrichtsgestaltung (KIU)	Fertigkeit, an individuelle Schülerinnen und Schüler angepasste Unterrichtseinheiten zu planen und durchzuführen.	I7. kann Lernmaterialien nach unterschiedlichen Schwierigkeitsgraden erstellen. I8. kann Unterrichtsmethoden je nach individuellen Bedürfnissen der Schülerinnen und Schüler variieren. I9. kann Unterrichtsmanagementtechniken anwenden, die individualisiertes Lernen effizient machen.	KIU = I7 + I8 + I9.

Um die gestellten Fragen beantworten zu können, ist eine umfangreiche Wissensgrundlage notwendig. Diese Grundlage enthält Kenntnisse über die Entwicklung von Theorien, über vorhandene Theorien und Forschungsergebnisse zum betreffenden Gegenstandsbereich, methodologisches Basiswissen (zur Formulierung der Indikatoren und zur Indexbildung) usw.

Kriterien. Dieses Wissen wird dann zur Beantwortung der gestellten Fragen herangezogen; mitunter produziert dieses Grundlagenwissen auch Fragen, die beantwortet werden sollen. Die auf diese Weise entstandenen Spezifikationen von Variablen sind dann einer vorläufigen Prüfung zu unterziehen, ob

a) die identifizierten Variablen und ihre Definitionen, Indikator- und Indexbildungen mit vorhandenem Wissen vereinbar sind;

b) die gewählten Spezifikationen für jemanden, der eine relevante wissenschaftliche Fachsprache versteht, auch verständlich sind;

c) logische Widersprüche, Begriffsüberschneidungen oder möglichst vollständige Erfassung des interessierenden Sachverhalts gegeben sind.

Auch diese Prüfungen führen wieder dazu, dass die Spezifikationen verändert werden.

Wichtig ist, festzuhalten, dass die in Tabelle 5 dargestellten Variablen nur Ausschnitte einer Theorie darstellen. Wenn man z. B. eine Kompetenz zur individuellen Lernförderung spezifiziert, dann ist es wahrscheinlich sinnvoll und wissenschaftlich notwendig, dass diese Kompetenz mit ihren möglichen Auswirkungen in Verbindung gebracht wird. Dazu wären weitere Elemente einer Theorie zu spezifizieren und dann Beziehungen zwischen diesen Elementen festzulegen.

Bestimmen der Beziehungen zwischen den Elementen einer Theorie. Hage (1972, S. 85 ff) befasst sich mit der Frage, wie man Beziehungen zwischen Elementen einer Theorie festlegen kann bzw. welche Überlegungen dabei hilfreich sind. In Anlehnung an die Vorschläge von Hage (1972, insbesondere S. 86, 89 und 95) könnte man folgenden Prozess der Bestimmung der Beziehungen zwischen den Elementen einer Theorie sehen:

1. Sammlung aller in Erwägung gezogener Elemente der Theorie;

2. Formulierung von Beziehungen zwischen den theoretischen Elementen; und

3. Bestimmung der Art der Beziehung zwischen den theoretischen Elementen.

Formulierungen, um Beziehungen auszudrücken. Zur Beschreibung der Beziehungen zwischen Elementen einer Theorie können verschiedene Formulierungen verwendet werden:

a) etwas wird mehr: Erhöhung, Steigerung, häufiger usw. und

b) etwas wird weniger: Senkung, Reduktion, geringer usw.

Auch dieser Vorgang bzw. dessen Ergebnisse könnten wieder – unter Nutzung einer Darstellungshilfe – unterstützt werden (vgl. Abbildung 16). In Abbildung 16 sind – auf obiges Beispiel bezogen – Elemente einer (fiktiven, beispielhaft erstellten) Theorie der „Kompetenz zur individuellen Lernförderung und ihrer unterrichtlichen Auswirkungen" und deren Beziehungen dargestellt. Die Beziehungen zwischen den Elementen einer Theorie können vielfältig sein (vgl. Hage, 1972, S. 89 und 101):

a) „positiv linear": Eine Erhöhung (und Senkung) der einen Variable steht mit einer Erhöhung (und Senkung) der anderen Variable in Zusammenhang (z. B. je höher die Intelligenz eines Kindes, desto schneller kann es Logik-Aufgaben lösen oder je niedriger das Einkommen eines Haushaltes, desto niedriger sind die Ausgaben für Konsum);

b) „negativ linear": Eine Erhöhung (Senkung) der einen Variable geht mit einer Senkung (Erhöhung) der anderen einher (z. B. je höher der Leistungsdruck bei einer Prüfung, desto geringer ist das Wohlbefinden vor der Prüfung oder je niedriger der Blutdruck eines Menschen, desto häufiger treten Schwindelanfälle auf); oder

c) „curvilinear" in U-Form oder umgekehrter U-Form: Eine Erhöhung der einen Variable bewirkt zunächst eine Erhöhung der anderen, dann aber wiederum eine Senkung der anderen oder umgekehrt (z. B. je höher die Leistungsmotivation eines Schülers, desto höher seine Leistungen; ist der Schüler aber besonders stark motiviert („übermotiviert"), kann das eine Reduktion der Leistung zur Folge haben, weil er schneller frustriert ist, wenn Misserfolge auftreten).

Darüber hinaus gibt es noch viele andere Formen der Beziehungen, die auch in anderen Abschnitten dieses Buches (z. B. Kapitel 5.3) besprochen werden.

In Abbildung 16 ist eine (fiktive) Theorie enthalten, die darstellen soll, wie die Subkompetenzen zur individuellen Lernförderung von Lehrerinnen und Lehrern das Lernen im Unterricht beeinflussen. Wird eine Verbindung zwischen den Elementen der Theorie angenommen, dann zeigt ein Pfeil diese Richtung an. Zum Beispiel wird in dieser Theorie angenommen, dass sich die drei Subkompetenzen auf die Qualität der Lernrückmeldungen, auf Störungen im Unterricht und auf das unterrichtliche Anforderungsniveau auswirken. Von diesen Variablen wird angenommen, dass sie sich auf die Zeit für die Aufgabenbearbeitung und auf Interesse bzw. Motivation auswirken. Diese Variablen wiederum sollten sich auf den Wissens- und Kompetenzerwerb auswirken. Zudem hat die Qualität der Lernrückmeldungen einen direkten Einfluss auf den Wissens- und Kompetenzerwerb.

Weitere Typen von Beziehungen und sprachliche Formulierungen. Diese Beziehungen lassen sich nun durch Ergänzungen noch differenzierter bestimmen:

a) Wechselwirkungen: Es ist möglich, dass ein Pfeil nicht nur von X auf Y geht, sondern auch von Y auf X. Das bedeutet, dass sich beide Variablen gegenseitig oder wechselseitig beeinflussen. In Abbildung 16 führt z. B. ein Pfeil von der Variable Interesse/Motivation auf Wissens- und Kompetenzerwerb, außerdem ist ein Pfeil von Wissens- und Kompetenzerwerb auf Interesse/Motivation vorhanden. Damit ist gemeint, dass, wenn z. B. ein Lernender gute Lernfortschritte macht, das auch die Motivation, sich mit einem Lernstoff zu befassen, verändert.

b) Positiver Einfluss = Pfeil plus + : Neben Wechselwirkungen kann auch festgelegt werden, ob ein positiver Einfluss von einer Variable auf eine andere gegeben ist. Positiv meint, dass eine Erhöhung der einen Variable zur Erhöhung der anderen führt bzw. dass eine Senkung der einen zu einer Senkung der anderen führt. In Abbildung 16 ist eine solche positive Beziehung zwischen dem Anforderungsniveau und Interesse/Motivation eingefügt. Es wird damit angenommen, dass eine Optimierung des Anforderungsniveaus (d. i. eine Erhöhung der Abstimmung zwischen Anforderung und Leistungspotenzial) zu einer Erhöhung von Interesse bzw. Motivation führt. Dies kann damit begründet werden, dass Lernende bei einem optimalen Anforderungsniveau meist weder über- noch unterfordert sind. Wären sie überfordert oder unterfordert, hätte das Lernabbrüche aufgrund von Interessens- bzw. Motivationsdefiziten zur Folge.

c) Negativer Einfluss = Pfeil plus − : Mit negativen Einflüssen ist gemeint, dass eine Erhöhung der einen Variable eine Senkung der anderen zur Folge hat bzw. dass eine Senkung der einen eine Erhöhung der anderen produziert. In Abbildung 16 ist zwischen der Kompetenz zur Unterrichtsgestaltung (von Lehrerinnen und Lehrern) und den Störungen im Unterricht ein negativer Einfluss postuliert. Gelingt es einem Lehrer, guten, d. h. motivierenden und lernwirksamen Unterricht zu gestalten, dann ist es sehr wahrscheinlich, dass die Lernenden aufmerksam sind und ausdauernd arbeiten, was Störungen (Schwätzen, Verlassen von Sitzplätzen etc.) reduziert.

d) Unbestimmter Einfluss – Zusammenhang: Kann eine Beziehung nicht weiter bestimmt werden, auch nicht, welche Einflussrichtung gegeben ist, kann man das grafisch durch eine Verbindungslinie ausdrücken, die keine Pfeilspitzen aufweist. In Abbildung 16 ist z. B. zwischen der Qualität von Lernrückmeldungen und den Störungen im Unterricht ein solcher Zusammenhang dargestellt. In dieser Theorie wird nicht näher bestimmt oder kann nicht näher bestimmt werden, welche Auswirkungen es auf Störungen im Unterricht hat, wenn die Qualität der Lernrückmeldungen verändert wird. Es ist denkbar, dass sich mehr Störungen ergeben, weil die Lernenden umfassender und genauer über eigene Stärken und Schwächen informiert werden und das Unsicherheiten erzeugt. Es ist aber ebenso möglich, dass sich weniger Störungen ergeben, weil die Lernrückmeldungen als konstruktive und Sicherheit gebende Informationen eingeschätzt werden.

Theorie, Kausalität und Wahrscheinlichkeit

Der Einfluss von Variablen auf andere Variablen muss auch unter dem Gesichtspunkt der „Kausalität" beleuchtet werden.

Kriterien für das Vorliegen von „Kausalität". „Kausal" meint ursächlich: Eine Variable bringt das Erscheinen einer anderen Variablen hervor, oder nur dann, wenn eine Variable gegeben ist, kann auch eine andere gegeben sein. Was für physikalische, chemische, biologische und andere naturwissenschaftliche und technische Phänomene (z. B. die Erhöhung von Temperatur führt zur Verdampfung von Wasser) zutreffen kann, ist in den Sozialwissenschaften, in denen es um den Menschen geht, anders gelagert. Kausalität setzt voraus, dass zwei Variablen gemeinsam variieren (Kovariation); dass die unabhängige Variable vor der abhängigen Variablen wirksam ist; dass Scheinbeziehungen (über dritte Variablen) ausgeschlossen sind; dass ein Prozess bestimmt werden kann, der zwischen unabhängiger und abhängiger Variablen vermittelt und dass auch Bedingungen genannt werden können, in denen die Beziehung zwischen unabhängiger und abhängiger Variablen nicht gegeben ist (vgl. Brewer & Hunter, 2006, S. 126 ff).

Betrachtet man Beziehungen zwischen Variablen in sozialwissenschaftlichen Bereichen (der Psychologie, der Soziologie, der Pädagogik etc.), dann muss eher von einem probabilistischen Ursachebegriff ausgegangen werden: Eine Variable X ist eine Ursache für eine andere Variable Y, wenn X mitverantwortlich für das Eintreten von Y ist und damit die Wahrscheinlichkeit von Y erhöht (vgl. Schurz, 2008, S. 146).

Der Grund dafür, dass wir in den Sozialwissenschaften nur wahrscheinliche Beziehungen formulieren (und prüfen) können, besteht darin, dass menschliches Verhalten vielfältigen Einflussfaktoren unterliegt, die sich zudem schnell verändern oder unter unterschiedlichen Bedingungen verschiedenartig ausfallen. Dennoch gibt es in den empirischen Sozialwissenschaften Untersuchungsmethoden, die es erlauben, mehr oder minder kausale Beziehungen zu prüfen (z. B. Experimente und bis zu einem gewissen Ausmaß auch Strukturgleichungsmodelle).

Scheinbeziehungen

Werden in einer Theorie Beziehungen zwischen Variablen angenommen, dann muss man sich darüber klar sein, dass diese Beziehungen auch nur „Scheinbeziehungen" sein können. „Scheinbeziehungen" sind Beziehungen zwischen Variablen, die nur deshalb bestehen, weil sie von anderen Variablen „direkt" oder „indirekt" mitbeeinflusst werden (vgl. Schurz, 2008, S. 146 ff).

Drittvariablen. Eine „direkte" Mitbeeinflussung besteht darin, dass eine Variable oder mehrere andere Variablen Z sowohl die eine Variable X als auch gleichzeitig die andere Variable Y beeinflussen. Eine Beziehung zwischen X und Y ergibt sich dann nur deshalb, weil beide von Z beeinflusst werden. Zum Beispiel kann eine starke Beziehung (statistisch ausgedrückt durch Korrelationen) zwischen der Geburtenrate und der Anzahl der Störchennester einer Region festgestellt werden. Daraus zu schließen, dass Kinder von Störchen gebracht werden, ist natürlich unzulässig. Vielmehr werden beide Variablen von der Bevölkerungszahl bzw. -dichte beeinflusst:

In einem Gebiet mit vielen Menschen gibt es viele zwischenmenschliche Kontakte, was die Anzahl von Kindern erhöht. In einem Gebiet mit vielen Menschen gibt es auch viele Nahrungsangebote, z. B. in Form von Ackerflächen oder Abfällen, die bestimmte Tiere (auch Störche) anziehen.

Intervenierende Variable. Eine „indirekte" Mitbeeinflussung ist dann gegeben, wenn eine Variable X eine Variable Z beeinflusst und diese Variable Z wieder die Variable Y. In diesem Fall wäre X eine indirekte Ursache für Y und Z wäre eine intervenierende Variable. Zum Beispiel ist denkbar, dass nicht die Menge von Aufgaben, die für eine Prüfungsvorbereitung gelöst werden, zum Prüfungserfolg beitragen. Vielmehr kann angenommen werden, dass durch das Lösen von vielen Aufgaben auch die Qualität der Informationsverarbeitung verändert wird. Diese veränderte Qualität der Informationsverarbeitung führt dann zu besseren Ergebnissen bei Prüfungen.

Moderatorvariable, Mediatorvariable

Bei der Formulierung von theoretischen Aussagen und der Darstellung dieser Aussagen in Grafiken (vgl. Abbildung 16) kann man sich fragen, ob die festgelegten Beziehungen nicht auch durch Scheinbeziehungen zustande gekommen sein könnten. In diesem Fall könnte man ein Variablenmodell durch Drittvariablen und intervenierenden Variablen ergänzen. In Abbildung 16 sind Scheinbeziehungen durch Drittvariablen punktiert dargestellt. Zum Beispiel wird angenommen, dass die Drittvariable „außerschulische Nachhilfe" sowohl das Interesse bzw. die Motivation der Lernenden als auch den Wissens- und Kompetenzerwerb beeinflusst. In Abbildung 16 stellt die Zeit für die Aufgabenbearbeitung eine intervenierende Variable dar, die zwischen Störungen im Unterricht und Wissens- und Kompetenzerwerb geschaltet ist. Treten weniger Störungen im Unterricht auf, dann wirkt sich das nur dann wirklich positiv auf den Wissens- und Kompetenzerwerb auf, wenn die gewonnene Zeit tatsächlich mit relevanten Lernaufgaben verbracht wird. Wird die Zeit, die aufgrund von weniger auftretenden Unterrichtsstörungen gewonnen wird, allerdings nicht für die Arbeit mit Lernaufgaben verbracht, dann hat die Reduktion von Unterrichtsstörungen – im hier angenommenen Variablenmodell – keinen bedeutsamen Einfluss auf die Lernergebnisse.

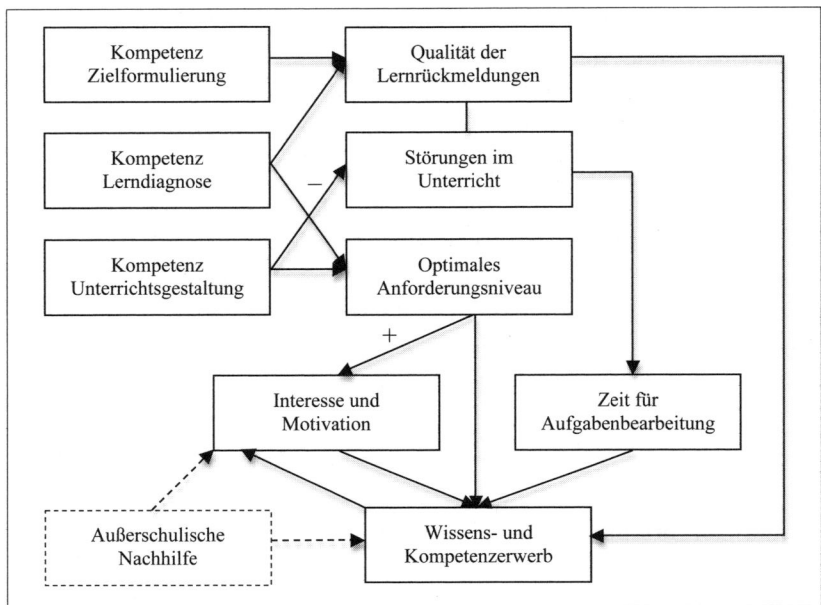

Abbildung 16: Variablenmodell: Beziehungen der Elemente einer (fiktiven) Theorie zur „Kompetenz zur individuellen Lernförderung und ihrer unterrichtlichen Auswirkungen"

Die hier vorgestellte Methode der Theorieentwicklung geht von (theoretisch relevanten) Variablen, Beziehungen und Ordnungen aus. Diese Methode zeigt damit, wie Wissen über einen bestimmten Phänomenbereich verarbeitet werden kann. Dieses Wissen betrifft schon vorhandene Theorien, empirische Forschungsergebnisse und andere Quellen der Theorieentwicklung. Wenn man diese Bestandteile bedenkt, dann stellt sich die Frage, wie verlässlich diese Methode ist.

Wie gleiche Methoden und Quellen zu unterschiedlichen Theorien führen können

Denkbar und auch wahrscheinlich ist, dass zwei (ähnlich kompetente) Wissenschaftlerinnen und Wissenschaftler, die mit gleichen Methoden und Quellen der Theorieentwicklung arbeiten, zu unterschiedlichen Theorien

kommen, auch wenn sie gleiche Qualitätskriterien (logische Widerspruchsfreiheit, Bestätigungsgrad etc.) berücksichtigen.

Wie ist das möglich? Zunächst muss davon ausgegangen werden, dass
Theorieentwicklungen meist auf der Basis von vielen Erfahrungen (eigenen Tests, Büchern, Zeitschriftenartikeln etc.) betrieben werden. Liegen
viele Quellen vor, dann ist es wahrscheinlich, dass manche Quellen einfach
übersehen werden. Auch kommt es häufig vor, dass vorhandene Studien in
ihrer Wichtigkeit unterschiedlich gewichtet werden. Solche unterschiedlichen Gewichtungen entstehen, weil unterschiedliche Zielsetzungen mit
einer Theorieentwicklung (und damit verbundenen Kriterien) einhergehen
können. Ein Wissenschaftler könnte z. B. mehr an Innovation interessiert
sein und der andere mehr an einer hohen Integrationsleistung einer neuen
Theorie. Auch ist es wahrscheinlich, dass unterschiedliche wissenschaftliche Ausbildungen oder Zugehörigkeiten zu wissenschaftlichen Schulen
Bedeutungsgewichtungen und damit Theorien verändern.

Ist das überhaupt zulässig? Man könnte jetzt meinen, dass die wissenschaftliche Methode der Theorieentwicklung ein unzuverlässiges Verfahren ist, weil es bei gleichen Ausgangslagen zu unterschiedlichen Ergebnissen führen kann. Dem ist nicht so. Sicher gibt es viele unterschiedliche
Theorien zu ein und demselben Sachverhalt. Wird aber mit gleichen
Verfahren und Quellen gearbeitet, dann ist es sehr wahrscheinlich, dass
ähnliche oder sehr ähnliche Theorien entstehen. Abweichungen entstehen
zwar, werden aber in langfristig ausgelegten wissenschaftlichen Prüfungen
„geschliffen". Dieses „Schleifen" bezeichnet den Umstand, dass wissenschaftliche Theorien vielfachen Prüfungen und damit verbundenen Änderungen ausgesetzt sind, bevor sie als etabliert gelten können. Theorien
werden meist schon vor ihrer Veröffentlichung intensiv geprüft, wenn
sie ein Beurteilungsverfahren (z. B. von wissenschaftlichen Zeitschriften)
durchlaufen oder der Kritik der Kolleginnen und Kollegen auf wissenschaftlichen Kongressen standhalten müssen. Nimmt eine wissenschaftliche Theorie diese Hürden, dann bedeutet das noch lange nicht, dass sie
etabliert ist. Nach der Veröffentlichung einer Theorie wird diese auf ihre
Qualität geprüft und, wenn für gut befunden, als Basis für wissenschaftliche Studien verwendet. Dann werden mehr oder minder empirische

Prüfversuche unternommen, die mitunter zum Verwerfen einer Theorie führen können.

Hier muss auch angeführt werden, dass die grundsätzlich eingesetzten wissenschaftlichen Methoden des Schließens bzw. der Logik nicht in jedem Fall gültig sind und damit zu unterschiedlichen Theorieentwicklungen führen können. Speziell die Korrektheit von induktiven oder abduktiven Schlüssen kann verlorengehen, wenn weitere Prämissen hinzugefügt werden, die nahelegen, dass eine vermutete Konklusion nicht eintritt (vgl. dazu die Ausführungen zu „nichtmonotonen Schlüssen" von Schurz, 2008, S. 54 ff).

Grundsätzlich gilt in der empirischen Sozialforschung wohl auch, dass die Theorieentwicklung weniger streng an Kriterien orientiert abläuft als die Theorienprüfung. Bei der Entwicklung von Theorien spielt das Kriterium der Neuheit bzw. der Innovationskraft eine große Rolle. Neuheit und Innovation können mitunter auch mehr oder minder zufällig aus gewissen Unschärfen oder innerhalb von Toleranzgrenzen entstehen. Allerdings ist die Wissenschaft bemüht, Verfahren und Kriterien zu erzeugen, die bei gleichen Methoden und Quellen zu ähnlichen Ergebnissen bei Theorieentwicklungen führen sollten.

5.4.2 Komprimierende Verfahren

In diesem Abschnitt werden sprachanalytische Verfahren der Theorieentwicklung behandelt. Das bedeutet aber nicht, dass die sprachlichen Elemente losgelöst von Erfahrungen der Realität existieren. Vielmehr basieren diese Verfahren auf einem intensiven Wechselspiel zwischen Sprache und Realität. Das trifft in besonderem Maße auch auf die Bildung von „Typen" zu, die verschiedene Verfahren und Ebenen miteinander kombinieren, und zwar vor allem Daten aus der Realität und Definitionen bzw. Begriffsklärungen auf sprachlicher Basis.

Kriterien der Saturiertheit und der Exklusivität. Saturiertheit meint, dass ein Typ einen relevanten Sachverhalt möglichst erschöpfend abbildet oder abdeckt. Exklusivität bezieht sich auf den Umstand, dass es möglichst keine Bedeutungsüberschneidungen zwischen verschiedenen Typen gibt. Was hier für Typen gilt, spielt allgemein in den empirischen Sozialwissenschaften eine wichtige Rolle, und zwar überall dort, wo es auch um Beschreibung von Variablen bzw. Phänomenen oder Begriffsklärungen geht.

Wenn es zum Beispiel darum geht, den Typus eines guten Schachspielers möglichst wissenschaftlich zu beschreiben, dann könnte man zunächst meinen, dass das jemand ist, der viele Schachpartien im Gedächtnis gespeichert hat und/oder der sehr intelligent ist und gut denken kann. Merkmale wie Gedächtnisleistung, Intelligenz oder Denkvermögen sind allerdings Begriffe, die starke Bedeutungsüberschneidungen aufweisen (z. B. jemand ist intelligent, wenn er gut denken kann) und somit das Kriterium der Exklusivität wohl nicht erfüllen. Außerdem kann davon ausgegangen werden, dass diese Merkmale die Kompetenz zum Schachspielen noch nicht ausreichend erklären. Vielmehr könnte man davon ausgehen, dass drei grundlegende Qualitäten mit Meisterschaft im Schachspiel verbunden sind, nämlich Fähigkeiten in der Stellungsbeurteilung, im kombinatorischen Sehvermögen und im Berechnen von Stellungsvarianten (vgl. Kotow, 1986, S. 4). Diese drei Begriffe bzw. Merkmale können besser voneinander abgegrenzt werden und beschreiben Kompetenzen im Schachspiel viel umfangreicher. Es kann deshalb davon ausgegangen werden, dass diese Merkmale besser die Kriterien der Saturiertheit und der Exklusivität erfüllen, als die ersten angenommenen Merkmale dies geleistet hätten.

Amelang und Bartussek (1990, S. 45 ff und 64 ff) beschreiben Formen der Bildung von Persönlichkeitstheorien, die a) auf Daten und Korrelationen basieren und auf die Feststellung von Ähnlichkeiten und Unterschieden bezogen sind; b) sich aus der mehr oder minder systematischen Reduktion von Variablen ergeben oder c) aus der Bildung von Typen bestehen. Mit diesen Verfahren werden größere Mengen von relevanten Variablen zu kleineren Mengen komprimiert. Dabei verändert sich nicht nur die Quantität an für ein Phänomen betrachteten Variablen, sondern auch qualitative Aspekte: Es entstehen neue Variablen, die eine geänderte theoretische Sichtweise erlauben.

Die Feststellung von Zusammenhängen. Werden Daten zu sozialwissenschaftlichen Phänomenen erhoben, dann stellt sich die Frage, wie Regelmäßigkeiten in den Daten erkannt werden, die dann für die Formulierung von Theorien genutzt werden können. Zur Entdeckung solcher Regelmäßigkeiten werden folgende „Techniken" genutzt, die hier, zusammengefasst, mit eigenen Beispielen und verkürzt dargestellt werden (vgl. Amelang & Bartussek, 1990, S. 45 f, in Anlehnung an Cattell, 1957):

a) R-Technik: Vergleich verschiedener Merkmale über mehrere Untersuchungseinheiten (Personen); z. B. Berechnung des Zusammenhangs zwischen Gesundheitszustand und Automobilnutzung (= Merkmale) bei Jugendlichen (= Untersuchungseinheiten);

b) Q-Technik: Vergleich verschiedener Untersuchungseinheiten über mehrere Merkmale; z. B. Untersuchung der Ähnlichkeit von fünf ausgewählten Kindern eines Kindergartens (= Untersuchungseinheiten) in Hinsicht auf Fernsehverhalten, elterlicher Sprachförderung, Musikerziehung usw. (= Merkmale);

c) O-Technik: Vergleich von Situationen über Merkmale; z. B. Untersuchung, ob die traumatischen Situationen des Todes eines Partners und des Verlustes des Arbeitsplatzes (= Situation) ähnlich kognitiv und emotional belastend (= Merkmale) sind;

d) P-Technik: Vergleich von Merkmalen einer Untersuchungseinheit über Situationen; z. B. Untersuchung eines Schülers (= Untersuchungseinheit), ob dessen Prüfungsvorbereitung in allen Fächern (= Situationen) ähnlich gewissenhaft und ausdauernd (= Merkmale) ist;

e) S-Technik: Vergleich von Untersuchungseinheiten in einem Merkmal über Situationen; z. B. Untersuchung, ob sich Jugendliche (= Untersuchungseinheit) in ihren Einstellungen zum Konsum von Alkohol (= Merkmal) in verschiedenen Altersphasen (im Alter von 12–14, 14–16 oder 16–18 Jahren = Situationen) unterscheiden; oder

f) T-Technik: Vergleich von Situationen hinsichtlich eines Merkmals über verschiedene Untersuchungseinheiten; z. B. Prüfung, ob sich sportliche und nichtsportliche Freizeitaktivitäten (= Situationen) hinsichtlich ihrer Gesundheitsförderung (= Merkmal) bei unterschiedlichen Personen (= Untersuchungseinheit) verschieden auswirken.

Der Einsatz dieser Techniken soll dazu führen, dass Unterschiede und Übereinstimmungen und damit Zusammenhänge zwischen Variablen entdeckt werden. Entdeckt man z. B. durch die Anwendung der S-Technik, dass die Einstellung zu Alkoholkonsum altersbedingt variiert, dann wird man in einer entsprechenden Theorie und darauf bezogenen empirischen Studien auch die Variable Alter berücksichtigen.

Werden auf diese Weise viele unterschiedliche Variablen identifiziert, dann kann das dazu führen, dass so viele Variablen als potenziell relevant eingeschätzt werden, dass es nicht möglich ist, diese in eine Theorieentwicklung aufzunehmen und entsprechend empirisch zu prüfen, weil die notwendigen Ressourcen (Geld für Datenerhebungsinstrumente usw.) nicht ausreichend sind. Auch werden sparsame Theorien (mit wenigen Bestandteilen) weniger sparsamen Theorien (bei gleicher Leistungsfähigkeit) vorgezogen. Aus diesen Gründen sind reduktive Verfahren notwendig, die aus vielen Zusammenhängen eine Typenbildung ermöglichen.

Die Reduktion von Variablen. Amelang und Bartussek (1990, S. 64 ff) beschreiben auch andere Techniken, die als Grundlage für die Formulierung einer Theorie dienen können. Eine solche Technik besteht darin, dass mehrere Variablen zu weniger Variablen reduziert werden. Von der geringeren Anzahl von Variablen wird angenommen, dass diese dann Unterschiede zwischen Phänomenen bei höchstmöglicher Ökonomie abzubilden erlaubt. Zum Beispiel liegen eine Vielzahl von Variablen vor, die Merkmale beschreiben, die eine „autoritäre Persönlichkeit" betreffen, so z. B. starre Bindung an Werte einer bestimmten Klasse, unkritische Einstellungen gegenüber Autoritäten, Tendenz, Menschen zu bestrafen, die Werte verletzen, antisemitische Einstellungen, Vorurteile gegenüber Minderheiten usw. (vgl. Six, 2006, S. 64 ff). Solche Listen von Merkmalen können – unter Beachtung begrifflicher Ähnlichkeiten, anderer Theorien und/oder empirischer Forschungsergebnisse zur Wichtigkeit einzelner Aspekte – zu einer reduzierten Liste zusammengefasst werden. Six (2006, S. 64) zählt z. B. vier Kernkonzepte zur Erfassung einer „autoritären Persönlichkeit" auf: „Faschismus", „Antisemitismus", „Ethnozentrismus" und „politisch-ökonomische Ideologie entlang einer Liberalismus-Konservatismus-Dimension".

Die Bildung von Typen. Amelang und Bartussek (1990, S. 69 ff) beschreiben „Typen" als Möglichkeit, von vielen Variablen zu wenigen zu gelangen. „Typen" sind demnach Bezeichnungen für – nach einer bestimmten Art und Weise – klassifizierte Merkmalsausprägungen und können „polar", „modal" und „multidimensional" definiert sein:

a) „Polare Typen": Ein bestimmter Typ entspricht einem extremen Pol einer Dimension oder einer extremen Merkmalsausprägung einer Variablen. Typen sind dann Endpunkte eines Kontinuums. Zum Beispiel können Schülerinnen und Schüler nach dem Grad ihrer Motivierung typisiert werden: So könnte man hoch motivierte Schülerinnen und Schüler (Typ 1) von niedrig motivierten Schülerinnen und Schülern (Typ 2) unterscheiden. In Theorien wird man dann versuchen zu formulieren, wie sich solche Typen in ihrem Verhalten unterscheiden. Zum Beispiel ist denkbar, dass hoch motivierte Schülerinnen und Schüler über eine realistischere Anspruchssetzung (z. B. Orientierung an mittleren Aufgabenschwierigkeiten) und über eine günstigere Ursachenzuschreibung (z. B. auf Anstrengung) verfügen als niedrig motivierte Schülerinnen und Schüler. Diese Gruppe (oder Type) von Schülerinnen und Schülern könnte eher ein Verhalten zeigen, das sich durch unrealistische Anspruchssetzungen (z. B. Wahl von zu hohen Aufgabenschwierigkeiten) und ungünstige Ursachenzuschreibungen (z. B. auf mangelnde Begabung) beschreiben lässt (vgl. Ergebnisse der Motivationsforschung in z. B. Rheinberg, 1995).

Verwendet man statistische Verfahren zur Findung solcher Typen, dann sind diese – in der Regel – am Beginn und am Ende von normal verteilten Variablen angesiedelt (vgl. Bortz, 1993, S. 43).

b) „Modale Typen": Typen können nicht nur extreme Merkmalsausprägungen einer Variablen betreffen, sondern auch dazwischen liegende Ausprägungen. In diesem Fall liegen mehrere Zusammenballungen von Messwertträgern entlang eines Kontinuums vor. Zum Beispiel wäre es denkbar, dass man – gemäß dem obigen Beispiel – nicht nur zwei Typen von Schülerinnen und Schülern hinsichtlich ihrer Motivation unterscheidet, sondern drei Typen: hoch (Typ 1), mittel (Typ 2) und niedrig (Typ 3) motivierte Schülerinnen und Schüler. Auch in diesem Fall hätten Theorien dann die Aufgabe zu beschreiben bzw. zu erklären, wie und warum sich diese Typen voneinander unterscheiden.

Setzt man statistische Verfahren zur Findung bzw. Festlegung solcher Typen ein, dann liefern meist zwei- oder mehrgipfelige Verteilungen Hinweise auf modale Typen (vgl. Bortz, 1993, S. 35).

c) „Multidimensionale Typen": In diesem Fall werden Typen aufgrund der Berücksichtigung von mindestens zwei Variablen und von mehr oder minder extremen Ausprägungen auf diesen Variablen gebildet. Veranschaulicht kann eine solche Typenbildung mit einem klassischen Vierfelder-Schema werden.

Abbildung 17 illustriert an einem Beispiel eine Typenbildung zum Freizeitverhalten von Jugendlichen. Gemäß dieser Typenbildung werden vier Typen von Jugendlichen unterschieden, die sich mit Kombinationen von zwei Variablen mit jeweils zwei Ausprägungen beschreiben lassen. Die zwei Variablen betreffen die „soziale Orientierung" und die „Mediennutzung". Bei der Variablen „soziale Orientierung" werden zwei Ausprägungen angenommen: Jugendliche sind in ihrem Freizeitverhalten mit anderen Personen (Partnern, Gruppen) zusammen oder gestalten ihre Freizeit allein. Bei der Variablen „Mediennutzung" wird zwischen einer nicht vorhandenen Nutzung von modernen Medien (vor allem Internet) in der Freizeit und einer intensiven Nutzung unterschieden. Je nach Kombinationen dieser zwei Variablen werden vier Typen von Jugendlichen, was ihr Freizeitverhalten betrifft, angenommen:

a) Typ A: Dieser mit „Face-to-Face" bezeichnete Typ kennzeichnet sich dadurch, dass er seine Freizeit mit Partnern und Gruppen verbringt und dabei keine Medien nutzt. Das würden z. B. Jugendliche sein, die in Vereinen Sport ausüben.

b) Typ B: Dieser mit „Online-sozial" bezeichnete Typ verbringt seine Freizeit zwar in sozialen Kontexten, dieser Kontext ist allerdings stark medienvermittelt. Zu diesem Typ würden Jugendliche gerechnet werden, die z. B. intensiv Multiuser-Online-Spiele über das Internet betreiben.

c) Typ C: Dieser mit „Individualist" bezeichnete Typ wäre jemand, der sich allein mit sich beschäftigt, ohne dabei moderne Medien zu nutzen. Jugendliche, die z. B. in ihrer Freizeit zu Hause malen oder musizieren würden in diese Kategorie fallen.

d) Typ D: Dieser mit „Computer-Freak" bezeichnete Typ könnte Jugendliche beschreiben, die sich in ihrer Freizeit alleine vor allem medienbezogen beschäftigen, z. B. mit dem Programmieren von Software oder Internet-Sites.

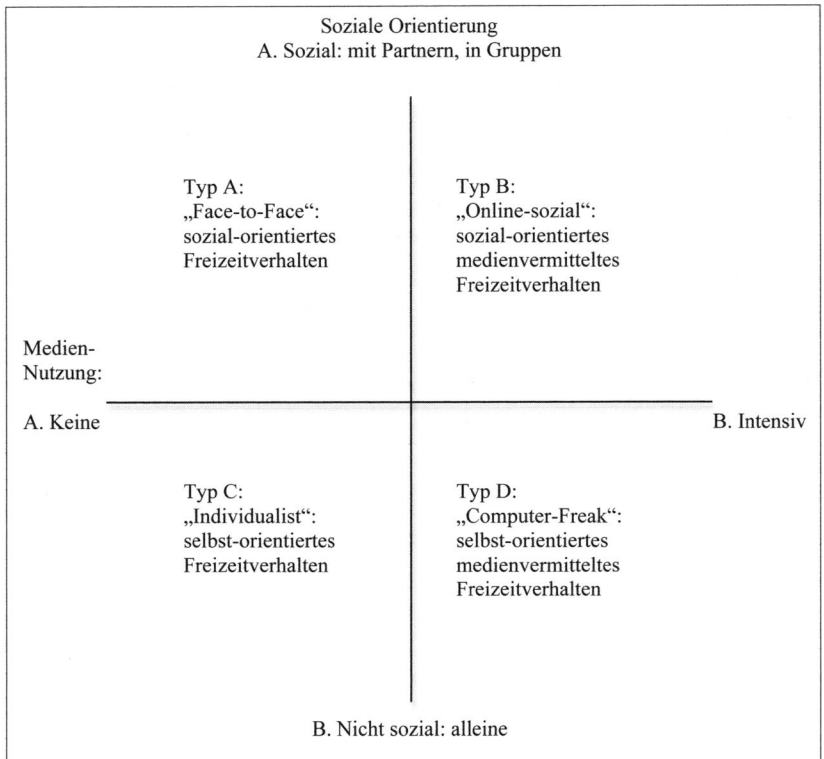

Abbildung 17: Vierfelder-Schema zur Bildung multidimensionaler Typen, illustriert am (fiktiven) Beispiel des Freizeitverhaltens von Jugendlichen

Im Rahmen einer Theorie des Freizeitverhaltens von Jugendlichen könnte man jetzt versuchen, Verbindungen herzustellen zwischen den postulierten Typen und z. B. der psychischen und körperlichen Gesundheit. Dabei könnte man z. B. von der Hypothese ausgehen, dass sozial aktives „Face-to-Face"-orientiertes Freizeitverhalten mit einer guten psychischen und körperlichen Gesundheit in Zusammenhang steht. Hingegen könnte angenommen werden, dass „Computer-Freaks" wenig körperliche Aktivität zeigen und über wenig soziale Unterstützung verfügen, was sich negativ auf den Gesundheitszustand auswirken könnte. Auch könnte man im Rahmen einer solchen Theorie prüfen, ob sich diese vier Typen von Jugendlichen überhaupt unterscheiden lassen oder ob eher nur Mischformen vorkommen (z. B. Jugendliche, die in ihrer Freizeit sowohl viele Face-to-Face-Kontakte haben, aber auch viel Zeit für das Programmieren von Computern verwenden).

Im Bereich der Statistik können Verfahren der „multidimensionalen Skalierung" eingesetzt werden, um solche multidimensionalen Typen zu extrahieren (vgl. z. B. Steffens, 1999). Zentral dabei ist aber, dass die mit mathematischen oder statistischen Methoden gefundenen Typen auch in theoretischer Hinsicht fundiert sind. Damit ist gemeint, dass Hypothesen oder Theorien darüber existieren, nach welchen Mechanismen innerhalb und außerhalb der Typen sich diese unterscheiden: Eine statistische Klärung muss mit einer funktionsanalytischen einhergehen (vgl. Kuhl, 2001).

Theorieentwicklung: Wechselspiel zwischen Daten und Aussagen

Die in diesem Abschnitt behandelten Methoden der Theorieentwicklung wurden als „sprachanalytisch" zusammengefasst, was mitunter nahelegen würde, dass die Verarbeitung von Sprache die zentrale Methodik darstellt. Aus den bisherigen Darstellungen ist aber ersichtlich, dass die besprochenen Methoden zur Theorieentwicklung immer mit „Daten" und „Aussagen" umgehen. Dabei ist nicht immer genau definiert, um welche „Daten" es sich handelt. „Daten" können aus Ergebnissen von Beobachtungen, Befragungen, eigenen Meinungen etc. bestehen, die zudem in unterschiedlicher Form (als Veröffentlichungen in wissenschaftlichen Fachzeitschriften, Gedächtnisprotokolle, Texte in Akten etc.) vorliegen können. Auch „Aussagen" können Unterschiedliches sein: persönliche Annahmen und Vermutungen, wissenschaftliche Hypothesen als Wenn-dann-Sätze usw. Dieses Wechselspiel zwischen Daten und Aussagen ist ein zentraler Bestandteil der Methoden der „Grounded Theory" (vgl. Glaser & Strauss, 1967).

5.4.3 Methoden zur Theorieentwicklung aus der „Grounded Theory"

Ein viel zitierter Ansatz der qualitativen Sozialforschung zur Entwicklung und Prüfung von Theorien stammt von Glaser und Strauss (1967) und wird „Grounded Theory" genannt. Dieser Ansatz beschreibt nicht eine einheitliche Methode zur Entwicklung von Theorien, sondern besteht aus einer Reihe von unterschiedlichen Verfahren und Strategien (vgl. dazu auch Kelle, 1994, S. 283 ff).

Strübing (2008, S. 13 ff) beschreibt, was „Grounded Theory" ist bzw. wie eine darauf bezogene Theorieentwicklung abläuft, was hier (verkürzt, zusammengefasst und in eigenen Worten) wiedergegeben wird:

a) *Zeitliche Parallelität von Datenerhebung, Datenanalyse und Theorieentwicklung*: Zunächst einmal wird davon ausgegangen, dass ein intensiver Austausch zwischen Phasen der Datenerhebung (über Befragungen, Literaturstudium etc.), der Datenanalyse (in Form von Bewertungen, Schlussfolgerungen etc.) und der Theorieentwicklung (als Formulierung von mehr oder minder wissenschaftlichen Annahmen) besteht. Keine dieser Phasen wird als abgeschlossen betrachtet, vielmehr werden alle Phasen durch neue Erkenntnisse der anderen Phasen wieder aktiviert.

b) *Ständiges „Vergleichen" als zentrale Methode*: „Vergleichen" meint hier, alle anfallenden Daten auf Unterschiede und Ähnlichkeiten zu prüfen. Damit sollen besondere Merkmale einzelner Phänomene, aber auch mehrere Phänomene übergreifende Merkmale („Typologien") entdeckt werden. Verglichen werden soll mit durchaus entfernt liegenden, theoretischen oder vorgestellten Vergleichsfällen. Damit das ständige Vergleichen zu den gewünschten Ergebnissen für eine Theorieentwicklung führt, werden vor allem die Verfahren des „Kodierens" und des „Dimensionalisierens" genutzt.

c) *„Kodieren"*: „Kodieren" meint im Ansatz der Grounded Theory einen Prozess der Entwicklung von Konzepten in der Auseinandersetzung mit „Daten". „Daten" werden dabei von Texten, Bildern, Filmen etc. geliefert und auf drei Arten verarbeitet (vgl. Strübing, 2008, S. 20 f):

ca) *„Offenes Kodieren"*: bedeutet das Herausarbeiten von Phänomenen aus dem Datenmaterial (Beispiel: aus Aussagen wie „Ich fühle mich nicht gut, wenn andere Menschen im Raum sind", „Mein Herz beginnt wie wild zu schlagen, wenn ich mit anderen Menschen sprechen muss" oder „Ich versuche, mich abzuschließen und andere nicht an mich heranzulassen" könnte man schließen, dass sie das Phänomen „Angst vor sozialen Situationen" oder „soziale Angst" betreffen; alle Aussagen haben etwas mit anderen Menschen bzw. sozialen Situationen zu tun; außerdem lassen sie ein Unbehagen vermuten, das mit Furcht, Ängstlichkeit und ähnlichen emotionalen Zuständen einhergeht);

cb) „Axiales Kodieren": meint das Erarbeiten von Zusammenhängen zwischen Phänomenen bzw. damit verbundenen Konzepten (Beispiel: aus Aussagen wie „Öffentliche Auftritte ängstigen mich", „Ich will andere beeindrucken, fürchte mich dann aber", „Ich senke meinen Blick, wenn ich andere treffe", „Ich bekomme Herzrasen, wenn mehrere Menschen auf mich zugehen", „Ich mache viele Fehler, wenn ich vor anderen Menschen öffentlich spreche", „Ich zweifle, dass ich mich jemals bei anderen Menschen wohlfühlen werde" oder „Ich vermeide es, daran zu denken, dass ich andere Menschen an öffentlichen Plätzen treffe" könnte man zusammenhängende Merkmale von sozialer Angst erschließen; soziale Angst wäre demnach das Zusammenwirken von Anregungsbedingungen, motivationalen Variablen, nonverbalen Komponenten, physiologischen Erscheinungen, kognitiven Bestandteilen, aber auch Aspekte, die Emotionen und eine Emotionsverarbeitung betreffen (vgl. Stränger, 2006, S. 452); und

cc) „Selektives Kodieren": ist das Integrieren bzw. Rekodieren der erarbeiteten Teilkonzepte in die zentral angenommenen theoretischen Konzepte. Die zentral angenommenen theoretischen Konzepte sind solche, die sich als besonders fruchtbar erwiesen haben. Sie sind nur von geringer Zahl (Beispiel: Nachdem man theoretisch „soziale Angst" von „Scham" abgegrenzt hat und Definitionen erarbeitet hat, kann man versuchen, vorhandene Aussagen den beiden theoretischen Konzepten zuzuordnen).

d) *„Dimensionalisieren"*: meint das Erzeugen von „Dimensionen", wobei diese Anordnungen von Eigenschaften auf einem Kontinuum darstellen (z. B. können „Beziehungskonflikte" auf der Dimension „Intensität" beschrieben werden). Dimensionalisieren stellt Typen her. Wichtig dabei ist, dass dabei entstehende Dimensionen dann zur Einteilung bzw. Klassifikation von Untersuchungseinheiten (z. B. Personen, Gruppen) genutzt werden.

e) *Fragen als Kodierparadigma*: Bei der Analyse der Zusammenhänge sollen Fragen gestellt werden. Diese Fragen fördern den Prozess der Theorieentwicklung und betreffen (vgl. Strübing, 2008, S. 27):

1. Ursachen der zu untersuchenden Phänomene;
2. die Phänomene selbst;
3. die Kontexte der Phänomene;
4. intervenierende Bedingungen;
5. phänomenbezogene Handlungen und
6. phänomenbezogene Konsequenzen.

Folgende Fragen können dabei unterstützend wirken (vgl. ebd., S. 28; mit eigenen Ergänzungen):

1. Was macht das Phänomen aus? Welche Merkmale hat es?
2. In welcher Umgebung ist das Phänomen eingebettet? Was ist das zentrale Merkmal des Phänomens für die vorliegende Fragestellung?
3. Warum kommt das Phänomen zustande? Wer oder was erzeugt das Phänomen?
4. Welche (kulturellen, gesellschaftlichen, individuellen etc.) Vorbedingungen beeinflussen den Umgang mit dem Phänomen?
5. Wie gehen handelnde Personen mit dem Phänomen um?
6. Was bewirken Handlungen oder Strategien, die auf das Phänomen bezogen sind?

f) *Theoretisches Sampling*: beschreibt die Art und Weise, wie Daten ausgewählt werden, um für eine Theorieentwicklung nutzbar gemacht werden zu können (vgl. Strübing, 2008, S. 30 ff). Dabei wird neues Material (Daten, Fälle etc.) so ausgewählt, dass es erlaubt, neue Eigenschaften der Elemente einer entstehenden Theorie zu gewinnen bzw. auch überhaupt neue Elemente und Beziehungen zu schaffen. Die so entstehende Theorie wird immer differenzierter und reichhaltiger. Eine solche sich entwickelnde Theorie ist dann der Ausgangspunkt für die weitere Auswahl von theoretisch relevantem Material; die Integration des neuen Materials führt wieder zu theoretischen Weiterentwicklungen; die Weiterentwicklungen beeinflussen wieder die Auswahl von Material usw.

Dieser Prozess wird so lange fortgeführt, wie neues Material bestehende theoretische Entwicklungen nur mehr bestätigt und keine Weiterentwicklung mehr bringt. Dann wird noch versucht, Fälle zu finden, die möglichst keine Bestätigung oder eine bedeutsame Abweichung von den bisher erarbeiteten theoretischen Entwicklungen bringen. Damit ließe sich ein theoretisches Modell noch weiterentwickeln oder auch bestimmen, unter welchen Bedingungen eine entwickelte Theorie relevant ist und unter welchen nicht.

Hat man den Eindruck gewonnen, dass neue Daten bzw. Fälle nichts mehr für die Weiterentwicklung einer Theorie bringen, dann ist ein Grad „theoretischer Sättigung" erreicht.

g) *Das Schreiben theoretischer Memos*: Theoretische Memos haben die Aufgabe, den Prozess der Theorieentwicklung, schon von Beginn an, zu dokumentieren. Dabei geht es nicht darum, einen Endbericht über eine Theorieentwicklung zu verfassen, sondern prinzipiell um das Festhalten von Ideen, auch wenn diese später verändert oder verworfen werden. Es sollen nicht nur stichwortartige Notizen gemacht werden, sondern Ideen oder analytische Gedanken ausführlich festgehalten werden. Diese Memos werden dann bei der Theorieentwicklung genutzt.

Zum Schreiben von theoretischen Memos

Strauss (1998, S. 151 ff) befasst sich ausführlich mit dem Schreiben von solchen Memos und unterscheidet acht Typen (, die hier zusammengefasst, teilweise mit eigenen Worten umschrieben bzw. modifiziert und mit selbst erstellten – fiktiven – Beispielen dargestellt werden):

a) Memotyp I (erstes Orientierungsmemo): Es wird auf der Basis von ersten explorativen Datenerhebungen (z. B. Feldbeobachtungen) erstellt und grenzt den Untersuchungsbereich ab. Es werden erste Fragen und Themen angesprochen, über die weiter nachgedacht werden soll. Solche Memos enthalten eine Zusammenfassung bisherigen Wissens und eine Antizipation darüber, was in der weiteren Arbeit wichtig sein wird.

Beispiel: Das Ziel eines Projekts ist die Entwicklung einer Theorie zur Angst in sozialen Situationen. Um erste Anhaltspunkte zu gewinnen, wurden in großen Einkaufszentren erste Feldbeobachtungen gemacht, die mit Angst in sozialen Situationen in Zusammenhang gebracht werden. Diese betreffen: schnelles Weggehen, weiträumiges Umgehen von Gruppen, Vermeiden von Blickkontakten, zu Boden schauen, gestottertes Begrüßen von Menschen, Schwitzen, hektisches Atmen, in eine freie Ecke stellen und durchatmen, rücksichtsloses und schnelles Gehen durch Ansammlungen von Menschen oder Zeigen von schreckhaftem Verhalten.

Fragen, die sich stellen, sind: Was sind soziale Situationen und was ist Angst? Wer sind die ängstlichen Menschen? Warum sind sie ängstlich? Wie reagieren die anderen Menschen auf sie? Könnte man durch Gestaltungen von Einkaufszentren, öffentlichen Plätzen etc. diese Ängste verringern? Wann ist ein Ausmaß an Angst erreicht, das für den einzelnen Menschen und seine Umgebung zur Belastung wird? Was sind wirksame Strategien, um soziale Ängste verringern zu können? Gibt es Methoden zur Angstverringerung außerhalb der klassischen Psychotherapie? Was ist sonst noch relevant, wenn es um Angst in sozialen Situationen geht?

b) Memotyp II (vorbereitendes Memo): Erste wichtige Entwicklungslinien bzw. Kategorien werden betont, um die weitere Analyse und Datenerhebung anzuregen.

Beispiel: Eine erste zentrale Annahme kann sein, dass Angst deshalb entsteht, weil Menschen in sozialen Situationen objektiv und subjektiv bestehende Gefahren wahrnehmen.

Hier ist zu klären, welche Gefahren das sein können. Möglichkeiten sind: Gefahren gegen Leib und Leben, Angst vor Belästigungen, Angst vor unangenehmen Erlebnissen, Angst, bestohlen zu werden, Angst vor terroristischen Anschlägen, Angst, selbst jemanden zu schädigen usw. Dabei ist zu beachten, dass manche Gefahren objektiv gegeben sind (Beispiel: An manchen Bahnhöfen in Touristenstädten gibt es eine bedeutsame Wahrscheinlichkeit, bei Unachtsamkeit bestohlen zu werden.) und manche einfach eingebildet werden (Beispiel: Auch wenn Terrorismus eine reale Gefahr darstellt, ist es aufgrund vergangener Erfahrungen wenig wahrscheinlich, in Österreich, der Schweiz oder Luxemburg Opfer eines Anschlags zu werden.).

Eine Frage ist auch, ob Wissen über Gefahren die Angst reduziert oder steigert. Auch ist denkbar, dass die räumliche, architektonische etc. Gestaltung von Plätzen bzw. sozialen Treffpunkten die eingeschätzten Gefahrenpotenziale beeinflusst.

Dabei scheint auch interessant zu sein, ob die ängstliche Person selbst zu einem Gefahrenherd wird (z. B. durch panisches Verhalten, das auf andere Menschen ansteckend wirken kann).

Eine Frage, die sich auch schon bei der Theorieentwicklung stellt, ist, ob der Grad bzw. das Ausmaß an (objektiver und subjektiver) Gefahreneinschätzung verlässlich gemessen werden kann. Die Frage ist dann auch, ob es Meldesysteme gibt, die Gefahr ausdrücken können. Das können z. B. körperliche Reaktionen sein, aber auch typische Verhaltensweisen von Persongruppen.

Auch stellt sich natürlich die Frage, welche Reaktionsmöglichkeiten man in gefahrvollen Situationen hat. Fühlt man sich in der Lage, mit der Gefahr umzugehen, wird wohl weniger ängstlich reagiert als im Vergleich zu einer Situation, der man sich ausgeliefert fühlt.

c) Memotyp III: Ein nächster Memotyp betrifft Bemerkungen zu einem ausgewählten besonders wichtigen Thema.

Beispiel: Da man bestimmte Faktoren (z. B. eine Disposition zur Angst oder die räumliche Gestaltung von Plätzen) nur wenig oder nur langfristig verändern kann, stellt sich jetzt einmal die Frage nach kurzfristigen Hilfen zur Lösung von Angstproblemen. Solche Lösungen betreffen – in Analogie zu Katastrophenfällen – individuelle Meldesysteme von Gefahren und notfallbezogene Bekämpfungsstrategien.

Hier wird eine Metapher gewählt: Ein Mensch in Angst wird symbolisch mit einem Katastrophengebiet verglichen. In Katastrophengebieten gibt es zunächst Meldesysteme (Satelliten, Rundfunk und Fernsehen, Rettungseinrichtungen usw.), die zu unterschiedlichen Zeitpunkten und an unterschiedlichen Orten Daten sammeln und diese an zentrale Koordinierungsstellen weiterleiten. Von diesen Koordinierungsstellen ausgehend werden dann Hilfemaßnahmen (Feuerwehren, Ärzte, Polizei usw.) aktiviert. Damit die Hilfemaßnahmen auch tatsächlich wirksam werden, bedarf es einer Abstimmung über Einsatzmittel, -ort und -zeitpunkt. Im Katastrophengebiet selbst herrscht meist Chaos. Je nach Nähe zu einem Gefahrenherd bestehen unterschiedlich starke Wahrscheinlichkeiten, persönlichen Schaden zu erleiden.

Es stellt sich damit die Frage, was sind menschliche Meldesysteme für Gefahren? Wo sind sie angesiedelt und wie funktionieren sie? Welche Bewältigungsstrategien verwenden Menschen, wenn sie Angst in sozialen Situationen erleben? Welche präventiven Maßnahmen werden eingesetzt?

d) Memotyp IV (kurzes Memo, von einem anderen angeregt): Hier kann z. B. ein ganz bestimmter Aspekt besonders betont oder herausgearbeitet werden.

Beispiel: Im Laufe von durchgeführten Literaturstudien hat sich gezeigt, dass Angst in sozialen Situationen von anderen ähnlichen Phänomenen abgegrenzt werden muss. Ähnliche Phänomene, die mit Angst in sozialen Situationen möglicherweise in Verbindung stehen, betreffen beispielsweise die Konzepte „Scham", „Panik" oder „mangelndes Selbstbewusstsein".

Bevor weitere Theorieentwicklungsarbeiten vorgenommen werden, müssen diese ähnlichen Phänomene genau definiert und von Angst in sozialen Situationen abgegrenzt werden. Die Frage ist auch, ob diese Phänomene nicht auch bedeutsame Einflussfaktoren auf Angst in sozialen Situationen darstellen.

Man müsste dann wohl auch einmal ein Variablenmodell erzeugen, das alle Einflussgrößen enthält. Ein solches Modell müsste laufend, speziell bei neuen Ergebnissen der Literaturstudien, ergänzt werden.

e) Memotyp V (zur Auseinandersetzung mit einem neuen Phänomen): Solche Memos betreffen neue Phänomene, die im Laufe der Entwicklungsarbeiten an einer Theorie auftauchen.

Beispiel: Angst in sozialen Situationen kann z. B. auf Situationen bezogen sein, die in bestimmten realen Orten zu einem bestimmten Zeitpunkt auftreten (z. B. auf öffentlichen Plätzen). Mit zunehmender Technisierung und damit einhergehender Nutzung von Datennetzwerken (z. B. dem Internet) entsteht auch in virtuellen Räumen eine bestimmte Form der sozialen Präsenz. Gibt es eine soziale Präsenz, dann ist es wahrscheinlich, dass es auch eine Form der Angst gibt, die mit dieser Art von Präsenz verbunden ist. Bekannt ist, dass im Internet Gruppen und soziale Beziehungen existieren, die mit bestimmten Gefühlen (z. B. einem Zugehörigkeitsgefühl) einhergehen. Wenn eine solche virtuelle Situation prinzipiell mit Gefühlen verbunden ist, dann ist es wahrscheinlich, dass das auch Angst sein kann. Angst in virtuellen Räumen könnte dadurch entstehen, dass man einen Ausschluss aus einer Gruppe, eine Belästigung durch Gruppenmitglieder, eine Überwachung individueller Verhaltensweisen usw. erwartet.

f) Memotyp VI (Memo über eine neue Kategorie): Dieser Memotypus betrifft neue Merkmale (Kategorien) eines bereits bekannten oder beachteten Phänomens.

Beispiel: Bisher wurden viele Auslöser von sozialen Ängsten beachtet. Dabei wurde von sozialpsychologischen Modellen oder Perspektiven ausgegangen. Ausgeklammert wurde eine medizinische Perspektive. Demnach können Ängste in sozialen Situationen auch dadurch entstehen, dass jemand Angst davor hat, mit bestimmten Krankheiten angesteckt zu werden. Bestimmte Krankheiten übertragen sich durch soziale Kontakte.

g) Memotyp VII (Nachdenken über eine „Entdeckung"): Mit solchen Memos sollen Kategorien gegeneinander abgegrenzt oder näher bestimmt werden.

Beispiel: Zum Beispiel könnte man das Entstehen der Angst vor Krankheiten, die in sozialen Situationen erworben werden können, näher bestimmen. Diese Analyse könnte sich z. B. darauf beziehen, welche Faktoren diese Angst erhöhen könnten. Demnach könnte man die Wahrscheinlichkeit einer Ansteckung in Erwägung ziehen: Wird diese als hoch eingeschätzt, dann ist auch eine hohe Angst wahrscheinlich. Diese Wahrscheinlichkeit könnte von der Dichte von Menschen in sozialen Räumen, von herrschenden Wetter- oder Klimabedingungen oder von Möglichkeiten des Schutzes (durch Kleidung, Filter etc.) gegen Ansteckung abhängen. Auch könnte die Angst vor Ansteckung dadurch reduziert sein, dass jemand glaubt, in einem gesundheitlich robusten Zustand zu sein („Ich werde schnell wieder gesund!").

h) Memotyp VIII: Mit Memos dieser Art sollen Konzepte im Rahmen der Forschungsergebnisse erweitert und weitere Datenerhebungen und Entwicklungen angeregt werden.

Beispiel: Man könnte sich intensiv die Frage stellen, welche Arten von Theorien zu formulieren sind, damit die theoretischen Entwicklungen auch in der Praxis eine Anwendung finden. Denkbar wäre beispielsweise, dass aus vorhandenen theoretischen Überlegungen eine technologische Theorie entwickelt wird. Diese technologische Theorie könnte zum Ziel haben, dass handlungsleitende Aussagen formuliert werden, die als Grundlage für ein Training zur Reduktion sozialer Ängste herangezogen werden könnten. Solche Aussagen könnten beispielsweise sein: Um soziale Ängste zu reduzieren, überlege einen Notfallplan, der festlegt, wie du dich in angstvollen Situationen verhalten sollst.

Betrachtet man diese Verfahren der Grounded Theory, dann fällt auf, dass sie viele Überschneidungen mit oben berichteten Verfahren aufweisen: das Herstellen von Beziehungen zwischen Variablen, das Dimensionalisieren bzw. das Bilden von Typen etc. Auch darf nicht verschwiegen werden, dass Vertreter der empirischen Sozialwissenschaft an der Leistungsfähigkeit der Grounded Theory bzw. an den Methoden der qualitativen Sozialforschung zweifeln bzw. bessere Alternativen sehen (z. B. Holweg, 2005; vgl. Strübing, 2008, S. 22).

Kriterien und Kritik: Zum „qualitativen Testen" von Theorien

Es ist schwer, bei solchen „qualitativen" Prozessen verbindliche Kriterien zur Bewertung der Qualität der unternommenen Aktivitäten festzumachen. Miles und Huberman (1994, S. 262 ff) beschreiben Taktiken zum Testen oder Bestätigen von Ergebnissen, die über qualitative Prozesse gewonnen wurden. Nach diesen Taktiken (hier ausgewählt, verkürzt und zusammengefasst dargestellt) sollten (theoretische) Annahmen dahingehend geprüft werden, a) ob sie für ein Phänomen wirklich repräsentativ sind, b) ob sie nicht aus subjektiven Interessen und Ansichten gebildet sind, c) ob sie ein Phänomen aus unterschiedlichen theoretischen und methodischen Perspektiven betrachten, d) ob sie sich auch auf Evidenz stützen, e) ob es Ausreißer oder extreme Fälle (z. B. Personen mit ungewöhnlichen Ausprägungen) gibt, für die die Annahmen nicht gelten, f) ob es den Annahmen widersprechende Evidenz gibt oder g) ob es alternative Erklärungen für ein Phänomen gibt.

Diese Taktiken bzw. Prüfungsversuche machen es nicht nur möglich, die Qualität einer Theorie zu bewerten, sie erlauben es auch, kreative Impulse für eine Theoriebildung zu bekommen. Dieser Umstand soll an einem Beispiel kurz illustriert werden.

Beispiel: Im menschlichen Leben kommt es oft darauf an, Probleme kreativ zu lösen, wozu man „kreatives Denken" einsetzen kann. Versucht man, das Phänomen des „kreativen Denkens" näher zu bestimmen, könnte man folgende Merkmale dieser Art des Denkens festhalten: Kreatives Denken besteht darin, dass man sich mit neuen und ungewöhnlichen Problemlöseverfahren befasst und dabei eine reiche Wissensbasis nutzt. Kreatives Denken setzt eine Persönlichkeit mit hoher Kreativität voraus, d.h. der Fähigkeit, Wissen flexibel zu strukturieren, zu verknüpfen und zur Lösung von Problemen einsetzen zu können.

Man könnte jetzt die Frage stellen, ob die in diesem Beispiel dargestellten Merkmale „kreativen Denkens" wirklich das Phänomen (repräsentativ) abbilden. Zum Beispiel wird auch angenommen, dass kreatives Denken eine hohe Sensibilität Problemen gegenüber voraussetzt (vgl. z.B. Edelmann, 2000, S. 218). Dieses Merkmal fehlt in der obigen Darstellung. Auch ist zu prüfen, ob die obige Darstellung nicht von subjektiven Ansichten beeinflusst ist. Wenn z.B. ein Forscher Kognitionspsychologe ist, wird er andere Merkmale kreativen Denkens beachten als jemand, der nicht ausschließlich kognitive Prozesse (z.B. Intuition, Entspannung usw.) als wesentlich für kreatives Denken erachtet. Zum Beispiel müsste man in einem kreativen Denkprozess auch gut mit Misserfolgen umgehen können, weil kreativ denkende Menschen häufig auch erleben, dass ihre vielen Ideen nicht wirklich brauchbar sind. Der Umgang mit Misserfolgen beim Denken ist etwas, das auch unter motivationaler und emotionaler Perspektive zu betrachten ist und nicht ausschließlich aus kognitiver Perspektive erklärt werden kann. Eine wichtige Frage wäre auch, ob mit den obigen Merkmalen von kreativem Denken wirklich alle Fälle kreativer Leistungen erklärt werden können oder nicht. Zum Beispiel ist nicht berücksichtigt, dass es Menschen gibt, die auf spielerische Weise zu kreativen Problemlösungen kommen. Diese Kritikpunkte würden den Schluss nahelegen, dass die obige Darstellung zu Merkmalen kreativen Denkens durch nichtkognitive Merkmale, die etwas mit Misserfolgsbewältigung, Intuition und spielerischem Problemlösen zu tun haben, ergänzt werden müssten.

5.5 Systemisch-orientierte Methoden

In Abschnitt 4.3 wurden Bestandteile von Systemtheorien dargestellt. Wenn man danach fragt, wie solche Systemtheorien entwickelt werden, dann ließe sich wohl antworten, dass dabei viele Methoden der Theorieentwicklung kombiniert eingesetzt werden. Allerdings haben diese Methoden dann nur ein bestimmtes Ziel, nämlich eine Systemtheorie zu schaffen. Systemtheorien enthalten Beschreibungen des Systems, der Systemelemente, der Systemstruktur, der Systemgrenzen, der Systemeinwirkungen, der Systemauswirkungen, der Rückkoppelungen und der Systemumwelt (vgl. Abschnitt 4.3 bzw. Bossel, 2004, S. 36). Methoden zur Entwicklung von Systemtheorien wären demnach auf die Schaffung bzw. Formulierung dieser Beschreibungen von Elementen und Beziehungen von Systemtheorien abzielend. Beim Herstellen dieser Beschreibungen sind während des Entwicklungsprozesses die üblichen Kriterien zur Beurteilung von Theorien (vgl. Abschnitt 2.2.1) und von Modellgültigkeit (vgl. Abschnitt 4.3) heranzuziehen.

Im folgenden Abschnitt sollen keine speziellen systemisch-orientierten Methoden einer Theorieentwicklung vorgestellt werden, vielmehr soll der Prozess der Entwicklung einer Systemtheorie an einem Beispiel illustriert werden. Dieses Beispiel bezieht sich auf eine systemtheoretische Sichtweise zur Korruption, d.h. dem Phänomen der Bestechung und Bestechlichkeit innerhalb von Institutionen. In Abbildung 18 sind Elemente, Funktionen und Beziehungen dargestellt, die das Phänomen institutioneller Korruption erklären sollen.

In Abbildung 18 ist eine Systemtheorie zum Phänomen der Korruption innerhalb von Institutionen dargestellt. Diese Systemtheorie enthält Subsysteme (Institution, Individuum und Stützsysteme) und Elemente dieser Subsysteme mit bestimmten Funktionen (z.B. Schutz, Regeln, Wissen etc.). Es werden Systemeinwirkungen (gesellschaftliche Referenzsysteme) und Systemauswirkungen (Effektsysteme) unterschieden, die hier nicht im Detail, sondern nur an ausgewählten Beispielen illustriert beschrieben werden sollen.

In Hinsicht auf die Entwicklung dieser Systemtheorie wurde methodisch folgendermaßen vorgegangen:

Gesellschaftliche Referenzsysteme		Institutionelles Stützsystem: Soziale Netzwerke			Effekt- systeme
Ethik		Schutz	Austausch	Profit- maximierung	Transparenz
Recht					Rechtsbruch
Kontrolle		**Institutionelles System**			Finanzieller Schaden
Korruptions- toleranz		Regeln	Controlling	Macht und Führung	Ruf
Wohlstand		Geschichte	Gruppen- dynamik	Belohnungs- systeme	Versorgung

	Individuelles System		
	Wissen	Moralische Kompetenz	Anreiz
	Angst	Solidarität	

	Individuelles Stützsystem: Verwertungskontexte		
	Familie, Freunde	Beruf, Karriere	Sicherheit

Abbildung 18: Eine Systemtheorie zum Phänomen der Korruption innerhalb von Institutionen

1. Festlegung des „Kernsystems": Das „Kernsystem" stellt jenes Subsystem dar, dessen Bestandteile und Funktionen es aufgrund der zentralen wissenschaftlichen Fragestellung zu beschreiben und erklären gilt. Im vorliegenden Beispiel betrifft es die Fragestellung, ein Phänomen innerhalb von „Institutionen" zu behandeln, deshalb stellt die „Institution" (Einrichtung) das Kernsystem dar.

2. Festlegung der Subsysteme, die direkt mit dem Kernsystem in Beziehung stehen: Hier sind das „institutionelle Stützsystem" und das „individuelle System" zu nennen. Beide stehen in direkter Beziehung zum Subsystem der „Institution".

3. Festlegung der Subsysteme, die indirekt mit dem Kernsystem in Beziehung sind: Auf dieses Beispiel bezogen, wäre das das „individuelle Stützsystem". Dieses Subsystem ist nur indirekt – über das „individuelle System" – mit dem Kernsystem in Verbindung.

4. Festlegung der Systemeinwirkungen und Systemauswirkungen, wobei beide Aspekte selber als Subsysteme aufgefasst werden. In diesem Beispiel wären das „gesellschaftliche Referenzsysteme" und „Effektsysteme".

5. Beschreibung der Elemente und Funktionen von Subsystemen: Dabei werden zunächst das Kernsystem und dann die direkt damit in Verbindung stehenden Systeme behandelt. Dann werden die Subsysteme der Systemein- und -auswirkungen bearbeitet.

Elemente in Subsystemen stellen Variablen dar, die im Subsystem wirksam sind, d.h. einen Einfluss ausüben. Funktionen beschreiben die Art des Einflusses, den eine Variable ausübt. In der Systemtheorie, die in Abbildung 18 dargestellt ist, wird angenommen, dass z.B. „Controlling" in einer Institution einen wesentlichen Einfluss ausübt. Mit „Controlling" sind kontrollierende Tätigkeiten gemeint, die Geldflüsse, Aktivitäten in der Buchführung etc. auf ihre Korrektheit hin überprüfen. Führt ein Controlling zu qualitativ hochwertigen und genauen Prüfungen, dann sollte das eine abschreckende und präventive Funktion haben: Wenn Menschen in einer Institution wissen, dass Aktivitäten streng kontrolliert werden, dann wird das die Wahrscheinlichkeit verringern, korrupt zu sein.

Wie kommt man zu den einzelnen Systemen und Elementen? Die Basis für die Festlegung von Elementen und Beziehungen bilden die üblichen Quellen für eine Theorieentwicklung (vgl. Abschnitt 5.2.2). Zum Beispiel könnte man Ergebnisse einer empirischen Untersuchung zum Einfluss des Controllings auf institutionelle Korruption als Grundlage für die Integration dieser Variable in die Systemtheorie nehmen. Dabei werden auch Verfahren der Theorieentwicklung eingesetzt, die in anderen Abschnitten dieses Kapitels 5 dargestellt wurden.

6. Beschreibung der Beziehungen zwischen Subsystemen: Ist man sich klar darüber, welche Subsysteme relevant sind und was wie innerhalb der Subsysteme wirkt, stellt sich die Frage, welche Art von Beziehungen zwischen den Subsystemen gegeben sind. Dabei ist eine Reihe von Möglichkeiten denkbar:

a) Ein Subsystem wirkt global oder in seiner Gesamtheit in eine bestimmte Richtung auf ein anderes Subsystem: Zum Beispiel könnte es der Fall sein, dass die im obigen Beispiel angenommenen „sozialen Netzwerke" zur Förderung der Korruption in Institutionen beitragen, weil sie von der institutionellen Korruption profitieren und deshalb eine Schutzfunktion ausüben, die es schwer macht, Korruption aufzudecken.

b) Elemente eines Subsystems wirken spezifisch auf Elemente eines anderen Subsystems: Zum Beispiel könnte angenommen werden, dass „Angst" eines Individuums dazu führt, dass eine korrupte „Gruppendynamik" in einer Institution gestützt wird, weil man eine Entlassung oder negative Sanktionen befürchtet, wenn man nicht gleich korrupt ist wie die anderen Mitglieder einer Institution. In diesem Fall würde sich Angst auf Korruption stabilisierend oder erhöhend auswirken. Denkbar wäre aber auch, dass Angst eines Individuums vor rechtlichen Konsequenzen korrupten Verhaltens dazu führt, dass ein Individuum auszusteigen versucht oder andere Mitglieder einer Institution davon zu überzeugen versucht, es ähnlich zu machen. In diesem Fall würde sich Angst wahrscheinlich senkend auf Korruption auswirken.

c) Zeigt ein und dasselbe Element eines Subsystems sowohl positive als auch negative Auswirkungen, dann muss dieses Element weiter differenziert werden. Auf das obige Beispiel der Angst bezogen, könnte man z. B. eine „soziale Angst" vor negativen Konsequenzen bei Mitgliedern der Institution und eine „Angst vor rechtlicher Verfolgung" im Rahmen von strafrechtlichen Verfolgungen unterscheiden. Mit dieser Unterscheidung könnte man sowohl positive als auch negative Auswirkungen eines Elements eines Systems genauer festlegen.

d) Auch kann eine Beziehung zwischen Subsystemen quantifiziert werden, d. h. nicht nur die Art einer Beziehung wird festgelegt, sondern auch wie stark oder wie stark variierend diese ist (vgl. dazu die Ausführungen im nächsten Abschnitt 5.6).

Kriterien zur Bewertung von Systemtheorien. Grundsätzlich gelten für Systemtheorien und Methoden zu deren Entwicklung praktisch alle Kriterien, die bisher zur Beurteilung von Theorien oder theoretischen Annahmen formuliert wurden (vgl. z. B. Abschnitt 2.2.1.2). Zentral ist auch, dass eine Systemtheorie möglichst viele Merkmale von Systemen nutzt und eine hohe Modellgültigkeit aufweist (vgl. Abschnitt 4.3).

Darüber hinaus ist es für eine Systemtheorie in vielfacher Hinsicht – sozusagen als sekundäres Qualitätskriterium – günstig, wenn sie „gut strukturiert" ist. Ein „guter" Aufbau einer Systemtheorie ist demnach gegeben, wenn Ordnungselemente bzw. -prinzipien augenscheinlich erkennbar sind. Eine Systemtheorie wird dann besser prüfbar und auch kommunizierbar. Wenn man die Darstellung von Systemtheorien als „Lernmaterial" darstellt, dann würden sich vor allem drei Kriterien für eine gute Strukturierung ergeben (vgl. dazu auch Ballstaedt, 1997, und die Abbildungen in diesem Buch):

a) Inhaltlich zusammenhängende Phänomene sollen auch als solche in zusammengehörenden Gruppen (mit Kennzeichnungen als gemeinsamer Bereich) dargestellt werden (aaa zu A, bbb zu B usw.). Inhaltlich zusammenhängende Phänomene sind solche, die ähnliche Wirkungen produzieren, die von ähnlichen Elementen beeinflusst werden, die ähnliche Aufgaben in einer Systemtheorie erfüllen, die zu ähnlichen Zeitpunkten in Prozessen auftreten usw. (vgl. z. B. die Elemente des „individuellen Systems" in Abbildung 18).

b) Es soll die Art der Organisation der Elemente und Beziehungen erkennbar sein. Solche Arten betreffen eine sequenzielle Organisation (A vor B vor C vor D usw.), eine Organisation nach sachlichen Gesichtspunkten (A und B, C und D usw.) oder eine hierarchische Organisation (A, dann B und C, dann D usw.). Es sollen auch Makro- und darin enthaltene Mikrostrukturen erkennbar sein (A mit aaa, B mit bbb usw.). Während Makrostrukturen Elemente und Beziehungen betreffen, können Mikrostrukturen zur Verankerung von (theoretisch) angenommenen Mechanismen verwendet werden (vgl. z. B. die Prozesse und Mechanismen, die zu bestimmten Krankheitsbildern führen, in Abbildung 15).

Systemtheorien von einer Komplexität, wie das in Abbildung 18 dargestellt wurde, leisten vor allem auch eine Übersicht über einen Phänomenbereich. Aus so einer Übersicht wird leicht ersichtlich, wie viele potenzielle Beziehungen es zwischen den Elementen eines Systems geben kann. Werden viele Beziehungen angenommen, dann besteht die Gefahr, dass das mit dem System verbundene Aussagensystem Unklarheiten, Widersprüche etc. enthält. Ein Aussagensystem würde demnach viele sprachliche Formulierungen zur Beschreibung der Systemtheorie enthalten. Um komplexe Theorien und die damit zusammenhängenden sprachlichen Formulierungen genauer festlegen zu können, kann man mathematische Modellbildungen verwenden.

5.6 Mathematische Modellbildungen

Mathematische Modellbildungen haben den Vorteil, dass sie eine Beziehung zwischen zwei oder mehreren Variablen sehr genau festlegen können: Für praktisch alle möglichen Ausprägungen einer unabhängigen Variable können entsprechende Werte für eine abhängige Variable hypothetisch festgelegt werden. Dieser Umstand ist vor allem dann von besonderem Interesse, wenn

a) viele Ausprägungen von Variablen vorliegen, die es als abhängige Variablen vorherzusagen oder als unabhängige Variablen für eine Vorhersage zu nutzen gilt (z.B. wenn ein Phänomen in der Abhängigkeit von Zeit gesehen wird, wobei Zeit in Jahre, Monate, Tage, Stunden, Minuten, Sekunden etc. unterteilt werden kann) oder

b) komplexe Beziehungen zwischen Variablen angenommen werden (wenn z.B. ein Phänomen von mehreren Variablen beeinflusst angesehen wird und die beeinflussenden Variablen ihrerseits wieder von mehreren anderen Variablen beeinflusst werden).

5.6.1 Rechenoperationen und Funktionen als Beziehungen

Beziehungen zwischen Variablen, die in Theorien formuliert werden, lassen sich auch in mathematischen Ausdrücken formulieren. In Tabelle 6 sind Beispiele zu ausgewählten Rechenoperationen, Funktionen und Theorien aus dem Bereich der Motivationsforschung dargestellt.

Addition und Subtraktion. Beeinflussen z.B. zwei Variablen gemeinsam eine dritte Variable, dann kann man das durch Summenbildung ausdrücken. Negative Einflüsse oder verringernde Effekte können mittels Subtraktion ausgedrückt werden. Zum Beispiel lässt sich annehmen, dass

Leistungen von Schülerinnen und Schülern (L) von der Intelligenz (I), der Motivation (M) und der Unterrichtsqualität (U) abhängig sind. Man könnte diese Theorie folgendermaßen formulieren: L = I + M + U. Wichtig dabei wäre auch, festzulegen, in welchem Bereich die einzelnen Teile variieren können. Zum Beispiel könnte man festlegen, dass I, M und U nur zwischen 0 und 1 variieren können, demnach könnte L zwischen 0 und 3 variieren.

Gewichtung von Variableneinflüssen. Nach dieser Formel würde man annehmen, dass der Einfluss jeder dieser drei Variablen prinzipiell gleich groß ist. Das würde z. B. bedeuten, dass die Motivation einen ähnlich starken Einfluss ausübt wie die Intelligenz der Schülerinnen und Schüler. Wenn empirische Forschungsergebnisse und/oder andere Theorien darauf hinweisen, dass dem nicht so ist, könnte man die jeweiligen Einflussfaktoren auch gewichten. Wenn z. B. die Intelligenz einen stärkeren Einfluss hat wie die Motivation und die Unterrichtsqualität, dann ließe sich das beispielsweise so ausdrücken: L = 2*I + M + U. Finden sich negative Einflüsse, dann wird das durch eine Subtraktion ausgedrückt. Auf dieses Beispiel bezogen könnte man annehmen, dass Schulangst (SA) einen leistungsreduzierenden Effekt ausübt, demnach würde die Formel so erweitert: L = 2*I + M + U – SA. Auch diese negativen Effekte können gewichtet werden. Wenn man eine prozentuelle Referenz als Maß für den jeweiligen Einfluss annimmt, dann könnte man z. B. formulieren, dass Intelligenz 50% der Leistung beeinflusst, Motivation 20%, Unterrichtsqualität 20% und Schulangst 10%, was folgende Auswirkungen auf obige Formel hätte: L = 0.50*I + 0.20*M + 0.20*U – 0.10*SA. Für das Festlegen solcher Prozentzahlen könnten in empirischen Studien häufig erzielte „erklärte Varianzen" oder „Effektstärken" verwendet werden. Beide Maßzahlen zeigen, wie stark der Einfluss von unabhängigen Variablen auf abhängige Variablen ist (vgl. z. B. Cooper, 1989, S. 105). Wurden ähnlich hohe Maßzahlen wiederholt in empirischen Studien gefunden, dann könnte man diese als Gewichte in eine formalisierte bzw. auf mathematische Formeln bezogene Theorieentwicklung integrieren.

Interaktive Beziehungen. Eine dabei auftretende Frage ist auch, wie die unabhängigen Variablen untereinander in Beziehung stehen bzw. Wechselwirkungen zeigen. Denkbar für obiges Beispiel ist z. B., dass die Schulangst auch von der Unterrichtsqualität beeinflusst wird: Ist die Unterrichtsqualität hoch, dann könnte man z. B. die Schulangst als niedrig ansehen. Vor allem über Multiplikationen und Divisionen von Werten kann man solche interaktiven Beziehungen abbilden.

Multiplikation und Division. Multiplikationen und Divisionen weisen auf einen bedingten Einfluss hin, d. h. auf einen Einfluss, der nur dann gegeben ist, wenn andere Variablen auch einen Einfluss ausüben: Im in Tabelle 6 angeführten Beispiel ergibt das Produkt Te = 0, wenn eine der drei Einflussfaktoren (Me, Ae oder We) keinen Effekt ausübt (also 0 ist). Hätte man hier eine Beziehung postuliert, die über Addition und/oder Subtraktion beschrieben worden wäre, dann trifft nicht zu, dass ein Faktor keinen Einfluss ausübt, wenn der Einfluss der anderen Faktoren nicht gegeben ist. Es ist eine theoretische und/oder empirische Frage, ob Faktoren „additiv" oder „multiplikativ" wirkend angenommen werden. Beckmann und Heckhausen (2006a, S. 121, 128 und 140) berichten z. B. darüber, dass es für lerntheoretische Konzeptionen von Motivation, aber auch Entscheidungstheorien oder Instrumentalitätstheorien nicht immer eindeutig ist, ob eine additive oder multiplikative Verknüpfung von angenommenen Faktoren gegeben ist.

Typische Beziehungen. Funktionen stellen Beziehungen zwischen zwei oder mehreren Variablen her, die sich mit einer Zuordnungsvorschrift bzw. Funktionsgleichung beschreiben lassen. Diese Beziehungen haben eine typische Form: Lineare Beziehungen lassen sich in Je-desto-Sätzen formulieren und stellen grafisch dargestellt eine Gerade dar. Quadratische Funktionen beschreiben Kurven, die in einem mittleren Ausprägungsgrad ein Minimum aufweisen und sich bei besonders positiven (starken) oder negativen (schwachen) Ausprägungen einem Maximum nähern.

Lineare Funktionen bzw. Beziehungen. Lineare Beziehungen spielen in der empirischen Sozialforschung eine große Rolle. In vielen Theorien zum Lernen, zur Motivation, zur Informationsverarbeitung etc. wird angenommen, dass sich Beziehungen zwischen den Variablen linear verhalten, wobei sich diese positiv oder negativ gestalten können. Für positive lineare Beziehungen gilt: Je höher (niedriger), desto höher (niedriger), z. B.: Je höher die Intelligenz, desto höher die Testleistungen und je niedriger die Intelligenz, desto niedriger die Testleistungen. Für negative lineare Beziehungen gilt hingegen: Je höher (niedriger), desto niedriger (höher), z. B.: Je größer die Menge an gegessenen Speisen, desto geringer ist die Bereitschaft, sich körperlich zu betätigen, und je geringer die Menge an gegessenen Speisen, desto höher ist die Bereitschaft, sich körperlich zu betätigen.

Wird z. B. folgende lineare Beziehung zwischen Intelligenz (I) und Testleistung (T), nämlich: $T = 0.75 * I + 20$, formuliert, dann ergibt sich z. B. für einen Intelligenzwert von 100 (I = 100) eine Testleistung von 95 (T = 95). Solche linearen Beziehungen werden in Regressionsgleichungen und -geraden dargestellt und mit Verfahren der Regressionsanalyse berechnet (vgl. z. B. Bortz, 1993, S. 167 ff). Lineare Beziehungen werden oft zur Vorhersage von Phänomenen verwendet und können auch mehr als zwei Variablen (eine unabhängige Variable, die eine andere beeinflusst, und eine abhängige Variable, die beeinflusst wird) umfassen. In einem solchen Fall spricht man bei mehreren unabhängigen Variablen von einer „multiplen Regression" (z. B. y = b1 * x1 + b2 * x2 + …+ a; vgl. z. B. Bortz, 1993, S. 415 ff).

Nicht-lineare Funktionen bzw. Beziehungen. Natürlich sind auch andere Beziehungen zwischen Variablen möglich, die nicht-linear sind. Solche Beziehungen können in Funktionen mit mathematischen Formeln und entsprechenden Kurven dargestellt werden. Dabei können beispielhaft (neben anderen Funktionen) folgende Beziehungstypen genannt werden:

a) Quadratische Funktionen: z. B. $y = x^2$ oder $y = x^2 - 3*x + 4$ mit U-Kurve: die y-Werte sind hoch, wenn hohe positive und hohe negative x-Werte gegeben sind; die y-Werte sind niedrig, wenn niedrige positive und niedrige negative x-Werte gegeben sind. Ein hypothetisches Beispiel aus dem Bereich der Motivation: Menschen, die hoch motiviert (x) und deshalb mitunter emotional stark erregt sind, machen bei bestimmten Aufgaben mehr Fehler (y) als Personen, die eine mittelstarke Motivation aufweisen. Auch Menschen, die niedrig motiviert und deshalb mitunter wenig konzentriert sind, könnten demnach mehr Fehler machen als mittelstark motivierte und emotional ausgeglichene Personen.

b) Kubische Funktionen: z. B. $y = x^3$ oder $y = x^3 + 2*x^2 + 4*x + 3$ mit Parabeln mit Wendepunkten bzw. Links- und Rechtskrümmungen: y-Werte

Tabelle 6: Beispiele von ausgewählten Rechenoperationen, Funktionen und Theorien

Rechenoperation oder Funktion	Beispiel	Theorie
Addition: +, Erhöhung	$Tr = Te + Tm$	Motivationstheorie: Eine resultierende Handlungstendenz (Tr) setzt sich aus der Erfolgstendenz (Te) und der Misserfolgstendenz (Tm) zusammen (vgl. Beckmann & Heckhausen, 2006a, S. 131).
Subtraktion: -, Senkung	$Ae = 1 - We$	Motivationstheorie: Der Erfolgsanreiz (Ae) wächst in dem Maße, in dem die Erfolgswahrscheinlichkeit (We) abnimmt (vgl. Beckmann & Heckhausen, 2006a, S. 131).
Multiplikation: *, Bedingter Einfluss	$Te = Me * Ae * We$	Motivationstheorie: Erfolgstendenz (Te) ist das Produkt aus Erfolgsmotiv (Me), Erfolgsanreiz (Ae) und Erfolgswahrscheinlichkeit (We) (vgl. Beckmann & Heckhausen, 2006a, S. 131).
Division: /, Bedingter Einfluss	$f = Va / e$	Motivationstheorie: Die psychologische Kraft (f) ist abhängig von der Valenz (Va) eines Zieles in Relation zur Entfernung zum Zielbereich (e) (vgl. Beckmann & Heckhausen, 2006a, S. 112).
Lineare Funktion:	$y = b * x + a$	Motivationstheorie: Beziehung zwischen Anregungspotenzial (x) und Aktivation (y) nach Hebb (vgl. Beckmann & Heckhausen, 2006b, S. 93).
Nicht-lineare Funktionen: z. B. quadratische, kubische oder exponentielle	$y = x^2$	Motivationstheorie: Beziehung zwischen Anregungspotenzial (x) und Aktivation (y) nach Berlyne (vgl. Beckmann & Heckhausen, 2006b, S. 93).

steigen in unterschiedlichen x-Werte-Bereichen unterschiedlich stark an oder fallen unterschiedlich stark ab. Ein hypothetisches Beispiel aus der Lernforschung: Beschäftigt sich ein Lernender mit einem Lehrstoff über einige Stunden (x), führt das zu einem schnellen Wissenszuwachs (y) auf einem mittleren Niveau. Wird diese Beschäftigungsdauer um einige Stunden erhöht, zeigt sich nur ein geringer zusätzlicher Wissenszuwachs. Erst, wenn die Beschäftigungsdauer mit dem Lehrstoff um viele Stunden erhöht wird, zeigt sich auch ein starker Wissenszuwachs.

c) Exponentialfunktionen: z. B. $y = a^x$ mit flach und dann steil steigenden oder fallenden Kurven: bei der Erhöhung der x-Werte steigen die y-Werte zunächst schwach und dann immer stärker an oder bei der Erhöhung der x-Werte fallen die y-Werte zunehmend stärker. Ein hypothetisches Beispiel aus dem Gebiet der Jugendforschung: Es wird angenommen, dass die Jugendarbeitslosigkeit in Jahren schlechter Wirtschaftslage viel stärker ansteigt als in Jahren mit guter ökonomischer Situation.

d) Andere Funktionen: Darüber hinaus sind vielfältige andere Beziehungen denkbar, die z. B. über computergestützte Simulationsmodelle oder komplexe statistische Verfahren berechnet werden. Zum Beispiel können Beziehungen zwischen mehreren Variablen über Strukturgleichungsmodelle dargestellt werden. In solchen Strukturgleichungsmodellen werden Beziehungen zwischen theoretisch angenommenen latenten Größen (theoretischen Konstrukten) und gemessenen Variablen (Indikatorvariablen) formuliert und anhand von vorhandenen Daten über komplexe mathematische Gleichungssysteme geschätzt (vgl. z. B. Jöreskog & Sörbom, 1993). Ausgangspunkte für solche Strukturgleichungsmodelle bilden theoretische Beziehungsmuster, die aus Strukturmodellen (über die Beziehungen zwischen den latenten Größen) und Messmodellen (über die Zuordnungen von Indikatorvariablen zu latenten Größen) bestehen (vgl. Abbildung 19). Beziehungen in solchen Modellen werden in standardisierten Regressionskoeffizienten ausgedrückt, die Auskunft darüber geben, welche Richtung und welche Stärke ein Einfluss hat. Die Richtung betrifft die Frage, ob eine positive oder negative (lineare) Beziehung zwischen Größen gegeben ist. Die Stärke variiert (zwischen 0 und 1) und zeigt an, wie stark sich eine abhängige Größe ändert, wenn man eine unabhängige verändert. Außer-

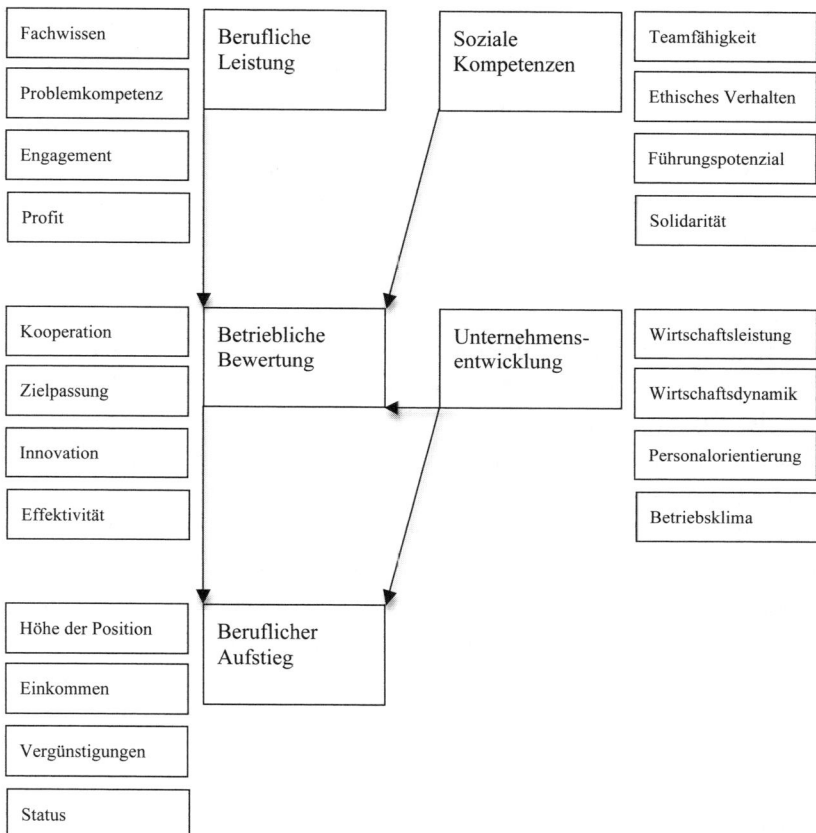

Abbildung 19: Ein Strukturgleichungsmodell illustriert am Beispiel der Vorhersage von beruflichem Aufstieg

dem werden nicht nur Beziehungen zwischen latenten Größen geschätzt, sondern auch, wie gut gemessene Variablen die latenten Größen abbilden. Zu diesem Zweck werden Maße der Reliabilität (Messgenauigkeit) und Validität (Messgültigkeit) angegeben.

Wenn man diese Möglichkeiten berücksichtigt, dann können Theorien nicht nur Annahmen über die Beziehungen zwischen latenten theoretischen Größen enthalten, sondern auch über die Qualität (Reliabilität und Validität) der mit der Theorie verbundenen Messoperationen.

Abbildung 19 zeigt ein Strukturgleichungsmodell, in dem beispielhaft „beruflicher Aufstieg" vorhergesagt werden soll. Ein solches Modell bildet theoretische und auf Messung bezogene Beziehungen ab. In diesem Modell werden fünf latente theoretische Größen unterschieden und in ein Strukturmodell integriert: berufliche Leistung, soziale Kompetenzen, betriebliche Bewertung, Unternehmensentwicklung und beruflicher Aufstieg. Mit den berücksichtigten Größen soll theoretisch geklärt werden, welche Faktoren einen beruflichen Aufstieg bewirken. Dabei wird angenommen, dass die berufliche Leistung und soziale Kompetenzen die Bewertung von Mitarbeiterinnen und Mitarbeitern eines Betriebes beeinflussen. Diese Bewertung wird auch als abhängig von der aktuellen Unternehmensentwicklung gesehen. Schließlich wird theoretisch postuliert, dass beruflicher Aufstieg mit der betrieblichen Bewertung der jeweiligen Mitarbeiterinnen und Mitarbeiter und der Unternehmensentwicklung in Beziehung steht. Außerdem enthält das Strukturgleichungsmodell fünf Messmodelle, die Auskunft darüber geben, wie die latenten Größen gemessen werden sollen. Zum Beispiel wird die latente Größe der beruflichen Leistung vom beim Individuum vorhandenen Fachwissen, der gegebenen Problemlösekompetenz, dem Engagement im Betrieb und Kosten-Nutzen-Relationen bzw. dem angenommenen Profit, den das Individuum für den Betrieb erzielt, abhängig gesehen.

Vorgehensweisen bei der Nutzung von Rechenoperationen und Funktionen bei einer Theorieentwicklung

Wendet man Rechenoperationen und Funktionen im Rahmen der Bildung einer Theorie an, dann ergeben sich daraus folgende Vorgehensweisen:

a) Anwendung unterschiedlichster Methoden zur Theorieentwicklung zur Findung der theoretisch relevanten Größen: Zunächst können viele verschiedene Methoden der Theorieentwicklung eingesetzt werden. Es geht darum, theoretisch relevante Größen zu identifizieren, die für ein zu betrachtendes Phänomen relevant sind, ohne dass eine bestimmte Methode der Theorieentwicklung präferiert werden sollte.

b) Theorien zu einem Struktur- und einem Messmodell: Die Methoden der Theorieentwicklung beziehen sich üblicherweise auf die theoretisch angenommenen Beziehungen zwischen den als wichtig erachteten Größen bzw. Variablen (das ist das „Strukturmodell" nach dem Konzept der Strukturgleichungsmodelle). Theorien können sich aber auch auf das Messmodell beziehen, d.h. auf die Frage, ob bestimmte Messungen theoretisch angenommen zu der gewünschten Messgenauigkeit und Messgültigkeit bei der Erfassung einer latenten Größe führen oder nicht. Diese Frage ist für alle Arten von Theorien und von Methoden der Theorieentwicklung relevant. Besonders akut wird sie aber bei Fragen der Mathematisierung der Theorieentwicklung, weil gerade bei dieser Form der Theorieentwicklung eine besonders hohe Detailliertheit bei der Beschreibung und Erklärung eines Phänomenbereiches erreicht werden kann.

c) Mathematisierung der Beziehungen: Liegen die theoretischen Annahmen in sprachlicher (und in z.B. grafisch illustrierter) Form vor, dann kann darangegangen werden, die postulierten Beziehungen mathematisch (über Formeln) auszudrücken. Eine formalisierte Theorie würde demnach aus einer Reihe von mathematischen Formeln bzw. Gleichungssystemen bestehen (vgl. z.B. die in Tabelle 6 dargestellten Formeln zur Motivationstheorie).

d) Einsatz von computergestützten Hilfsmitteln: Liegen mehrere Formeln bzw. Mess- und Strukturmodelle vor, werden diese in der Regel mit computergestützten Hilfsmitteln verarbeitet. Solche Hilfsmittel betreffen Softwareprogramme wie übliche oder z.B. auf Logik spezialisierte Programmiersprachen, spezielle Simulationsprogramme oder Programme zur mathematischen und statistischen Beschreibung bzw. Analyse (vgl. z.B. Bossel, 2004).

e) Multidisziplinäres Arbeiten: Hier sollte auch erwähnt werden, dass Theorieentwicklungen dieser Art die Zusammenarbeit von mehreren Fachwissenschaftlern bzw. Spezialisten erfordern. Während Fachwissenschaftler (z.B. Psychologen) Theorien über ein zu betrachtendes Phänomen aufstellen, werden es Logiker, Informatiker, Mathematiker oder Statistiker sein, die bei der mathematischen Umsetzung bzw. Formulierung einer Theorie mitwirken.

Kriterien zur Beurteilung formalisierter Theorien

Auch in diesem Fall gilt, dass alle Kriterien, die bisher zur Beurteilung von Theorien herangezogen wurden, ihre Gültigkeit haben (vgl. z. B. Abschnitt 2.2.1.2). Außerdem gelten auch die Kriterien der Modellgültigkeit, wobei als Modell die mathematisch dargestellten theoretischen Aussagen gelten können (vgl. Abschnitt 4.3). Auf alle Fälle sollte geprüft werden, ob die Werte, die sich über die mathematischen Formeln errechnen lassen, auch tatsächlich mit den theoretischen Annahmen übereinstimmen. Meist trifft zu, dass mathematisch errechnete Werte auch extreme Ausprägungen von Variablen betreffen, die mitunter in Theorien nicht fokussiert sind. Werden viele Variablen auch in Interaktionen betrachtet, dann fällt es auch schwer, konkrete theoretische Voraussagen nachvollziehen zu können. Solche Prüfungen können relativ einfach durchgeführt werden, wenn maximal große und maximal kleine Werte in die mathematischen Gleichungen bzw. in die unabhängigen Variablen eingesetzt werden. Die daraus resultierenden Werte in den abhängigen Variablen können dann mit den nicht-mathematisch formulierten theoretischen Annahmen verglichen werden.

5.6.2 Modelle und deren Entwicklung

Komplexe Theorien, die als Systemtheorien gestaltet und/oder mathematisch formalisiert sind, bilden häufig „Modelle".

5.6.2.1 Grundlagen für die Entwicklung von Modellen

Theorien als Beschreibungen von Modellen. Dörner (1999) befasst sich mit der Frage, was „Modelle" sind und wie wir sie entwickeln können. Demnach stellen „Modelle" Abbilder eines (vorgestellten bzw. theoretisch rekonstruierten) Realitätsausschnittes dar, wobei zwischen dem Modell und seinem Urbild eine bestimmte Beziehung besteht (ebd., S. 327). In der Sozialwissenschaft ist dabei von besonderem Interesse, dass Modelle das Verhalten von Menschen abbilden können und z. B. vorhersagen können, wie sich Menschen in einer bestimmten Situation verhalten würden. Solche Modelle stellen meist „Systeme" dar. „Systeme" sind in eine (theoretisch konstruierte) Umgebung eingebettet und bestehen aus Variablen und Beziehungen zwischen diesen Variablen; Beschreibungen von Systemen sind dann als Theorien zu verstehen (ebd., S. 329f).

Theorieentwicklungen als „dialektischer Spiralprozess". Dörner (1999, S. 333 ff) beschreibt die Aufgabe der Theorieentwicklung als „dialektischen Spiralprozess", der folgendermaßen abläuft:

1. Ausgangspunkt ist ein Problem, das es zu lösen gilt.

2. Dann entwirft man ein vorläufiges Erklärungsmodell und prüft es an der Realität.

3. Bei Widersprüchen zwischen den Vorhersagen des Erklärungsmodells und der Realität, wird das Modell verändert und wieder an der Realität geprüft.

4. Dieser Prozess wird so lange wiederholt, bis eine gute Übereinstimmung zwischen dem Modell und der (in irgendeiner Form erfassten bzw. gemessenen) Realität gefunden ist. Wird diese Übereinstimmung nicht geschafft, wird der Modellentwicklungsprozess abgebrochen.

Bei diesem Entwicklungsprozess orientiert man sich an bestimmten *Kriterien*. Diese betreffen (vgl. ebd., S. 334f):

1. Explizitheit: Die Variablen, die man für erklärungsrelevant hält, müssen genannt werden und genau definiert sein. Nur dann können sie in einem Modell wirksam werden.

2. Vollständigkeit: Modelle beschreiben häufig komplexe Phänomene, die sich aus dem Zusammenwirken von vielen Variablen ergeben. Da das Weglassen oder Hinzufügen von einzelnen Variablen einen großen Einfluss auf das vorhergesagte Modellverhalten haben kann, ist es wichtig, möglichst alle oder viele relevanten Einflussgrößen zu berücksichtigen.

3. Widerspruchsfreiheit: Das Modell soll so beschaffen sein, dass nicht Beliebiges (z.B. eine bestimmte Behauptung und ihr Gegenteil, etwa jemand lebt [noch] und ist tot) aus den Modellannahmen ableitbar ist.

Voraussetzungen und Methoden für eine Modellkonstruktion. Bei der Konstruktion von Modellen hat man üblicherweise einen Computer samt Programmiersprache und Verhaltensprotokollen (mit Daten über Häufigkeiten von Verhaltensweisen etc.) vorliegen (vgl. Dörner, 1999, S. 336f). Dann beginnt man mit der Formulierung von einfachen Annahmen, die man erweitert, wenn Widersprüche mit der Realität (bzw. mit den Daten) auftreten. Man kann sich den Bau eines Modells wie den Bau eines Hauses vorstellen: Stein um Stein wird dem Modell hinzugefügt, bis ein Haus entstanden ist, das den Erwartungen entspricht. Wichtig dabei ist auch, dass nicht unbedingt (nur) mit richtigen Modellannahmen begonnen wird; was richtig ist, wird sich im Laufe des Modellbildungsprozesses herausstellen.

Bossel (2004, S. 226) beschreibt diesen Prozess noch differenzierter: Er unterscheidet vier Phasen der Modellentwicklung, die – zusammengefasst und verkürzt dargestellt – wie folgt ablaufen:

1. Entwicklung eines Modellkonzeptes: In dieser ersten Phase geht es darum, das Problem bzw. die gestellte Aufgabe zu bestimmen. Dann ist festzulegen, welchen Zweck das Modell erfüllen soll. Schließlich sind Überlegungen zu einem problembezogenen Referenzverhalten anzustellen.

2. Modellentwicklung: In der zweiten Phase geht es darum, mithilfe eines Computers ein Modell zu erzeugen. Zu diesem Zweck wird man zunächst das relevante System (im Detail, mit Grenzen, mit Teilsystemen und Wirkungsbeziehungen, mit Wirkungsstrukturen und Zustandsgrößen, mit Rückkoppelungen, mit Einflussfaktoren etc.) beschreiben und programmieren.

3. Modellprüfung und deren Kriterien: In der dritten Phase wird das entstandene Modell evaluiert und ggfs. verändert. Um das leisten zu können, werden die Strukturgültigkeit des Modells geprüft, es werden Programmierfehler entfernt. Dann werden Probeläufe erzeugt und erste Parametertests (auf Plausibilität und Robustheit des Modells) durchgeführt. Dann wird geprüft, ob das Modell mit Verhaltensweisen (Verhaltensgültigkeit) und mit Daten (empirische Gültigkeit) übereinstimmt. Danach werden realistische Parameter eingesetzt und diverse Szenarien untersucht. Die dabei erzielten Ergebnisse sollen für Strukturveränderungen im Modell genutzt werden, bevor schließlich geprüft wird, ob das Modell den gesetzten Zweck erfüllt (Anwendungsgültigkeit). Mitunter ist es nicht einfach, die Qualität eines Modells zu bestimmen, weil es einige Fehlerursachen geben kann: Es könnte eine theoretische Annahme des Modells falsch sein; das Modell könnte fehlerhaft formalisiert worden sein; schließlich ist denkbar, dass auch mangelhaft operationalisiert oder gemessen wurde bzw. Fehler in der Datenanalyse gegeben waren.

4. Ergebnisvermittlung: In der letzten Phase wird das Modell auf seine wichtigsten Bestandteile komprimiert. Außerdem werden Rückkoppelungsschleifen bestimmt und die im Modell simulierten Verhaltensweisen begründet.

5.6.2.2 Beispiele für Modellentwicklungen: Simulationen

Entwicklungen von Modellen finden sich in unterschiedlichen wissenschaftlichen Fachbereichen meist in Form von „Simulationen". In „Simulationen" werden Computerprogramme dafür verwendet, bestimmte Phänomene in einem Prozess nachzubilden oder vorherzusagen. Im Bereich der Chemie werden z. B. chemische Reaktionen (z. B. die Mischung von explosiven Stoffen) simuliert, in der Physik z. B. die Entwicklungen von Sonnensystemen oder in der Biologie z. B. die Entwicklung von Tierbeständen.

Auch in den Sozialwissenschaften sind solche Simulationen zur Beschreibung und Vorhersage von menschlichem Verhalten möglich, obwohl sie weniger häufig eingesetzt werden als im naturwissenschaftlichen Bereich. Eine computergestützte Simulation, die menschliches Verhalten auf sehr anschauliche und komplexe Art darstellt, ist z. B. die kommerzielle Software SIMS der Electronic Arts GmbH (vgl. z. B. URL http://www.diesims. de). SIMS ist ein Computerspiel und simuliert menschliche Lebensweisen, indem bestimmte Ausgangsparameter verändert werden können und sich daraus Auswirkungen auf Individuen und Gruppen von Menschen ergeben. SIMS erlaubt es, Häuser zu bauen, Familien zu gründen, berufliche Karrieren aufzubauen, soziale Netzwerke zu betreiben, Reisen zu unternehmen, menschliche Konflikte zu lösen, Geschäftsbeziehungen zu pflegen usw. Dabei können z. B. Persönlichkeitsmerkmale der interagierenden Personen festgelegt oder Entwicklungsziele (z. B. Glücklich sein und/oder Besitztümer erweitern) für bestimmte Zeiträume angestrebt werden.

SIMS funktioniert auf der Basis von Regeln, die zwischen unabhängigen und abhängigen Variablen (z. B. Persönlichkeitsmerkmalen und Verhaltensauswirkungen) formuliert sind. Solche Regeln können wissenschaftlichen Erkenntnissen oder Theorien, z. B. der Sozialpsychologie, durchaus entsprechen und sind in sog. „Strategiebüchern" zur Simulation enthalten.

Zum Beispiel wirken sich eine sinnvolle Freizeitgestaltung, gesunde Ernährung, ausreichend Schlaf etc. positiv auf das Wohlbefinden der in der
Simulation vorhandenen Charaktere aus.

5.7 Sonstige Methoden der Theorieentwicklung

Im vorliegenden Buch wurde eine Reihe von typischen Methoden der
Theorieentwicklung dargestellt. Diese Darstellung ist allerdings nicht er-
schöpfend. In diesem Abschnitt sollen beispielhaft einige weiterführende
Aspekte einer Theorieentwicklung dargestellt werden.

5.7.1 Methoden zur Entwicklung technologischer Theorien: „Design-based" und „Formative" Research nach Reigeluth & An (2009)

Sucht man nach konkreten wissenschaftlich verankerten Verfahren zur Gestaltung und Entwicklung von technologischen Theorien, gerät man häufig
an sehr allgemeine Formulierungen, die wenig Konkretes im Sinne von an-
wendbaren Arbeitstechniken leisten. Andere Verfahren wiederum sind eher
an der Rekonstruktion von quasi-theoretischen Strukturen ausgelegt und
weniger an deren Konstruktion (vgl. z. B. Konzepte der „subjektiven Theorien" oder „Alltagstheorien", denen man durchaus Strukturähnlichkeiten
mit „technologischen Theorien" nachweisen könnte). Reigeluth und An
(2009, S. 376 ff) haben sich mit der Frage befasst, wie man Unterrichtstheorien entwickeln kann. Unterrichtstheorien können als Beispiele für technologische Theorien angesehen werden, weil es darum geht, Handlungsanweisungen für unterrichtliche Aktivitäten (Lehr- und Lernaktivitäten)
zu formulieren (vgl. z. B. auch Astleitner & Herber, 2008). Sie schlagen
mehrere Verfahren vor, die allesamt durch eine intensive Interaktion mit
praktischen Kontexten gekennzeichnet sind. Insbesondere werden Verfahren der „grounded theory", des „design-based research" und des „formative
research" besprochen.

Verfahren der „grounded theory" wurden schon oben dargestellt, wenn
es darum geht, auch nicht-technologische Theorien zu entwickeln. Verfah-

ren des „design-based research" sehen folgende Schritte in der Entwicklung einer (technologischen) Theorie vor (vgl. ebd., S. 380 f):

1. Auswahl eines real-world Problems;
2. Literaturaufarbeitung und Setzen von Zielen für eine Theorieentwicklung;
3. Herstellung einer Kooperation mit Praktikern;
4. Festlegung von unabhängigen und abhängigen Variablen;
5. Entwicklung eines Forschungsplans;
6. Gestalten, Entwickeln und Implementieren eines „Designs" in real-world-Situationen (als „Design" kann man eine technologische Theorie zur Verbesserung einer Problemlage ansehen);
7. Dokumentieren des Design-Entwicklungsprozesses;
8. Sammeln von Daten aus mehreren Quellen;
9. Analysieren der Daten und zielbezogenes Evaluieren des implementierten Designs;
10. Verändern und Verfeinern des Designs;
11. Wiederholen des Prozesses der Analyse, Gestaltung, Implementierung und der Neugestaltung des Designs; und
12. Anfertigen eines Berichts über die erzielten Ergebnisse.

Diese Verfahren des „design-based research" betreffen sehr allgemeine Methoden zur Produktion von Wissen (technologischen Theorien) und definieren Rahmenbedingungen eines Forschungskontextes. Sie sagen wenig darüber aus, wie solche Theorien genau formuliert und verändert werden können, wenn z.B. bestimmte Ergebnisse erzielt werden. Ähnliches gilt auch für wissenschaftliche Methoden zur Theorieentwicklung, wie sie im „formative research" durchgeführt werden.

„Formative research" arbeitet mit folgenden Methoden in folgenden Schritten (vgl. Reigeluth & An, 2009, S. 381 ff; die Darstellungen sind verkürzt und verwenden anstelle des Konzepts der Unterrichtstheorie das Konzept der technologischen Theorie):

a) Methoden des „formative research":

– Beobachten und Befragen zu Stärken, Schwächen und Verbesserungspotenzialen;
– Wiederholen des Beobachtens und des Befragens aus Validierungsgründen;
– Suche nach unterschiedlich guten Wirkungsmustern in Situationen;
– Einsetzen und Prüfen der Verbesserungen;
– Stellen von Warum-Fragen, um wirksame Größen und deren Beziehungen entdecken zu können;
– Vorschlagen von Verbesserungen für eine technologische Theorie; und
– Vorschlagen von Verbesserungen für eine deskriptive Theorie zum Gegenstandsbereich.
   b) Schritte eines „formative research" (hier Version: „designed cases"):
– Auswählen einer technologischen Theorie;
– Gestalten eines Anwendungsfalles dieser Theorie;
– Sammeln und Analysieren von deskriptiven und formativen Daten zum Anwendungsfall;
– Verändern des Anwendungsfalles aufgrund der erfassten Daten;
– Wiederholen der Datensammlung und der Revision des Anwendungsfalles; und
– Anbieten von Veränderungen der technologischen Theorie auf der Basis der gemachten Erfahrungen.

„Design-based" und „formative research" sind grundsätzlich pragmatisch-orientierte Forschungsansätze, bei denen es um die Entwicklung und Gestaltung von problemlösenden Maßnahmen geht. Die Entwicklung einer technologischen Theorie kann das einschließen, muss es aber nicht. Auf alle Fälle demonstrieren diese Ansätze, dass die Bildung von Theorien etwas ist, das durchaus auch in aktiver und intensiver Auseinandersetzung mit einem Praxisfeld passieren kann. Damit diese Auseinandersetzung zu möglicherweise brauchbaren technologischen Theorien führt, muss ein explizites Ziel formuliert werden, das sich eben auf die Entwicklung einer Theorie bezieht.

   Bei so einem Prozess wird nach pragmatischen Kriterien (Was wirkt und wie kann es effektiv umgesetzt werden?) vorgegangen, wissenschaftliche

Kriterien im engeren Sinne (z. B. hinsichtlich der Qualität der logischen Ableitungen) spielen eine untergeordnete Rolle.

Gerade die Frage, wie beim „design-based research" pragmatische technologische Theorien in deskriptive wissenschaftliche Theorien „umgewandelt" werden können, ist wenig spezifiziert oder wissenschaftlich sehr umstritten. Es ist wohl nicht möglich, aus technologischen „Um-zu-Aussagen" (z. B. „Um den Lernerfolg zu steigern, wende Verfahren des individualisierten Lernens an!") wissenschaftliche „Wenn-dann-Aussagen" (z. B. „Wenn Verfahren des individualisierten Lernens angewandt werden, führt das zu einer Steigerung des Lernerfolges!") logisch korrekt abzuleiten. Der Grund dafür liegt, neben logischen Grundprinzipien, auch darin, dass technologische Theorien andere Strukturen, Ziele, Gültigkeitsbereiche etc. haben als wissenschaftliche Theorien (vgl. Abschnitt 4.5). Wissenschaftliche Theorien haben das Ziel, möglichst allgemeingültige und dem Kriterium der Wahrheit verpflichtete Aussagen zu repräsentieren, technologische Theorien beziehen sich auf spezifische Phänomene und sind an Kriterien der Effektivität zu messen.

Trotz dieser Unterschiede zwischen technologischen Theorien und wissenschaftlichen Theorien lassen sich Ähnlichkeiten in den Verfahren zu ihrer Entwicklung nicht leugnen. Auch bei wissenschaftlichen Theorien finden sich z. B. datenbasierte Entwicklungsverfahren, die den Methoden und Schritten eines „design-based" oder „formative research" sehr ähnlich sind. Allerdings sind die Verfahren zur Entwicklung wissenschaftlicher Theorien stärker von entsprechenden Standards (logische Widerspruchsfreiheit, klar definierte Begriffe, Bewährungsgrad usw.) kontrolliert.

5.7.2 Zur Veränderung der Elemente und Beziehungen von wissenschaftlichen Theorien

Neben der Entwicklung von technologischen Theorien wurde auch einem anderen Umstand in der vorliegenden Arbeit wenig Rechnung getragen. Dieser Umstand betrifft die Tatsache, dass wissenschaftliche Theorien Phänomene auf eine ganz bestimmte Art und Weise beschreiben und erklären, nämlich in der Annahme, dass formulierte Elemente und Beziehungen weitgehend stabil seien.

In wissenschaftlichen Theorien werden in Aussagen Zusammenhänge von Einflussgrößen formuliert, und zwar so, dass angenommen werden kann, dass Elemente und Beziehungen zwischen Elementen meist überdauernd bestehen und mehr oder minder unveränderlich sind. Dem ist allerdings in vielen sozialwissenschaftlichen Bereichen nicht so: Elemente und Beziehungen verändern sich schnell und laufend, sodass Theorien eigentlich anders formuliert werden müssen (vgl. H.-J. Herber, persönl. Mitteilung, 23.11.2009).

Wenn man diesen Umstand der dynamischen Veränderung von Elementen und Beziehungen von Theorien berücksichtigt, dann müssten Theorien von „Momentaufnahmen" in „Sequenzaufnahmen" umgewandelt werden (vgl. Abbildung 20). Es kann davon ausgegangen werden, dass sich ursprünglich theoretisch postulierte Elemente und Beziehungen stark verändern, wenn andere „Kontexte" vorzufinden sind. „Kontexte" stellen Gegebenheiten dar, die sich durch spezifische Person-Umwelt-Bedingungen kennzeichnen. Zum Beispiel wäre ein Kontext eine Situation, in der ein hohes Ausmaß einer bestimmten Emotion (z. B. Angst) gegeben ist. Man kann davon ausgehen, dass in einem solchen Kontext andere Entscheidungen getroffen oder andere Verhaltensweisen gezeigt werden als in anderen Kontexten. Kontexte können sich auch durch bestimmte Ausprägungen von Personvariablen kennzeichnen. Zum Beispiel ist es denkbar, dass bestimmte Informationsverarbeitungsprozesse anders ablaufen, wenn eine betreffende Person psychische Probleme hat.

Solche Kontexte kennzeichnen sich jetzt dadurch, dass sie dazu führen, dass die Anzahl und Art von theoretisch angenommenen Elementen und Beziehungen verändert werden.

In Abbildung 20 sind beispielhafte Veränderungen von Theorien dargestellt, die in unterschiedlichen Kontexten auftreten können. Ein Kontext 1 kann das Ausgangsmodell darstellen, das eine erste Theorie zu einem Phänomen darstellt (Beispiel: In einer entspannten Situation beeinflussen Fehler im Schlussfolgern [A] negativ und Intelligenz [B] positiv das Problemlöseverhalten [C].). In einem Kontext 2 wird theoretisch angenommen, dass sich die Anzahl von Elementen einer Theorie ändert (Beispiel: In einer stressbelasteten Prüfungssituation entsteht Angst [D], die sich auf das Prob-

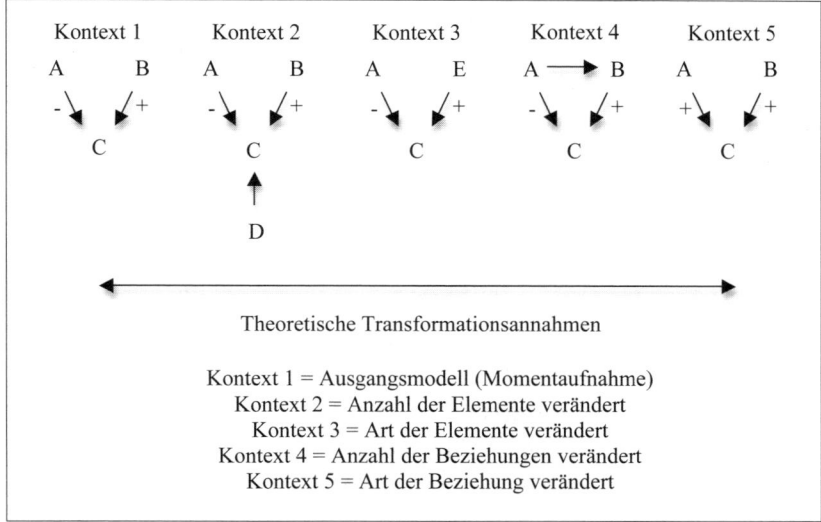

Abbildung 20: Theorien als Moment- und Sequenzaufnahmen: Beispielhafte Veränderungen

lemlöseverhalten auswirkt). In einem Kontext 3 ändern sich die Elemente ganz oder teilweise (Beispiel: Bei besonders leichten Aufgaben wirkt nicht die Intelligenz auf das Problemlöseverhalten, sondern die Bereitschaft, sich auch wenig herausfordernden Aufgaben zu stellen [E]). In einem Kontext 4 zeigen sich zusätzliche Beziehungen der betrachteten Einflussgrößen (Beispiel: Liegt eine Situation vor, in der die intensive Auseinandersetzung mit Fehlern im Schlussfolgern gefordert wird, so kann das so viel Informationsverarbeitungskapazität fordern, dass sich daraus Auswirkungen auf andere Formen der intelligenten Informationsverarbeitung ergeben.). Schließlich kann in einem Kontext 5 auch angenommen werden, dass sich die Art der Beziehungen zwischen Variablen ändert (Beispiel: Werden in einer Situation ausführliche und lernwirksame Rückmeldungen zu Fehlern gegeben, dann ist durchaus denkbar, dass sich Fehler im Schlussfolgern positiv auf das Problemlöseverhalten auswirken).

Zentral bei solchen Sequenzaufnahmen ist auch, dass theoretische Transformationsannahmen vorliegen. Das sind Annahmen über Mechanismen, die dazu führen, dass sich Elemente und/oder Beziehungen in Theorien in unterschiedlichen Kontexten ändern. In der Regel sind das komplexe Annahmen über menschliche Informationsverarbeitungsprozesse, bei denen kognitive, aber auch motivationale und emotionale Aspekte zum Tragen kommen. Kuhl (2001) beschreibt solche Annahmen als Interaktionen psychischer Systeme. Alisch (1996) stellt fortgeschrittene Merkmale von Theorien dar, die notwendig sind, um Transformationsannahmen in Theorien integrieren zu können. Diese Merkmale betreffen zum Beispiel Fragen der „lokalen" oder „gekoppelten" Dynamik, der „Rekursivität" oder der „Selbstorganisation". Ähnliche Überlegungen zur „situationsspezifischen" Gültigkeit von Theorien und den daraus folgenden Konsequenzen werden auch von Patry (1991) angestellt.

Theoretische Ansätze und meta-theoretische Überlegungen von z. B. Patry (1991), Alisch (1996) oder Kuhl (2001) stellen zukunftsträchtige Konzeptionen von Theorien in den Sozialwissenschaften dar. Das vorliegende Buch soll zur Beschäftigung mit gerade solchen Ansätzen anregen.

5.7.3 Zur Berücksichtigung von Wahrscheinlichkeiten bei der Theorieentwicklung

Theorien in den Sozialwissenschaften treffen Aussagen über wahrscheinliche Phänomene. Es wäre deshalb nur konsequent, wenn diese Aussagen so formuliert sind, dass diese Wahrscheinlichkeit berücksichtigt wird. Traditionellerweise kommt diese Wahrscheinlichkeit zum Tragen, allerdings erst dann, wenn es darum geht, das Zutreffen der theoretischen Aussagen in der Realität zu überprüfen. Testtheorien und statistische Analysemodelle sind so ausgelegt, dass sie grundsätzlich auf wahrscheinliche Phänomene bezogen sind. Gegen die Berücksichtigung von Wahrscheinlichkeiten bei der Formulierung von Theorien spricht der Umstand, dass Wahrscheinlichkeiten Daten bzw. Ergebnisse von empirischen Studien erfordern, die zum Zeitpunkt der Theorieentwicklung nicht vorliegen. Dieses Argument trifft nur bedingt zu, weil wissenschaftliche Theorien meist ja auf vorhandenes Wissen, das aus empirischen Untersuchungen kommt, aufbauen. Solches Wissen enthält bisher gefundene Zusammenhänge oder Effekte, die durch-

aus quantifiziert werden können. Dabei könnte man z. B. folgende Annahme treffen: Die Wahrscheinlichkeit, dass ein bestimmtes Phänomen
ein anderes Phänomen beeinflusst, hängt von bereits gefundenen Zusam-
menhangsmaßzahlen oder Effektgrößen ab. Solche Maßzahlen könnten
beispielsweise Partialregressionskoeffizienten sein, die den um den Einfluss anderer Variablen bereinigten Einfluss einer unabhängigen auf eine
abhängige Variable angeben (vgl. z. B. Bortz, 1993, S. 415 ff). Denkbar
ist aber auch, dass dafür solche Werte berücksichtigt werden, die plausibel
oder erwartbar wären. Geht man weiters davon aus, dass die betreffenden
Phänomene nicht unabhängig voneinander sind, dann würden abhängige
Ereignisse bzw. bedingte Wahrscheinlichkeiten vorliegen.

Bayes'sche Netzwerke zur Unterstützung in der Theorieentwicklung
Eine Abbildung von Beziehungen auf der Basis von bedingten Wahrscheinlichkeiten können mit Bayes'schen Netzwerken und darauf bezogenen Ent-
scheidungsgrafen geleistet werden (vgl. z. B. Jensen & Nielsen, 2007). Solche Netzwerke werden in unterschiedlichen Fachgebieten zur Diagnose,
Prognose oder Entscheidungsfindung eingesetzt (vgl. z. B. Pourret, Naim
& Marcot, 2008).

Hier wird die Ansicht vertreten, dass solche Netzwerke auch in der Theorieentwicklung hilfreich sind. Weder prüfen sie die logische Struktur von
Theorien, noch stellen sie empirische Prüfungen von Theorien dar. Aber
sie erlauben die Abschätzung des wahrscheinlichen Auftretens eines theoretisch angenommenen Ereignisses bzw. Phänomens, wobei unterschiedliche Datenquellen integriert werden können. Diese Datenquellen können
eigene Schätzungen oder Annahmen sein, aber auch empirisch gefundene
Daten und belegte Theorien. Zudem können – in manchen Konzepten zu
diesen Netzwerken – auch fehlende oder ungenaue Daten berücksichtigt
werden.

Zur Analyse solcher Netzwerke liegt unterschiedliche Software vor (vgl.
zur Übersicht URL http://www.kdnuggets.com/software/bayesian.html
[Datum des Zugriffs: 01.12.2009]). Eine frei im Internet verfügbare Software ist z. B. GeNIe (Graphical Network Interface, vgl. URL http://genie.
sis.pitt.edu [Datum des Zugriffs: 01.12.2009]). Diese Software wurde vom

Decision Systems Laboratory der Universität Pittsburgh (URL http://dsl. sis.pitt.edu [Datum des Zugriffs: 01.12.2009]) entwickelt.

Bayes'sche Netzwerke funktionieren auf der Basis von bedingten Wahrscheinlichkeiten. In Abbildung 21 sind ein einfaches Netzwerk und dessen Berechnungen dargestellt. Bayes'sche Netzwerke können auch anders aufgebaut sein und anders berechnet werden. Die Grundüberlegung bei dem Netzwerk, das in Abbildung 21 dargestellt ist, ist, dass die Wahrscheinlichkeit, dass ein Ereignis B, das von Ereignis A abhängig ist, eintritt, davon abhängt, wie Ereignis A das Ereignis B beeinflusst, aber auch davon, ob Ereignis A überhaupt eintritt. Bei der Berechnung der Verbund-Wahrscheinlichkeiten werden deshalb die bedingten Wahrscheinlichkeiten mit der Wahrscheinlichkeit des vorangegangenen Ereignisses multipliziert. Die Wahrscheinlichkeiten zum unabhängigen Ereignis A und die bedingten Wahrscheinlichkeiten sind (fiktiv) vorgegeben bzw. können aufgrund theoretischer Annahmen (und empirischer Belege) formuliert werden. Die Verbundwahrscheinlichkeiten und die Wahrscheinlichkeiten der abhängigen Ereignisse B und C werden errechnet.

Nutzt man solche Netzwerke für die Theorienbildung, dann sind die kritischen Daten jene, die sich auf die Auftretenswahrscheinlichkeit von unabhängigen Ereignissen und auf die bedingten Wahrscheinlichkeiten beziehen. Dabei zeigen große Unterschiede in den (angenommenen) Auftretenswahrscheinlichkeiten (z. B. 80:20) starke Effekte und kleine Unterschiede (z. B. 55:45) schwache Effekte an.

In Abbildung 22 ist ein fiktives Beispiel dargestellt, das illustrieren soll, welche Möglichkeiten der Entscheidungsfindung sich mit Bayes'schen Netzen ergeben. In diesem Beispiel wird angenommen, dass sich das Vorwissen eines Lernenden, die Aufgabenschwierigkeit und die vom Lernenden realisierte Anstrengung auf eine Testleistung auswirken. Diese Testleistung wirkt sich wiederum auf den Kurserfolg aus. Außerdem wirkt die Mitarbeit des Lernenden in einem Kurs auf den Kurserfolg.

Im oberen Teil der Abbildung 22 wurden die unabhängigen Variablen (Vorwissen, Aufgabenschwierigkeit, Anstrengung und Mitarbeit) auf bestimmte Ausprägungen (hoch oder niedrig) fixiert, und es wurde berechnet, welche Wahrscheinlichkeiten sich für einen bestimmten Kurserfolg

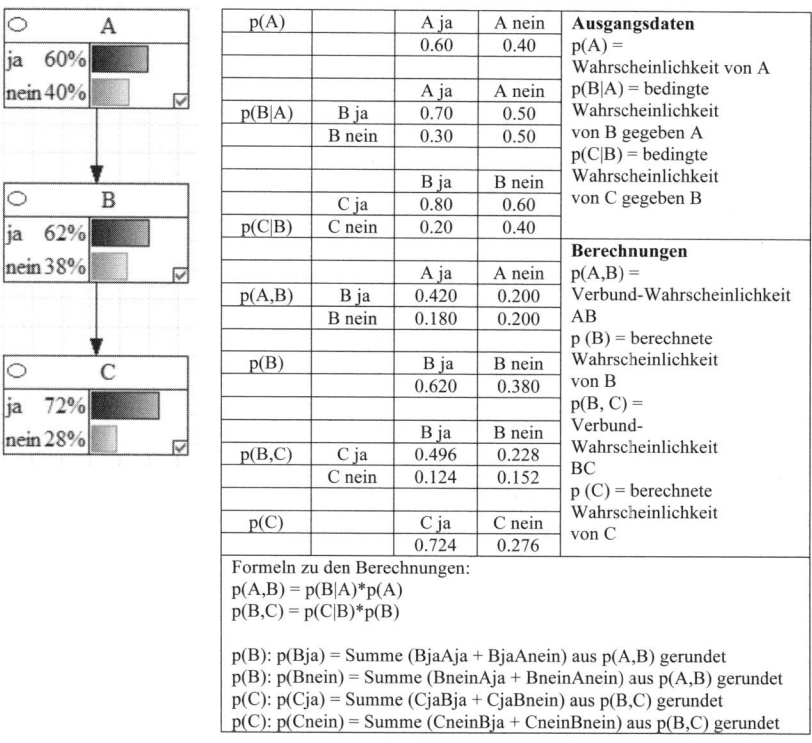

p(A)		A ja	A nein	**Ausgangsdaten**
		0.60	0.40	p(A) =
				Wahrscheinlichkeit von A
		A ja	A nein	p(B|A) = bedingte
p(B|A)	B ja	0.70	0.50	Wahrscheinlichkeit
	B nein	0.30	0.50	von B gegeben A
				p(C|B) = bedingte
		B ja	B nein	Wahrscheinlichkeit
	C ja	0.80	0.60	von C gegeben B
p(C|B)	C nein	0.20	0.40	
				Berechnungen
		A ja	A nein	p(A,B) =
p(A,B)	B ja	0.420	0.200	Verbund-Wahrscheinlichkeit
	B nein	0.180	0.200	AB
				p (B) = berechnete
p(B)		B ja	B nein	Wahrscheinlichkeit
		0.620	0.380	von B
				p(B, C) =
		B ja	B nein	Verbund-
p(B,C)	C ja	0.496	0.228	Wahrscheinlichkeit
	C nein	0.124	0.152	BC
				p (C) = berechnete
p(C)		C ja	C nein	Wahrscheinlichkeit
		0.724	0.276	von C

Formeln zu den Berechnungen:
p(A,B) = p(B|A)*p(A)
p(B,C) = p(C|B)*p(B)

p(B): p(Bja) = Summe (BjaAja + BjaAnein) aus p(A,B) gerundet
p(B): p(Bnein) = Summe (BneinAja + BneinAnein) aus p(A,B) gerundet
p(C): p(Cja) = Summe (CjaBja + CjaBnein) aus p(B,C) gerundet
p(C): p(Cnein) = Summe (CneinBja + CneinBnein) aus p(B,C) gerundet

Abbildung 21: Ein einfaches Bayes'sches Netzwerk (mit GeNle-Output und rekonstruierten Berechnungen)

ergeben. Die Qualität, d.h. die Genauigkeit solcher Schätzungen hängt von der Qualität des in Bayes'schen Netzen verankerten Wissens ab. In solche Netze kann eingegeben werden, wie wahrscheinlich das Auftreten einer Ausprägung einer bestimmten Variablen ist (z.B. kann fixiert werden, dass die Wahrscheinlichkeit von hohem Vorwissen bei 50% und die Wahrscheinlichkeit von niedrigem Vorwissen bei 50% liegen). Bei den abhängigen Variablen ist dann einzugeben, wie groß die Wahrscheinlichkeiten für bestimmte Ausprägungen sind, wenn man bestimmte Ausprägungen der unabhängigen Variablen annimmt (z.B. kann fixiert werden, wie hoch die Wahrscheinlichkeit ist, einen Erfolg bei einer Testleistung zu erzielen, wenn das Vorwissen niedrig, die Aufgabenschwierigkeit hoch

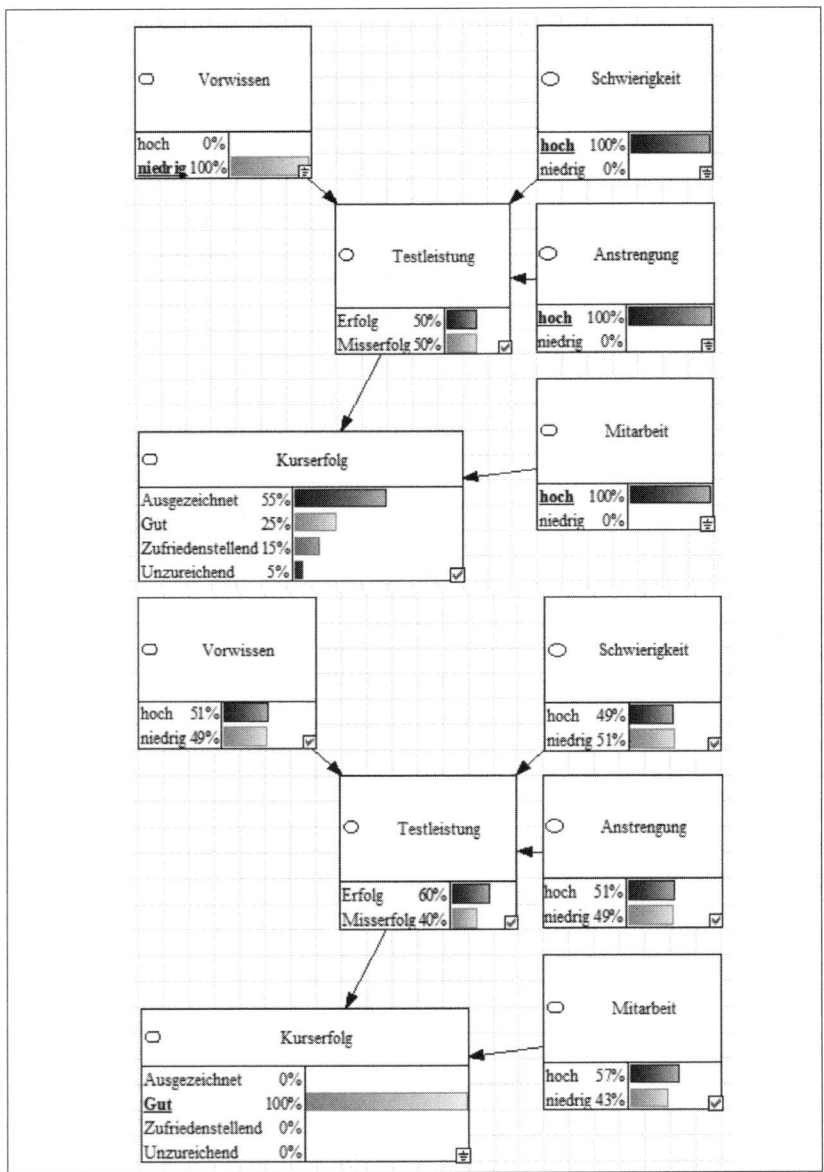

Abbildung 22: Bayes'sches Netzwerke als Entscheidungshilfe bei der Theoriebildung –
Ergebnisse einer beispielhaften Analyse mit GeNIe

und die Anstrengung niedrig ist). Es wurden sozusagen die unabhängigen Variablen fixiert und die abhängigen daraus geschätzt. Wenn das Vorwissen als niedrig und die Aufgabenschwierigkeit und die Anstrengung als hoch angenommen werden, dann ergibt sich eine 50%ige Wahrscheinlichkeit für einen Erfolg bei der Testleistung. Wird zudem eine hohe Mitarbeit angenommen, dann ergibt sich ein ausgezeichneter Kurserfolg mit einer Wahrscheinlichkeit von 55%, ein guter Kurserfolg mit einer Wahrscheinlichkeit von 25% usw. Die Wahrscheinlichkeiten für eine bestimmte Testleistung und einen bestimmten Kurserfolg werden über bedingte Wahrscheinlichkeiten und entsprechenden Verfahren der Bayes-Statistik errechnet.

Im unteren Teil der Abbildung 22 wurde anders vorgegangen. Es wurde die Frage gestellt, welche Ausprägungen bei allen unabhängigen Variablen gegeben sein müssten, wenn ein bestimmter Kurserfolg mit 100% Wahrscheinlichkeit erzielt werden sollte. Demnach ist die Wahrscheinlichkeit für einen guten Kurserfolg sehr hoch, wenn eine erhöhte Wahrscheinlichkeit (57%) für eine hohe Mitarbeit und wenn eine erhöhte Wahrscheinlichkeit für einen Kurserfolg (60%) gegeben sind. Damit eine Testleistung mit 60%iger Wahrscheinlichkeit zu einem Erfolg führt, sollte eher hohes Vorwissen (mit 51%iger Wahrscheinlichkeit), eher niedrige Aufgabenschwierigkeit (51%) und eher hohe Anstrengung (51%) vorliegen.

Einerseits erlauben solche Modelle damit die Vorhersage von Ereignissen, was in der empirischen Sozialforschung von großer Wichtigkeit ist. Auf der anderen Seite bieten sie die Möglichkeit einer Art Diagnose, und zwar in dem Sinne, dass rekonstruiert werden kann, welche Bedingungen mit einer gewissen Wahrscheinlichkeit zu einem bestimmten Ereignis oder Ergebnis geführt haben. Beide Aspekte der Vorhersage und der Diagnose sind bei einer Theoriebildung hilfreich.

Theoriebildung: Das Experimentieren mit Wahrscheinlichkeiten

Die fixierten Wahrscheinlichkeiten können von unterschiedlicher Qualität sein, d. h. mehr oder minder tatsächlich erforschten Sachverhalten entsprechen. Das Interessante ist, dass empirische Daten, eigene Spekulationen und theoretische Annahmen in ein Modell integriert werden können, solange man in der Lage ist, Wahrscheinlichkeiten für das Auftreten von Ausprägungen formulieren zu können. Da diese Wahrscheinlichkeiten in den entsprechenden Software-Programmen auf einfache Art und Weise verändert werden können, liefern solche Netzwerke ein Feld des „Experimentierens mit Wahrscheinlichkeiten". Man könnte z. B. in Abbildung 22 neue Variablen, Ausprägungen und Wahrscheinlichkeiten vorsehen und dann die Wahrscheinlichkeiten für bestimmte Ausprägungen der abhängigen Variablen neu schätzen lassen. Wiederholt man solche Neuschätzungen, dann können sich daraus unterschiedlich wahrscheinliche theoretische Modelle ergeben, die im Rahmen einer Theoriebildung beachtet werden können.

Bayes'sche Netzwerke werden auch im Bereich der künstlichen Intelligenz zum Aufbau lernender Wissensbasen eingesetzt (vgl. Pourret, Naim & Marcot, 2008). In diesem Sinne könnte man auch theoretisches und empirisches Wissen in einem Forschungsbereich entsprechend organisieren, speichern und für Theorieentwicklungsarbeiten nutzen. Wichtig ist auch zu betonen, dass solche Netzwerke überdauernd gespeichert, aber auch laufend verändert werden können. Das macht es möglich, dass neue Erkenntnisse mit bereits vorhandenen Erfahrungen in Verbindung gebracht werden können, was eine systematisierte Form der Weiterentwicklung wissenschaftlichen Wissens bzw. wissenschaftlicher Theorien ermöglicht.

6 Diskussion und Kritik

In diesem Abschnitt sollen einige kritische Punkte über Annahmen und Vorgehensweisen, die in diesem Buch verfolgt wurden, diskutiert werden.

Primäres Interesse an Theorieentwicklung und nicht an kritischer Theorienprüfung

In diesem Buch steht der Prozess der Theorieentwicklung im Vordergrund. Natürlich ist es so, dass beim Prozess der Theorieentwicklung Theorien auch gleichzeitig permanent kritisch geprüft werden. Allerdings steht in diesem Buch die Entwicklung und nicht die empirische, logische etc. Prüfung im Vordergrund. Dazu muss auch angeführt werden, dass in diesem Buch viele Methoden der Theorieentwicklung angesprochen und illustriert wurden, die direkt oder indirekt zum Ziel haben, dass die entstehenden Theorien empirisch fundiert und logisch widerspruchsfrei sind.

Kein Logik-Kurs

Ein Buch zur Entwicklung von Theorien könnte auch so gestaltet sein, dass logische Regeln gelehrt werden, wie Aussagen miteinander verknüpft werden können. Theorien sollen logisch widerspruchsfrei sein, deshalb spielen Regeln der Logik eine entscheidende Rolle. In diesem Buch wird die Ansicht vertreten, dass zunächst einmal Theorien aufgestellt werden sollen, ohne sofort ihre logische Widerspruchsfreiheit zu prüfen. Liegen mehrere theoretische Aussagen vor und werden diese aufeinander bezogen, dann muss eine logische Prüfung erfolgen. Diese Analyse kann z. B. auf logische Grundlagen einer Argumentanalyse bezogen sein (vgl. z. B. Bayer, 2007).

Zur Abgrenzung der einzelnen Methoden zur Theorieentwicklung

In den vorangegangenen Abschnitten wurde eine Reihe von Methoden zur Entwicklung von Theorien vorgestellt. Dabei fällt auf, dass es nicht möglich ist, diese Methoden exakt voneinander abzugrenzen. Teile von Methoden kommen auch bei anderen Methoden vor oder überschneiden sich. Darüber hinaus ist es nicht so, dass bestimmte Methoden nur für die Entwicklung ganz bestimmter Typen von Theorien herangezogen werden können. Auch können gleiche Ziele in der Theorieentwicklung mit unterschiedlichen Methoden oder Methodenkombinationen erreicht werden. Auch muss eingestanden werden, dass die hier geleistete Darstellung von Methoden zur Theorieentwicklung nicht erschöpfend ist. Vielmehr muss davon ausgegangen werden, dass laufend neue Verfahren oder Teilverfahren erfunden oder über Modifikationen bestehender Verfahren erzeugt werden.

Weiterführende Aktivitäten

Es empfiehlt sich, das vorliegende Buch als eine Basis für Fragen der anwendungsorientierten Entwicklung von Theorien zu sehen. Darüber hinaus ist es bei Anwendung dieser Verfahren sinnvoll und notwendig, folgende Inhalte komplementär zu behandeln: Einführung in wissenschaftliches Arbeiten, Grundlagen der Logik sowie Untersuchungsplanung und Hypothesenprüfung.

7 Anwendungsaufgaben

Dieser Abschnitt enthält Aufgaben, mit deren Hilfe die im Buch enthaltenen Inhalte und Methoden angewandt werden sollen, mit dem Ziel, zu einem tieferen Verständnis von Methoden zur Entwicklung von Theorien zu kommen.

Die Aufgaben bestehen aus teilweise sehr anspruchsvollen Fragen oder Problemstellungen. Sie sind an Gestaltungsprinzipien orientiert, die für problembasierte Ansätze des Lehrens und Lernens formuliert wurden. Demnach sollten Lernorte, wie diese Anwendungsaufgaben, ganzheitlich bzw. fachübergreifend formuliert, auf eine professionelle Tätigkeit ausgerichtet, relativ unstrukturiert und an aktuellen zeitgemäßen Fragestellungen orientiert sein; darüber hinaus sollten Lernhilfen eingerichtet sein (vgl. Savery, 2009, S. 152).

Folgende Hilfen zur Bewältigung dieser Aufgaben werden vorgeschlagen:

a) Einteilung in Kern- und Erweiterungsaufgaben: Werden diese Aufgaben eingesetzt, ist es sinnvoll, sie vor der Bearbeitung zu unterteilen, und zwar in (leichte bis mittelschwere) Kernaufgaben, die von möglichst vielen Lernenden bearbeitet werden sollen, und in (mittelschwere bis schwere) Erweiterungsaufgaben, die für besonders interessierte und fortgeschrittene Lernende geeignet sind. Diese Einteilung ist von den Lehrenden, die dieses Buch einsetzen, vorab zu leisten.

b) Kooperative Aufgabenbearbeitung: Zentral ist auch, dass diese fordernden Aufgaben in einem kooperativen Szenario bearbeitet werden. Kooperativ meint, dass der Prozess und/oder das Ergebnis der Theorieentwicklung intensiv gemeinsam geprüft werden. Idealerweise wird diese Zusammenarbeit in Ausbildungsgängen bzw. Lehrveranstaltungen an Universitäten, Fachhochschulen etc. zwischen Lehrenden und Studierenden realisiert. Idealerweise ist das gesamte Buch mindestens einmal durchgearbeitet worden, bevor man sich den Aufgaben stellt. Die Bearbeitung der Aufgaben wird dann zur Folge haben, dass Abschnitte des Buches wiederholt oder vertieft bearbeitet werden. Darüber hinaus kann und soll natürlich weiterführende Literatur gefunden und genutzt werden, die bei der

Bearbeitung der Aufgaben hilft. Häufig sind zur Bearbeitung der Aufgaben entsprechende Theorien in wissenschaftlichen Fachzeitschriften oder Fachbüchern zu finden. Dabei sind computergestützte Suchverfahren (über Datenbanken) zu nutzen.

c) Lösungshilfen: Die hier dargestellten Aufgaben enthalten keine Lösungen, weil sich bei Theorieentwicklungsprozessen oft keine exakte Lösung finden lässt. Vielmehr muss davon ausgegangen werden, dass gleiche Grundlagen und Methoden einer Theorieentwicklung durchaus zu unterschiedlichen Ergebnissen führen können, weil jegliche Theorieentwicklung auch von subjektiven Bewertungen, Gewichtungen etc. abhängig ist. Die Aufgaben beziehen sich auf Abschnitte, die in diesem Buch vorkommen. Allerdings gehen sie mitunter auch darüber hinaus. Die Bearbeitung der Aufgaben erfordert dann eigenständiges Schlussfolgern oder auch die Heranziehung weiterer bzw. weiterführender Literatur. Diese Prozesse können durch Lösungshilfen (Literaturhinweise, Musterlösungen, Fehlerlisten etc.) unterstützt werden. Solche Lösungshilfen können von einem Lehrenden erstellt werden. Auch können Aufgabenlösungen von Lernenden gesammelt werden, um sie in folgenden Lehrveranstaltungen als Ausgangspunkte zu verwenden.

Die Bearbeitung der Aufgaben sollte auf Extra-Arbeitsblättern bzw. unter Einsatz moderner Lerntechnologien (z. B. E-Learning-Umgebungen) erfolgen, die das Weitergeben, Bearbeiten und Diskutieren von Lehrinhalten effektiv und effizient fördern.

Auch ist zu bemerken, dass jegliche Theorieentwicklung vom Kontext der jeweiligen Forschungen und der gegebenen Fragestellung abhängig ist: Theorieentwicklungen produzieren andere Ergebnisse, wenn z. B. Prozesse im Vergleich zu Produkten zu erklären sind oder wenn eine Mikro- im Vergleich zu einer Makro-Orientierung gewählt wird.

Aufgabe 1 (zu Kapitel 1, Einleitung)

Wer Theorien entwickeln will, sollte in Gedanken vorgestellte Modelle entwerfen können. Dann ist notwendig, möglichst vielschichtige Perspektiven zu wählen und einen Sachverhalt aus unterschiedlichen Blickwinkeln zu betrachten. Schließlich sollte man innovativ sein und neue Erkenntnisse schaffen wollen.

a) Wenn Sie sich selber beurteilen sollten, in welchen dieser drei Bereiche sehen Sie Stärken und Schwächen, was Ihre Person betrifft?

b) Welche positiven Auswirkungen könnten Ihre Stärken auf eine Theorieentwicklung haben? Welche negativen Auswirkungen könnten Ihre Schwächen auf eine Theorieentwicklung haben?

Aufgabe 2 (zu Kapitel 1, Einleitung)

Suchen Sie nach Lehrbüchern, in denen Methoden der empirischen Sozialforschung behandelt werden.

a) In welchen behandelten Themen finden Sie Anknüpfungspunkte an die Entwicklung von Theorien?

Suchen Sie nach Artikeln in Fachzeitschriften und versuchen Sie, Abschnitte in Artikeln zu identifizieren, in denen Theorien besprochen werden.

b) Wird in Artikeln in Fachzeitschriften auch dargestellt, wie die berichteten Theorien entwickelt wurden?

Aufgabe 3 (zu Kapitel 2.1, Alltagstheorien)

Formulieren Sie eine Alltagstheorie zu folgenden Phänomenen:

a) Menschen fahren gerne und oft mit dem Auto. Welche Faktoren könnten Menschen davon abhalten, Autos zu benutzen, um auf diese Weise die Umwelt zu schonen?

b) Menschen verlieben sich. Welche Merkmale müsste ein Mensch aufweisen, damit man sich häufig in sie bzw. in ihn verliebt?

Aufgabe 4 (zu Kapitel 2.2, Wissenschaftliche Theorien: Eingrenzungsversuche)

In einer Theorie zu sozialen Vergleichsprozessen wird angenommen, dass sich Menschen oft und in vielen Situationen mit anderen Menschen vergleichen.

a) Suchen Sie nach Situationen, in denen diese Theorie als „ideales" Modell der Welt nicht zutrifft!

b) Vergleiche mit anderen Menschen können positive oder negative Auswirkungen auf einen einzelnen Menschen haben. Unter welchen Bedingungen (Situationen, Persönlichkeitsmerkmalen, Wechselwirkungen zwischen beiden etc.) zeigen sich vor allem positive Auswirkungen?

Aufgabe 5 (zu Kapitel 2.2.1, Zum Theorie-Begriff, auch zu Kapitel 3.3.2)

Suchen Sie nach einer ausführlich dargestellten Theorie in einem wissenschaftlichen Lehrbuch oder in einer wissenschaftlichen Fachzeitschrift.

a) Beurteilen Sie diese Theorie nach den Kriterien der Präzision, des Informationsgehalts, der logischen Konsistenz, der empirischen Überprüfbarkeit, der Bewährung, der Sparsamkeit und des Anregungsgehalts.

b) Beurteilen Sie diese Theorie nach den Kriterien des Systemcharakters, der empirischen Kreativität und der Globalität bzw. Vereinheitlichung.

Aufgabe 6 (zu Kapitel 2.2.1, Zum Theorie-Begriff)

Suchen Sie nach einer ausführlich dargestellten Theorie in einem wissenschaftlichen Lehrbuch oder in einer wissenschaftlichen Fachzeitschrift.

a) Fassen Sie diese Theorie in eigenen Worten zusammen. Verwenden Sie Wenn-Dann- oder Je-desto-Aussagen.

b) Suchen Sie eine ähnliche Theorie, die sich auf einen ähnlichen Gegenstandsbereich bezieht und ähnliche Beziehungen annimmt. Vergleichen Sie diese beiden Theorien, was ihre zentralen Aussagen betrifft.

Aufgabe 7 (zu Kapitel 2.2.2, Zur Veränderung von Theorien, auch zu Kapitel 3.3.2)

Suchen Sie eine empirische Studie in einer wissenschaftlichen Fachzeitschrift.

a) Formulieren Sie Aussagen, die die Theorie dieser empirischen Studie darstellen.

b) Stellen Sie fest, ob die der Untersuchung zugrunde gelegte Theorie aufgrund der Ergebnisse der empirischen Studie verändert werden müsste.

c) Verändern Sie die Aussagen der Theorie aufgrund der Ergebnisse der gewählten empirischen Studie.

d) Verändern Sie die Aussagen der Theorie aufgrund von Ergebnissen anderer empirischer Studien.

e) Geben Sie eine Übersicht, die zeigt, wie die ursprünglichen (in a) erfassten) und die (in c) und d) erfassten) veränderten theoretischen Aussagen lauten.

Aufgabe 8 (zu Kapitel 2.2.3, Forschungsprogramme und -paradigmen)

In Forschungsprogrammen werden Erkundungs-, Theorienentwicklungs-, Prüfungs- und Verwertungsphasen unterschieden.

a) Suchen Sie wissenschaftliche Arbeiten in Fachzeitschriften oder Sammelbänden, die diesen Phasen tendenziell zugeordnet werden können.

b) Formulieren Sie Kriterien, nach welchen Sie die wissenschaftlichen Arbeiten den jeweiligen Phasen zuordnen.

Aufgabe 9 (zu Kapitel 3.1, Aufgaben von Theorien in der empirischen Sozialforschung)

Nehmen Sie mehrere Studien in einer wissenschaftlichen Fachzeitschrift zur Hand.

a) Suchen Sie nach Stellen in diesen Studien, die Aufgaben von Theorien verdeutlichen. Unterscheiden Sie Erkundungs-, theoretische, Planungs-, Untersuchungs-, Auswertungs- und Entscheidungsphasen und ihren jeweiligen Bezug zu Theorien.

b) Suchen Sie nach Stellen in diesen Studien, in denen die spezifischen Leistungen von Theorien (explorative Leistung, Leistung der Beschreibung, Erklärung und Begründung, Leistung der Konstruktvalidierung, Leistung der Lösung praktischer Probleme) ersichtlich werden.

Aufgabe 10 (zu Kapitel 3.3, Zur Prüfung von Theorien)

Suchen Sie in einem Lehrbuch oder in einem anderen wissenschaftlichen Buch ein Kapitel, das sich kritisch mit einer oder mehreren Theorien auseinandersetzt.

a) Finden Sie Stellen in diesem Kapitel, in denen die Aussagequalität, die Prüfbarkeit, sekundäre Qualitätsmerkmale und die Übereinstimmung mit der Realität besprochen bzw. kritisiert werden.

b) Wenn Sie an das Kriterium der Validität von Messverfahren denken, was könnten Sie an Kritik ergänzen?

Aufgabe 11 (zu Kapitel 4.1, Sozialwissenschaftliche Theorien mit Person- und Umweltmerkmalen)

Suchen Sie in wissenschaftlichen Fachzeitschriften oder Fachbüchern nach Theorien, in denen Person- und Umweltfaktoren unterschieden werden.

a) Stellen Sie fest, ob Person- und Umweltfaktoren additiv, multiplikativ oder funktional verknüpft werden.

b) Stellen Sie fest, welche zugrunde liegenden Mechanismen (der Informationsverarbeitung etc.) zur Begründung der Wirksamkeit der Person- und Umweltfaktoren angeführt werden.

c) Prüfen Sie, ob unterschiedliche Ebenen des Wirksamwerdens der Person- und Umweltfaktoren unterschieden werden.

d) Wenn Sie a) bis c) beachten, was können Sie an den gefundenen Theorien kritisieren und wie könnte eine darauf bezogene weiterentwickelte Theorie aussehen?

Aufgabe 12 (zu Kapitel 4.2, Prozesstheorien)

Suchen Sie in wissenschaftlichen Fachzeitschriften oder Fachbüchern nach Theorien, die auf Prozesse (Entwicklungen etc.) bezogen sind.

a) Welche theoretischen Ursachen von Entwicklungen (Abfolge von Zustandsbildern, Dynamik, Reifung etc.) werden angenommen?

b) Welche Merkmale (Trend, Regelhaftigkeit, Übereinstimmung etc.) weisen die in den Theorien postulierten Prozesse auf?

Aufgabe 13 (zu Kapitel 4.3, Systemtheorien)

Suchen Sie in wissenschaftlichen Zeitschriften oder Fachbüchern nach Systemtheorien.

a) Prüfen Sie die Modellgültigkeit (Verhaltens-, Struktur-, empirische und Anwendungsgültigkeit) der gefundenen Systemtheorien.

b) Prüfen Sie an den gefundenen Systemtheorien, in welchem Verhältnis Theorie, Modell und Realität stehen.

c) Kritisieren Sie diese Systemtheorie.

Aufgabe 14 (zu Kapitel 4.4, Meta-Theorien)

Nutzen Sie die in den vorangegangenen Aufgaben gefundenen Theorien.

Versuchen Sie, die gefundenen Theorien nach einem allgemeinen Merkmal zu gruppieren.

Aufgabe 15 (zu Kapitel 4.5, Technologische Theorien)

Nutzen Sie die in den vorangegangenen Aufgaben gefundenen Theorien.

Versuchen Sie, aus einer oder aus mehreren dieser Theorien technologische Theorien zu formulieren.

Aufgabe 16 (zu Kapitel 4.6, Mischtheorien)

Nutzen Sie die in den vorangegangenen Aufgaben gefundenen Theorien.

Versuchen Sie, aus diesen Theorien eine Mischtheorie zu formulieren.

Aufgabe 17 (zu Kapitel 4.7, Andere Typen von Theorien)

Nutzen Sie die in den vorangegangenen Aufgaben gefundenen Theorien.

a) Haben Sie in diesen Theorien Verbindungen zu Wissenschafts-, Erkenntnis-, Test-, Validitäts- oder ähnlichen anderen Typen von Theorien gefunden?

b) Wenn ja, konnten die anderen Typen von Theorien zur Fundierung der gefundenen Theorien beitragen?

Aufgabe 18 (zu Kapitel 5, Verfahren und Kriterien der Theorieentwicklung)

Nutzen Sie die in den vorangegangenen Aufgaben gefundenen Theorien.

Versuchen Sie, die gefundenen Theorien den unterschiedlichen Entwicklungsphasen (von naiven Annahmen bis Weiterentwicklungen einer Theorie) zuzuordnen.

Aufgabe 19 (zu Kapitel 5.2.1, Von der ersten Annahme zur ersten Theorie)

Entwickeln Sie eine erste Theorie zu einem Phänomen, das Sie interessiert.

a) Formulieren Sie ein Ausgangsproblem, das Sie theoretisch erklären wollen.

b) Suchen Sie wissenschaftliche Literatur zu diesem Ausgangsproblem.

c) Formulieren Sie – unter Nutzung der wissenschaftlichen Literatur – Annahmen, die die Ursachen für das Auftreten des interessierenden Phänomens bestimmen können.

d) Kombinieren Sie diese Annahmen zu einer Theorie und stellen Sie diese Theorie grafisch dar.

Aufgabe 20 (zu Kapitel 5.2.2, Quellen für eine Theorieentwicklung)

Versuchen Sie, die Lösungen zu Aufgabe 19 zu differenzieren:

Welcher Anteil der in Aufgabe 19 entstandenen Theorie ist auf Alltagstheorien, wissenschaftlichen Theorien bzw. Hypothesen, Hintergrundwissen aus dem Problembereich oder Daten bzw. Ergebnissen aus empirischen Untersuchungen zurückzuführen?

Aufgabe 21 (zu Kapitel 5.2.3, Die Entdeckung einer Theorie per Zufall)

Nehmen Sie die in Aufgabe 19 entwickelte Theorie zur Hand.

a) Lesen Sie diese Theorie vor dem Schlafengehen noch einmal durch und überlegen Sie, wie die Theorie verbessert werden könnte. Führen Sie diesen Vorgang mehrmals durch.

Denken Sie jeweils am Morgen danach kurz darüber nach, wie die Theorie verbessert werden könnte. Notieren Sie Ihre spontanen Einfälle.

b) Nutzen Sie die Notizen über die spontanen Einfälle zur Erweiterung der ursprünglichen Theorie.

Aufgabe 22 (zu Kapitel 5.2.4, Selbstbeobachtungen als Basis für eine Theorieentwicklung)

Nehmen Sie die in Aufgabe 21 veränderte Theorie zur Hand. Versuchen Sie, die Theorie auf Ihre persönliche Lebenssituation zu übertragen.

a) Denken Sie laut darüber nach, in welchen Bereichen Sie sich persönlich so verhalten, wie das die Theorie vorhersagen würde. Notieren Sie Ihre spontanen Gedanken.

b) Prüfen Sie Abweichungen Ihres Verhaltens zu den Aussagen der Theorie und versuchen Sie, Ursachen dieser Abweichungen festzumachen. Denken Sie laut, und machen Sie sich Notizen!

c) Nutzen Sie die Notizen aus a) und b), um die Theorie aus Aufgabe 21 zu verändern.

d) Halten Sie die Veränderungen der ursprünglichen Theorie schriftlich fest.

Aufgabe 23 (zu Kapitel 5.2.5, Problemlösestrategien und 5.3, Definieren, Explizieren und Strategien der Bedeutungsbildung bei der Theorieentwicklung)

Wählen Sie ein neues Phänomen, zu dem Sie eine Theorie entwerfen wollen. Nutzen Sie Problemlösestrategien als allgemeine Methode der Theorieentwicklung, um zu einer ersten Theorieversion zu kommen.

Definieren Sie dieses Phänomen unter Einsatz der Verfahren des Definierens und des Explizierens. Nutzen Sie auch die unterstützenden Strategien zur Bedeutungsbildung. Nutzen Sie wissenschaftliche Literatur und begründen Sie Ihre Entscheidungen anhand der Kriterien für gute Definitionen.

Aufgabe 24 (zu Kapitel 5.3, Definieren, Explizieren und Strategien der Bedeutungsbildung bei der Theorieentwicklung)

Nutzen Sie das Phänomen, das Sie in Aufgabe 23 definiert haben.

Lassen Sie mehrere Personen – gemäß der Vorgehensweise in Aufgabe 19 – Theorien zu diesem Phänomen entwerfen.

a) Sammeln Sie die schriftlichen Entwürfe zu diesen Theorien. Kopieren Sie diese Entwürfe und teilen Sie diese den unterschiedlichen Personen oder Gruppen von Personen zu.

b) Verwenden Sie Strategien zur Bedeutungsbildung, um aus den Entwürfen eine einzige Theorie zu entwickeln. Halten Sie die so entstandene neue Theorie schriftlich fest.

c) Vergleichen Sie die unterschiedlichen neuen Theorien und wählen Sie die „beste" Theorie (unter Anwendung der Kriterien für wissenschaftliche Theorien) (vgl. Abschnitt 2.2.1).

Aufgabe 25 (zu Kapitel 5.4.1, Techniken der Theorieentwicklung von Hage [1972])

Wählen Sie ein für Sie interessantes Phänomen aus. Spezifizieren Sie Variablen, die mit dem Phänomen in Verbindung stehen. Definieren Sie diese

Variablen und versuchen Sie, operationale Indikatoren zu benennen. Formulieren Sie Beziehungen zwischen den Variablen. Achten Sie bei diesem Prozess auf folgende Orientierungshilfen:

1. Versuchen Sie, mehrere Variablen zu benennen, die mit dem Phänomen in Zusammenhang stehen.

2. Suchen Sie Forschungsergebnisse zu diesen Variablen.

3. Achten Sie darauf, dass die Variablen exakt definiert sind, dass sie sich in ihrer Bedeutung nicht überschneiden, dass sie das Phänomen möglichst umfassend erklären und beschreiben und dass sie gut gemessen werden können.

4. Versuchen Sie, lineare oder nichtlineare Beziehungen zwischen den Variablen zu formulieren, achten Sie auch auf Wechselwirkungen.

5. Nennen Sie auch Variablen, die einen Scheineinfluss auf die betreffenden Variablen ausüben könnten.

6. Bilden Sie eine Tabelle, die die Variablen, Definitionen und Messoperationen enthält.

7. Erstellen Sie eine Abbildung, die die Beziehungen zwischen den Variablen verdeutlicht.

Aufgabe 26 (zu Kapitel 5.4.2, Komprimierende Verfahren)

Erstellen Sie multidimensionale Typen von Personen, die für das Phänomen (z. B. Motivation), das Sie in Aufgabe 25 theoretisch beschrieben und erklärt haben, wichtig sind. Gehen Sie folgendermaßen vor:

1. Versuchen Sie, vier Typen von Personen zu schaffen, die mit dem Phänomen in Verbindung stehen. Achten Sie darauf, dass diese Typen gut voneinander abgegrenzt werden können.

2. Diese vier Typen sollen mit jeweils zwei extremen Ausprägungen (z. B. hoch und niedrig) von zwei Variablen (z. B. Leistungsmotivation und Sozialmotivation) beschrieben werden. Wählen Sie diese Variablen aus den in Aufgabe 25 dargestellten Variablen aus oder schaffen Sie eigene Variablen, die eine Kombination oder Integration dieser Variablen darstellen.

3. Geben Sie den Typen eigene Bezeichnungen, die die Variablenkombinationen zum Ausdruck bringen (z. B. „Desinteressierte" bei niedriger Leistungsmotivation und bei niedriger Sozialmotivation).

Aufgabe 27 (zu Kapitel 5.4.3, Methoden zur Theorieentwicklung aus der „Grounded Theory")

Wählen Sie ein neues Phänomen aus, das Sie theoretisch betrachten wollen. Versuchen Sie – unter Nutzung wissenschaftlicher Literatur –, folgende Fragen (in Anlehnung an: Strübing, 2008, S. 28) zu beantworten:

a) Welche Merkmale hat das zu betrachtende Phänomen?

b) Welche (situativen, personalen etc.) Bedingungen erzeugen bzw. beeinflussen das Phänomen?

c) Wie gehen Menschen, Institutionen etc. mit dem Phänomen um?

d) Welche Auswirkungen hat das Phänomen?

e) Welche forschungsrelevanten Probleme sind mit dem Phänomen verbunden und wie können diese Probleme gelöst werden?

Notieren Sie die Antworten zu diesen Fragen (als Memo).

Aufgabe 28 (zu Kapitel 5.5, Systemisch-orientierte Methoden)

Wählen Sie ein Phänomen, das in mehreren Systemen verankert ist. Versuchen Sie – unter Nutzung wissenschaftlicher Literatur –, eine Systemtheorie zu Wirkungsmechanismen in diesen Systemen aufzustellen.

a) Definieren Sie ein Kernsystem.

b) Legen Sie Subsysteme fest, die direkt mit dem Kernsystem in Verbindung stehen.

c) Legen Sie die Subsysteme fest, die indirekt mit dem Kernsystem in Verbindung stehen.

d) Legen Sie Subsysteme fest, die Ein- und Auswirkungen darstellen.

e) Beschreiben Sie die Bestandteile und Aufgaben aller Subsysteme.

f) Legen Sie die Beziehungen fest, die zwischen Subsystemen wirksam werden.

Wiederholen Sie die Schritte a) bis f) so lange, bis Sie eine Systemtheorie gefunden haben, die den üblichen Kriterien zur Beurteilung von Theorien und Modellen genügt.

Stellen Sie die so entstandene Systemtheorie grafisch dar.

Aufgabe 29 (zu Kapitel 5.6.1, Rechenoperationen und Funktionen als Beziehungen)

Nehmen Sie eine Theorie zur Hand, die in einer der vorangegangenen Aufgaben entwickelt wurde.

a) Listen Sie alle theoretischen Aussagen auf.

b) Versuchen Sie, die theoretischen Aussagen in mathematischen Formeln auszudrücken: Grundstruktur: Abhängige Variable = Unabhängige Variable X +/- Unabhängige Variable Y usw. Wenn möglich: Beschränken Sie sich auf den Einsatz von Addition und Subtraktion.

c) Setzen Sie hohe und niedrige Werte in die Formeln (die unabhängigen Variablen betreffend) ein.

d) Machen Sie Vorhersagen (der abhängigen Variablen) auf der Basis der mit den Formeln errechneten Werte.

Aufgabe 30 (zu Kapitel 5.6.2, Modelle und deren Entwicklung)

Stellen Sie sich vor, Sie hätten ein Computerspiel über ein Phänomen, das Sie interessiert, zu gestalten.

a) Wie würde das Computerspiel aussehen? In welche Umgebung wäre es eingebettet?

b) Welche Akteure würden im Computerspiel handeln?

c) Welche Ziele und Handlungsmöglichkeiten stehen den Akteuren zur Verfügung?

d) Welche Beziehungen sind zwischen Akteuren und zwischen den Akteuren und der Umgebung möglich?

e) Nach welchen Regeln über Umgebung, Akteure, Ziele, Handlungsmöglichkeiten und Beziehungen würde das Computerspiel funktionieren?

f) Welche Theorien würden Sie zur Beantwortung der Fragen a) bis e) heranziehen?

Aufgabe 31 (zu Kapitel 5.7.1, Methoden zur Entwicklung technologischer Theorien)

Stellen Sie sich vor, Sie müssten eine Maßnahme (Intervention, Behandlung, Beratung etc.) in einem für Sie relevanten Praxisbereich durchführen.

a) Wie müsste eine Maßnahme gestaltet sein, wenn man existierende wissenschaftliche Theorien zum Phänomenbereich berücksichtigt?

b) Wie müsste eine Maßnahme erweitert werden, wenn man existierende wissenschaftliche Theorien über den Kontext des Phänomenbereichs berücksichtigt?

Aufgabe 32 (zu Kapitel 5.7.2, Zur Veränderung von Theorien)

Formulieren Sie eine Theorie zu einem Phänomen, das Sie interessiert.

a) Stellen Sie die Theorie (in ihren Elementen und Beziehungen) grafisch dar.

b) Zeigen Sie auf, wie sich die Elemente und/oder Beziehungen verändern könnten, wenn unterschiedliche Person-Umwelt-Konstellationen (Kontexte) berücksichtigt werden.

c) Stellen Sie die ursprüngliche Theorie und alle Veränderungen in einer Sequenz dar.

Aufgabe 33 (zu Kapitel 5.7.3, Zur Berücksichtigung von Wahrscheinlichkeiten bei der Theorieentwicklung)

Nutzen Sie Bayes'sche Netzwerke zur Theorieentwicklung.

a) Beschaffen Sie sich die entsprechende (auch freie) Software und Handbücher.

b) Stellen Sie einige der bereits in den obigen Beispielen erstellten Theorien als Bayes'sche Netzwerke dar.

c) Schätzen Sie das wahrscheinliche Auftreten eines theoretischen Phänomens mit diesem Netzwerk.

Literaturverzeichnis

Albert, H. (1992). Kritischer Rationalismus. In H. Seiffert & G. Radnitzky (Hrsg.), Handlexikon der Wissenschaftstheorie (S. 177–182). München: Deutscher Taschenbuch Verlag.

Alisch, L.-M. (1995). Technologische Theorien. In H. Stachowiak (Hrsg.), Pragmatik. Handbuch pragmatischen Denkens (Band V, S. 403–442). Hamburg: Meiner.

Alisch, L.-M. (1996). Pädagogisch-psychologische Handlungstheorie. Metatheorie – Theorie – Rekonstruktion. Braunschweig: Braunschweiger Studien zur Erziehungs- und Sozialarbeitswissenschaft.

Amelang, M. & Bartussek, D. (1990). Differentielle Psychologie und Persönlichkeitsforschung (3. überarb. u. erw. Aufl.). Stuttgart: Kohlhammer.

Astleitner, H. & Herber, H.-J. (2008). Methoden und Probleme bei der Entwicklung instruktionspsychologischer Ansätze zur Unterrichtsgestaltung. In J. Thonhauser, F. Hofmann & C. Schreiner (Hrsg.), Über die Komplementarität von qualitativen und quantitativen Aspekten in der Erziehungswissenschaft (S. 359–370). Wien, Innsbruck: Studienverlag.

Augustinus (2005). Bekenntnisse. Stuttgart: Reclam.

Ballstaedt, S.-P. (1997). Wissensvermittlung. Die Gestaltung von Lernmaterial. Weinheim: Psychologie Verlags Union.

Bayer, K. (2007). Argument und Argumentation (2. Aufl.). Göttingen: Vandenhoeck & Ruprecht.

Beckmann, J. & Heckhausen, H. (2006a). Motivation durch Erwartung und Anreiz. In J. Heckhausen & H. Heckhausen (Hrsg.), Motivation und Handeln (3. Aufl., S. 105–142). Berlin: Springer.

Beckmann, J. & Heckhausen, H. (2006b). Situative Determinanten des Verhaltens. In J. Heckhausen & H. Heckhausen (Hrsg.), Motivation und Handeln (3. Aufl., S. 73–103). Berlin: Springer.

Bierhoff, H.-W. & Frey, D. (Hrsg.). (2006). Handbuch der Sozialpsychologie und der Kommunikationspsychologie. Göttingen: Hogrefe.

Bierschenk, B. & Bierschenk, I. (1999). Perspektivische Textanalyse. In E.

Roth & H. Holling (Hrsg.), Sozialwissenschaftliche Methoden (5. Aufl., S. 175–203). München: Oldenbourg.

Borsboom, D., Mellenbergh, G. J. & van Heerden, J. (2004). The concept of validity. Psychological Review, 111, 1061–1071.

Bortz, J. (1993). Statistik für Sozialwissenschaftler (4. vollst. überarb. Aufl.). Berlin: Springer.

Bortz, J. & Döring, N. (2006). Forschungsmethoden und Evaluation (4. Aufl.). Berlin: Springer.

Bossel, H. (2004). Systeme, Dynamik, Simulation: Modellbildung, Analyse und Simulation komplexer Systeme. Norderstedt: Books on Demand.

Brewer, J. & Hunter, A. (2006). Foundations of multimethod research. Synthesizing styles. Thousand Oaks, CA: Sage.

Bude, H. & Willisch, A. (Hrsg.). (2008). Exklusion. Die Debatte über die „Überflüssigen". Frankfurt/M.: Suhrkamp.

Callebaut, W. (1995). Science dynamics: The difficult birth of a metascience. In H. Stachowiak (Hrsg.), Pragmatik. Handbuch pragmatischen Denkens (Band V, S. 1–29). Hamburg: Meiner.

Cattell, R. B. (1957). Personality and motivation: Structure and measurement. New York: World Book.

Cooper, H. M. (1989). Integrating research. Newbury Park, CA: Sage.

Csikszentmihalyi, M. (1995). Dem Sinn des Lebens eine Zukunft geben. Eine Psychologie für das 3. Jahrtausend. Stuttgart: Klett-Cotta.

Daumenlang, K., Altstötter, C. & Sourisseaux, A. (1999). Evaluation. In E. Roth & H. Holling (Hrsg.), Sozialwissenschaftliche Methoden (5. Aufl., S. 702–713). München: Oldenbourg.

Diamond, J. (2003). Der dritte Schimpanse. Evolution und Zukunft des Menschen (5. Aufl.). Frankfurt/M.: Fischer.

Doehlemann, M. (1996). Absteiger. Die Kunst des Verlierens. Frankfurt/M.: Suhrkamp.

Döring, N. (2006). Gruppen im Internet. In H.-W. Bierhoff & D. Frey (Hrsg.). Handbuch der Sozialpsychologie und Kommunikationspsychologie (S. 602–609). Göttingen: Hogrefe.

Dörner, D. (1999). Modellbildung und Simulation. In E. Roth & H. Holling (Hrsg.), Sozialwissenschaftliche Methoden (5. Aufl., S. 327–340). München: Oldenbourg.

Duden (1990). Das Fremdwörterbuch (5. Aufl.). Mannheim: Dudenverlag.

Edelmann, W. (2000). Lernpsychologie (6. vollst. überarb. Aufl.). Weinheim: Beltz.

Egger, O. (1999). Herde der Rede. Frankfurt/M.: Suhrkamp.

Embretson, S. E. (2007). Construct validity: A universal validity system or just another test evaluation procedure? Educational Researcher, 36, 449–455.

Erdfelder, E. (1994). Erzeugung und Verwendung empirischer Daten. In T. Herrmann & W. H. Tack (Hrsg.), Methodische Grundlagen der Psychologie (S. 47–97). Göttingen: Hogrefe.

Flammer, A. (2009). Entwicklungstheorien. Psychologische Theorien der menschlichen Entwicklung (4. vollst. überarb. Aufl.). Bern: Huber.

Forster, E. (2009). Globalisierung, educational governance und demokratische Kultur. Vortrag auf der 5. Sektionstagung der Allgemeinen Erziehungswissenschaft der Deutschen Gesellschaft für Erziehungswissenschaft, 11.–13.3.2009, Universität Erlangen-Nürnberg.

Försterling, F. (2006). Attributionstheorien. In H.-W. Bierhoff & D. Frey (Hrsg.), Handbuch der Sozialpsychologie und Kommunikationspsychologie (S. 354–362). Göttingen: Hogrefe.

Fröhlich, W. D. (1991). Wörterbuch zur Psychologie (18. Aufl.). München: Deutscher Taschenbuch Verlag.

Fromm, E. (1980). Wege aus einer kranken Gesellschaft. Eine sozialpsychologische Untersuchung (10. überarb. Aufl.). Frankfurt/M.: Ullstein.

Fromm, E. (1981). Haben oder Sein. Die seelischen Grundlagen einer neuen Gesellschaft (8. Aufl.). München: Deutscher Taschenbuch Verlag.

Gadenne, V. (1994a). Theorien. In T. Herrmann & W. H. Tack (Hrsg.), Methodologische Grundlagen der Psychologie (S. 295–342). Göttingen: Hogrefe.

Gadenne, V. (1994b). Theoriebewertung. In T. Herrmann & W. H. Tack (Hrsg.), Methodologische Grundlagen der Psychologie (S. 389–427). Göttingen: Hogrefe.

Glaser, B. & Strauss, A. (1967). The discovery of grounded theory: Strategies for qualitative research. New York, NY: Aldine de Gruyter.

Hage, J. (1972). Techniques and problems of theory construction in sociology. New York, NY: Wiley & Sons.

Hager, W., Patry, J.-L. & Brezing, H. (Hrsg.). (2000). Handbuch Evaluation psychologischer Interventionsmaßnahmen. Bern: Huber.

Hartig, J., Frey, A. & Jude, N. (2007). Validität. In H. Moosbrugger & A. Kelava (Hrsg.), Testtheorie und Fragebogenkonstruktion (S. 135–163). Berlin: Springer.

Hautzinger, M. (2007). Verhaltenstherapie und kognitive Therapie. In C. Reimer, J. Eckert, M. Hautzinger & E. Wilke (Hrsg.), Psychotherapie (3. Aufl., S. 167–225). Berlin: Springer.

Heckhausen, H. (2006). Entwicklungslinien der Motivationsforschung. In J. Heckhausen & H. Heckhausen (Hrsg.), Motivation und Handeln (3. Aufl., S. 11–43). Berlin: Springer.

Heckhausen, J. & Heckhausen, H. (2006). Motivation und Handeln (3. Aufl.). Berlin: Springer.

Heidenreich, K. (1999). Grundbegriffe der Meß- und Testtheorie. In E. Roth & H. Holling (Hrsg.), Sozialwissenschaftliche Methoden (5. Aufl., S. 342–374). München: Oldenbourg.

Helmke, A. (2004). Unterrichtsqualität erfassen, bewerten, verbessern (3. Aufl.). Seelze: Kallmeyersche Verlagsbuchhandlung.

Herber, H.-J. (1998). Innere Differenzierung. Pädagogisches Handeln, 2, 69–82.

Herber, H.-J. (2000). Psychoanalyse in Paradigmenkonkurrenz bzw. -koexistenz zu Behaviorismus, Gestalt- und Kognitionspsychologie. Salzburger Beiträge zur Erziehungswissenschaft, 4 (2), 5–55.

Herber, H.-J. & Vásárhelyi, É. (2002). Lewins Feldtheorie als Hintergrundsparadigma moderner Motivations- und Willensforschung (im Vergleich zu Behaviorismus, Psychoanalyse, Gestalt- und Kognitionspsychologie). Salzburger Beiträge zur Erziehungswissenschaft, 6 (1), 37–100.

Herrmann, T. (1999). Methoden als Problemlösungsmittel. In E. Roth & H. Holling (Hrsg.), Sozialwissenschaftliche Methoden (5. Aufl., S. 20–48). München: Oldenbourg.

Hochkeppel, W. (1992). Pragmatismus. In H. Seiffert & G. Radnitzky (Hrsg.), Handlexikon der Wissenschaftstheorie (S. 270–275). München: Deutscher Taschenbuch Verlag.

Holweg, H. (2005). Methodologie der qualitativen Sozialforschung: eine Kritik. Bern: Haupt.

Huber, O. (2005). Das psychologische Experiment: Eine Einführung (4. Aufl.). Bern: Huber.

Hussy, W. & Möller, H. (1994). Hypothesen. In T. Herrmann & W. H. Tack (Hrsg.), Methodologische Grundlagen der Psychologie (S. 475–507). Göttingen: Hogrefe.

Jahraus, O. & Ort, N. (Hrsg.). (2003). Theorie – Prozess – Selbstreferenz. Systemtheorie und transdisziplinäre Theoriebildung. Konstanz: UVK.

Janus, U. & Janus, L. (Hrsg.). (2007). Abenteuer in anderen Welten. Fantasy-Rollenspiele: Geschichte, Bedeutung, Möglichkeiten. Gießen: Psychosozial-Verlag.

Jensen, F. V. & Nielsen, T. (2007). Bayesian Networks and decision graphs (2nd ed.). Berlin: Springer.

Jöreskog, K. & Sörbom, D. (1993). LISREL 8: Structural equation modeling with the SIMPLIS command language. Chicago, IL: Scientific Software International.

Joyce, J. (1993). Finnegans Wehg. Frankfurt/M.: Zweitausendeins.

Julius, H., Schlosser, R. W. & Goetze, H. (2000). Kontrollierte Einzelfallstudien. Göttingen: Hogrefe.

Kanfer, F. H. & Phillips, J. S. (1975). Lerntheoretische Grundlagen der Verhaltenstherapie. München: Kinder.

Kelle, U. (1994). Empirisch begründete Theoriebildung. Zur Logik und Methodologie interpretativer Sozialforschung. Weinheim: Deutscher Studienverlag.

Kelly, A. E., Lesh, R. A. & Baek, J. Y. (Eds.). (2008). Handbook of design research methods in education. New York, London: Routledge.

Klauer, K. C. (2006). Kognitive Balance und Konsistenz. In H.-W. Bierhoff & D. Frey (Hrsg.). Handbuch der Sozialpsychologie und Kommunikationspsychologie (S. 380–387). Göttingen: Hogrefe.

Klauer, K. J. & Leutner, D. (2007). Lehren und Lernen. Einführung in die Instruktionspsychologie. Weinheim: Beltz, Psychologie Verlags Union.

Kleining, G. (1986). Das qualitative Experiment. Kölner Zeitschrift für Soziologie und Sozialpsychologie, 38, 724–750.

Klendauer, R. Streicher, B., Jonas, E. & Frey, D. (2006). Fairness und Gerechtigkeit. In H.-W. Bierhoff & D. Frey (Hrsg.). Handbuch der Sozialpsychologie und Kommunikationspsychologie (S. 187–195). Göttingen: Hogrefe.

Kleve, H. (2007). Postmoderne Sozialarbeit. Ein systemtheoretisch-konstruktivistischer Beitrag zur Sozialarbeitswissenschaft. Wiesbaden: Verlag für Sozialwissenschaften.

Knepel, H. (1999). Datenorientierte Analyse ökonomischer Systeme. In E. Roth & H. Holling (Hrsg.), Sozialwissenschaftliche Methoden (5. Aufl., S. 624–641). München: Oldenbourg.

Kotow, A. (1986). Spiele wie ein Großmeister. Zürich: Edition Olms.

Krug, S. & Kuhl, U. (2005). Die Entwicklung von Motivförderungsprogrammen. In R. Vollmeyer & J. Brunstein (Hrsg.), Motivationspsychologie und ihre Anwendung (S. 167–186). Stuttgart: Kohlhammer.

Kuhl, J. (1990). Intuition und Logik in der Forschung. In Max-Planck-Institut für psychologische Forschung (Hrsg.), Heinz Heckhausen. Erinnerungen, Würdigungen, Wirkungen (S. 43–73). Berlin: Springer.

Kuhl, J. (2001). Motivation und Persönlichkeit. Interaktionen psychischer Systeme. Göttingen: Hogrefe.

Kuhn, T. S. (1962). The structure of scientific revolutions. Chicago: University of Chicago Press.

Kunzmann, P., Burkard, F.-P. & Wiedmann, F. (1995). Dtv-Atlas zur Philosophie (5. Aufl.). München: Deutscher Taschenbuch Verlag.

Laireiter, A.-R. (2006). Soziale Unterstützung. In H.-W. Bierhoff & D. Frey (Hrsg.). Handbuch der Sozialpsychologie und Kommunikationspsychologie (S. 166–173). Göttingen: Hogrefe.

Lewin, K. (1946). Action research and minority problems. Journal of Social Issues, 2, 34–46.

Lipsey, M. W. (1990). Design sensitivity. Newbury Park, CA: Sage.

Meidl, C. N. (2009). Wissenschaftstheorie für SozialforscherInnen. Wien: Böhlau, UTB.

Miles, M. B. & Huberman, A. M. (1994). Qualitative data analysis: An expanded sourcebook. Beverly Hills, CA: Sage.

Montaigne, M. de (2005). Die Essais. Stuttgart: Reclam.

Moody, R. A. (2009). Das Licht von drüben. Neue Fragen und Antworten (4. Aufl.). Reinbek: Rowohlt.

Moosbrugger, H. (2007). Klassische Testtheorie (KTT). In H. Moosbrugger & A. Kelava (Hrsg.), Testtheorie und Fragebogenkonstruktion (S. 99–112). Berlin: Springer.

Mussweiler, T. (2006). Sozialer Vergleich. In H.-W. Bierhoff & D. Frey (Hrsg.). Handbuch der Sozialpsychologie und Kommunikationspsychologie (S. 103–112). Göttingen: Hogrefe.

Nisker, W. (1992). Die Kunst des wilden Denkens. Ein Spiel um Philosophien und letzte Wahrheiten. Frankfurt/M.: Eichborn.

Opp, K. D. (1999). Wissenschaftstheoretische Grundlagen der empirischen Sozialforschung. In E. Roth & H. Holling (Hrsg.), Sozialwissenschaftliche Methoden (S. 49–73). München: Oldenbourg.

Patry, J.-L. (1991). Transsituationale Konsistenz des Verhaltens und Handelns in der Erziehung. Bern: Lang.

Patry, J.-L. (2005). Zum Problem der Theoriefeindlichkeit der Praktiker. In H. Heid & C. Harteis (Hrsg.), Verwertbarkeit. Ein Qualitätskriterium (erziehungs-)wissenschaftlichen Wissens? (S. 143–161). Wiesbaden: VS Verlag für Sozialwissenschaften.

Patry, J.-L. & Perrez, M. (2000). Theorie-Praxis-Probleme und die Evaluation von Interventionsprogrammen. In W. Hager, J.-L. Patry & H. Brezing (Hrsg.), Handbuch Evaluation psychologischer Interventionsmaßnahmen (S. 19–40). Bern: Huber.

Petermann, F. (1999). Die Messung von Veränderungen. In E. Roth & H. Holling (Hrsg.), Sozialwissenschaftliche Methoden (5. Aufl., S. 573–584). München: Oldenbourg.

Popper, K. (2005). Logik der Forschung (10. Aufl.). Tübingen: Mohr Siebeck.

Pourret, O., Naim, P. & Marcot, B. (Eds.). (2008). Bayesian Networks: A practical guide to applications. Chichester: John Wiley & Sons.

Prim, R. & Tilmann, H. (1997). Grundlagen einer kritisch-rationalen Sozialwissenschaft (7. erw. und überarb. Aufl.). Wiesbaden: Quelle & Meyer, UTB.

Reigeluth, C. M. & An, Y.-J. (2009). Theory building. In C. M. Reigeluth & A. A. Carr-Chellman (Eds.), Instructional-design theories and models. Building a common knowledge base (Vol. III, pp. 365–386). New York, NY: Routledge.

Reimer, C. & Hautzinger, M. (2007). Psychotherapie bei Sucht und Abhängigkeiten. In C. Reimer, J. Eckert, M. Hautzinger & E. Wilke, Psychotherapie (3. vollst. neu bearb. u. aktualis. Aufl., S. 539–554). Berlin: Springer.

Reimer, C., Eckert, J., Hautzinger, M. & Wilke, E. (2007). Psychotherapie (3. vollst. neu bearb. u. aktualis. Aufl.). Berlin: Springer.

Reynolds, P. D. (2006). Primer in theory construction. Boston: Pearson.

Rheinberg, F. (1995). Motivation. Stuttgart: Kohlhammer.

Rheinberg, F. (2004). Motivationsdiagnostik. Göttingen: Hogrefe.

Röd, W. (1992). Erkenntnistheorie. In H. Seiffert & G. Radnitzky (Hrsg.), Handlexikon der Wissenschaftstheorie (S. 52–58). München: Deutscher Taschenbuch Verlag.

Savery, J. R. (2009). Problem-based approach to instruction. In C. M. Reigeluth & A. A. Carr-Chellman (Eds.), Instructional-design theories and models. Building a common knowledge base (Vol. III, pp. 143–165). New York, NY: Routledge.

Schmalt, H.-D. & Heckhausen, H. (2006). Machtmotivation. In J. Heckhausen & H. Heckhausen (Hrsg.), Motivation und Handeln (3. Aufl., S. 211–234). Berlin: Springer.

Schmidbauer, W. (2007). Die heimliche Liebe: Ausrutscher, Seitensprung, Doppelleben (4. Aufl.). Reinbek: Rowohlt.

Schurz, G. (2008). Einführung in die Wissenschaftstheorie (2. durchges. Aufl.). Darmstadt: Wissenschaftliche Buchgesellschaft.

Six, B. (2006). Autoritäre Persönlichkeit. In H.-W. Bierhoff & D. Frey (Hrsg.), Handbuch der Sozialpsychologie und Kommunikationspsychologie (S. 63–70). Göttingen: Hogrefe.

Six, B. & Six-Materna, I. (2006). Naive Theorien. In H.-W. Bierhoff & D.

Frey (Hrsg.), Handbuch der Sozialpsychologie und Kommunikations-psychologie (S. 322–329). Göttingen: Hogrefe.

Sneed, J. D. (1971). The logical structure of mathematical physics. Dordrecht: Reidel.

Solokowski, K. & Heckhausen, H. (2006). Soziale Bindung: Anschlussmotivation und Intimitätsmotivation. In J. Heckhausen & H. Heckhausen (Hrsg.), Motivation und Handeln (3. Aufl., S. 193–210). Berlin: Springer.

Steffens, K. (1999). Multidimensionale Skalierung. In E. Roth & H. Holling (Hrsg.), Sozialwissenschaftliche Methoden (5. Aufl., S. 523–547). München: Oldenbourg.

Stegmüller, W. (1985). Theorie und Erfahrung. Theorienstrukturen und Theoriendynamik (2. Teilband). Berlin: Springer.

Stegmüller, W. (1986). Theorie und Erfahrung. Die Entwicklung des neuen Strukturalismus seit 1973 (3. Teilband). Berlin: Springer.

Steiner, G. (1996). Lernen (2. vollst. überarb. Aufl.). Bern: Huber.

Stränger, J. (2006). Soziale Angst und Scham. In H.-W. Bierhoff & D. Frey (Hrsg.), Handbuch der Sozialpsychologie und Kommunikationspsychologie (S. 451–456). Göttingen: Hogrefe.

Strauss, A. L. (1998). Grundlagen qualitativer Sozialforschung: Datenanalyse und Theoriebildung in der empirischen soziologischen Forschung (2. Aufl.). München: Fink, UTB.

Strübing, J. (2008). Grounded Theory: Zur sozialtheoretischen und epistemologischen Fundierung des Verfahrens der empirisch begründeten Theoriebildung (2. Aufl.). Wiesbaden: VS-Verlag.

van Praagh, J. (2002). Jenseitswelten. Erkenntnisse über das Leben nach dem Tode. München: Goldmann.

Vollmeyer, R. (2005). Einführung: Ein Ordnungsschema zur Integration verschiedener Motivationskomponenten. In R. Vollmeyer & J. Brunstein (Hrsg.), Motivationspsychologie und ihre Anwendung (S. 9–19). Stuttgart: Kohlhammer.

von Weizsäcker, C. F. (1977). Der Garten des Menschlichen. Beiträge zur geschichtlichen Anthropologie. München: Carl Hanser Verlag.

Westermann, R. (2000). Wissenschaftstheorie und Experimentalmethodik. Göttingen: Hogrefe.

Witte, E. H. (2006). Macht. In H.-W. Bierhoff & D. Frey (Hrsg.), Handbuch der Sozialpsychologie und Kommunikationspsychologie (S. 629–637). Göttingen: Hogrefe.

Zeger, H. G. (2009). Paralleluniversum Web 2.0: Wie Online-Netzwerke unsere Gesellschaft verändern. Wien: Kremayr & Scheriau.

Zuckerman, M. (1983). Sensation seeking and sports. Personality and Individual Differences, 4, 285–293.

Sachregister

ANTON PELINKA, JOHANNES VARWICK
GRUNDZÜGE DER POLITIKWISSENSCHAFT

Das völlig neu bearbeitete und aktualisierte Lehrbuch von Anton Pelinka und Johannes Varwick führt in das Fach Politikwissenschaft ein. Es bietet einen Überblick über die verschiedenen Zugänge zur Politikwissenschaft und Teilbereiche des Faches.

Die großen Abschnitte darin sind:

- Politikwissenschaft und Politik
- Merkmale politischer Systeme
- Politische Prozesse
- Internationale Politik
- Politische Theorie- und Ideengeschichte

Der Band „Grundzüge der Politikwissenschaft" baut auf einer langjährigen Erfahrung in der universitären und außeruniversitären Lehre auf, ist klar und gut verständlich verfasst, sodass alle an Politik Interessierten dieses Buch als Lehrbuch nützen können.

2., ÜBERARBEITETE UND ERGÄNZTE AUFLAGE
2010. 252 S. BR. 19 TAB. 120 X 185 MM.
ISBN 978-3-8252-2613-8

BÖHLAU VERLAG, WIESINGERSTRASSE I, IOIO WIEN. T : + 43(0)I 330 24 27-0
BOEHLAU@BOEHLAU.AT, WWW.BOEHLAU-VERLAG.COM | WIEN KÖLN WEIMAR

CHRISTIAN N. MEIDL
WISSENSCHAFTSTHEORIE FÜR
SOZIALFORSCHERINNEN

Dieses Studienbuch bietet einen systematischen Überblick der Ideengeschichte der Sozialwissenschaften und den wissenschaftstheoretischen
Auseinandersetzungen von den Anfängen bis zu den Krisenpunkten im
20. Jahrhundert. Ein kommentiertes Literaturverzeichnis zu den wichtigsten Schulen und damit kompatiblen Forschungsmethoden, Übungsfragen
und ein Register zum Nachschlagen der zentralen Begriffe erleichtern den
Umstieg in die Praxis.

2009. 320 S. BR. 150 x 215 MM.
ISBN 978-3-8252-3160-6

BÖHLAU VERLAG, WIESINGERSTRASSE 1, 1010 WIEN. T: +43(0)1 330 24 27-0
BOEHLAU@BOEHLAU.AT, WWW.BOEHLAU.AT | WIEN KÖLN WEIMAR

GABRIEL N. TOGGENBURG,
GÜNTHER RAUTZ
ABC DES MINDERHEITEN-
SCHUTZES IN EUROPA

Der Band verschafft einen schnell zugänglichen Überblick über zentrale Begriffe des Minderheitenschutzes in Europa. Der alphabetisch gegliederte
Leitfaden, von A wie Autonomie bis Z wie Zensus, führt in das Thema ein,
bietet Basisinformation zu politischen, juristischen und kulturellen Aspekten
des Minderheitenschutzes und listet Rechtsschutzmechanismen, NGOs sowie
Rechtsquellen in einem eigenen Serviceteil auf.

DIE AUTOREN
Dr. Gabriel N. Toggenburg ist wissenschaftlicher Mitarbeiter am Institut für
Minderheitenrechte an der Europäischen Akademie Bozen.

Dr. Günther Rautz ist wissenschaftlicher Mitarbeiter am Institut für Minderheitenrechte an der Europäischen Akademie Bozen.

2010, CA. 342 S. BR. 120 X 185 MM.
ISBN 978-3-8252-3269-6

BÖHLAU VERLAG, WIESINGERSTRASSE 1, 1010 WIEN. T : +43(0)1 330 24 27-0
BOEHLAU@BOEHLAU.AT, WWW.BOEHLAU.AT | WIEN KÖLN WEIMAR

böhlau

böhlau

HELMUT GRUBER, BIRGIT HUEMER,
MARKUS RHEINDORF
WISSENSCHAFTLICHES
SCHREIBEN
EIN PRAXISBUCH FÜR STUDIERENDE DER
GEISTES- UND SOZIALWISSENSCHAFTEN

Dieses Arbeitsbuch wendet sich an Studierende geistes- und sozialwissen-
schaftlicher Studienrichtungen, die erste wissenschaftliche Arbeiten verfassen müssen. Nach drei allgemeinen Lerneinheiten werden die grundlegenden Aspekte des Schreibens wissenschaftlicher Texte – nämlich das
Strukturieren des eigenen Textes, das Vernetzen mit anderen Texten und
das Darlegen und Vertreten eines eigenen Standpunkts – dargestellt und
durch Übungen vertieft.

2009, 240 S. BR. 150 X 215 MM.
ISBN 978-3-8252-3286-3

BÖHLAU VERLAG, WIESINGERSTRASSE I, IOIO WIEN. T : +43(0)I 330 24 27-0
BOEHLAU@BOEHLAU.AT, WWW.BOEHLAU.AT | WIEN KÖLN WEIMAR